# Combatiendo la depresión

LEONARDO TAVARES

# Combatiendo la depresión

Que estas palabras puedan ser un abrazo cálido,
Un consuelo para tu alma afligida,
Que ellas puedan traer la certeza
De que la oscuridad de la depresión
Puede ser vencida con coraje.

No hay derrota permanente
Porque la conexión que compartimos con nuestro propio ser
Supera las sombras, trasciende los desafíos,
Y se convierte en un eterno pozo de aprendizaje y crecimiento.

Que tu dolor pueda ser transformado en resiliencia,
Y que las vivencias puedan ser un tesoro,
Que tus lágrimas puedan ser secadas por la autocompasión,
Y que la luz pueda iluminar el camino
De aquellos que están en busca de cura.

Este libro es un homenaje
A todos los que ya han enfrentado la depresión,
Y a todos los que están enfrentando
La lucha contra el sufrimiento,
Que él pueda ser un refugio de acogida e inspiración.

Y que, incluso en las horas más oscuras,
Podemos encontrar fuerza y determinación
Para seguir adelante, para honrar el presente,
Las lecciones aprendidas y para vivir nuestras vidas
Con amor propio, gratitud y coraje.

# ÍNDICE


Prólogo....................................................................................................11

1. Introducción......................................................................................13

La profundidad de la depresión: Comprensión de los síntomas y el impacto en la vida diaria..................................................................................13

Desmontando el estigma: La importancia de dialogar sobre la depresión y buscar ayuda.........................................................................................14

2. Aceptación y autoconocimiento....................................................16

Reconocimiento de la depresión: Admitiendo la necesidad de cambio y crecimiento..........................................................................................16

Explorando tus emociones: Identificando patrones negativos y desencadenantes...17

La práctica de la autocompasión: Cultivando una relación positiva consigo mismo.................................................................................................18

3. Construcción de una mentalidad positiva..................................22

Transformando patrones de pensamiento negativo: Desafiando distorsiones cognitivas...........................................................................................22

Creando afirmaciones poderosas: Moldeando creencias positivas sobre ti mismo y el mundo..........................................................................................26

La fuerza del pensamiento positivo: Explorando los beneficios de una mentalidad optimista............................................................................................33

4. Cultivando relaciones saludables...............................................43

El papel del apoyo social: El poder de las relaciones positivas..................43

Comunicando sus necesidades: Estableciendo límites y expresando sentimientos...51

Construyendo un círculo de apoyo: Identificando personas que te animan y nutren...............................................................................................61

5. Cuidando del cuerpo y la mente.................................................72

La conexión mente-cuerpo: Autocuidado físico y bienestar emocional..........72

Ejercicio y endorfinas: Una poderosa dupla..........................................75

Alimentación nutritiva: Nutriendo cuerpo y mente.................................81

**6. Gestionando el estrés y la ansiedad** ...................................... 87

La relación entre depresión, estrés y ansiedad ............................... 87

Técnicas de relajación: Meditación, respiración profunda y otras aproximaciones. 92

Practicando el autocuidado regularmente: Incorporando rituales de alivio del estrés ................................................................................... 99

**7. Estableciendo objetivos y encontrando propósito** .................. 108

Definiendo metas alcanzables: Cómo establecer pasos realistas hacia la recuperación ............................................................................ 108

Descubrir tu propósito: Explorando intereses y pasiones personales ...................... 114

El poder de la gratitud: Reconociendo las bendiciones en medio de la adversidad .............................................................................. 121

**8. Abrazar nuevas posibilidades** ............................................. 128

Deconstruyendo la autocrítica: Desentrañando los patrones que dañan la autoestima ............................................................................. 128

Construyendo una autoimagen positiva: Prácticas para fortalecer la confianza en uno mismo ............................................................................ 138

Aceptación del cuerpo: Cultivando el amor propio independientemente de las apariencias ............................................................................ 146

**9. Resiliencia y adversidad** .................................................... 154

Entendiendo la resiliencia: Superando desafíos y saliendo más fuerte ...................... 154

Transformando adversidades en crecimiento: Aprendizaje de momentos difíciles 162

Construyendo resiliencia emocional: Estrategias para lidiar mejor con contratiempos ........................................................................... 168

**10. La importancia del cuidado personal** ................................ 181

Definiendo el cuidado personal integral ...................................... 181

Incorporando la rutina de autocuidado ....................................... 191

Evitando el agotamiento ........................................................... 200

11. Encontrando significado y alegría en la vida cotidiana..................210

Practicando la atención plena: Cultivando la felicidad en el momento presente.. 210

Buscando actividades placenteras: Redescubriendo intereses que traen alegría...... 217

Creando un ambiente positivo: Rodeándote de elementos que inspiran positividad................ 225

12. La jornada de la autorreflexión.................................................236

Superando recaídas: Estrategias para lidiar con momentos difíciles sin rendirse.. 236

El viaje continuo: Entendiendo que el crecimiento personal es un proceso constante................ 246

13. Buscando ayuda profesional ................................................257

Reconociendo cuándo es necesario ayuda profesional............................. 257

Abordajes terapéuticos eficaces ................................................. 269

Trabajando en colaboración con un terapeuta................................. 282

14. Construir un futuro brillante .................................................300

Visualizando un futuro positivo: Estableciendo metas a largo plazo...................... 300

Compartiendo tu historia: Cómo tu viaje puede inspirar y ayudar a los demás... 307

Conclusión.................................................................315
Acerca del autor.......................................................317
Bibliografía ............................................................318

# PRÓLOGO

"Combatiendo la Depresión" nació de la profunda comprensión de la importancia de abordar un tema que afecta a innumerables vidas en todo el mundo. La depresión, con sus sombras oscuras y sus desafíos complejos, es una batalla que muchos enfrentan en algún momento de la vida, es una caminata ardua que puede conducir a la superación y al crecimiento personal.

Navegar por las aguas turbulentas de la depresión no es tarea fácil. Puede envolvernos en un ciclo de tristeza, desesperación e aislamiento, apartándonos de la alegría y la vitalidad que merecemos. Sin embargo, este libro nació de la creencia inquebrantable de que la esperanza es una luz que nunca se apaga, incluso en las noches más oscuras.

Aquí, encontrará un enfoque completo y abarcador para enfrentar la depresión. Desde la comprensión de sus orígenes hasta la exploración de técnicas prácticas, nuestro viaje juntos nos llevará a través de los caminos que pueden conducir a la recuperación. Desde los primeros signos hasta el renacimiento de una nueva perspectiva, cada capítulo fue meticulosamente creado para proporcionar información valiosa, inspiración y apoyo.

A lo largo de las páginas de este libro, nos sumergiremos en estrategias de autocuidado, en el poder de las relaciones interpersonales y en la búsqueda de ayuda profesional. Exploraremos enfoques terapéuticos y técnicas que pueden ayudar a revertir el ciclo de negatividad y fortalecer el espíritu. Además, recordaremos la importancia de compartir nuestras historias, no solo como un acto de sanación personal, sino también como una manera de ofrecer esperanza y guía para aquellos que enfrentan desafíos similares.

"Combatiendo la Depresión" no es solo un libro; es un viaje compartido entre autor y lector, entre aquellos que luchan y aquellos que se unen para apoyar. Está moldeado por la experiencia humana, por los altibajos, y por la búsqueda incesante de la luz al final del túnel.

Que este libro sea una fuente de consuelo e inspiración para ti. Que te capacite para enfrentar la depresión con coraje, a aprender de los obstáculos y a abrazar cada nuevo día como una oportunidad para un nuevo comienzo. Que encuentres en las palabras escritas aquí no solo conocimiento, sino también una sensación de pertenencia y esperanza.

Si estás comenzando tu viaje de superación o ya estás en el camino, sepa que no estás solo. El acto de combatir la depresión es un testimonio de tu fuerza interior, y la búsqueda de la felicidad interior es una batalla que vale la pena luchar. Este libro es una guía que camina a tu lado, recordándote que la cura es posible y que la luz siempre prevalece sobre la oscuridad.

Con esperanza y gratitud,

Leonardo Tavares

**1**

# INTRODUCCIÓN

*Incluso en la oscuridad más profunda, la luz
de la esperanza siempre brilla dentro de nosotros.*

Bienvenido al inicio de un viaje que busca iluminar la oscuridad de la depresión y guiarte hacia el redescubrimiento de la felicidad interior. La depresión es una condición que afecta a millones de personas en todo el mundo, pero a menudo permanece encerrada en sombras de estigma y malentendidos. En este capítulo introductorio, embarcaremos en una exploración profunda de la depresión, sumergiéndonos en sus matices, desafíos y oportunidades para el crecimiento personal.

## La profundidad de la depresión: Comprensión de los síntomas y el impacto en la vida diaria

La depresión es mucho más que un momento pasajero de tristeza. Es una condición compleja que se adentra profundamente en la mente, el cuerpo y las emociones de un individuo. Las manifestaciones de la depresión pueden variar, pero muchos enfrentan una batalla constante contra la tristeza abrumadora, la apatía hacia actividades que alguna vez amaron y la persistente sensación de desesperanza. Una fatiga debilitante parece absorber la energía vital, y la concentración se convierte en una tarea ardua, mientras que las decisiones triviales parecen pesos insoportables.

Reconocer que la depresión no elige sus objetivos en función de la edad, el género, la clase social o el origen es crucial. No discrimina y puede afectar a cualquier persona, independientemente de su situación. El impacto de la depresión no se limita al plano emocional; se filtra en todos los aspectos de la vida cotidiana. Rutinas que alguna vez eran familiares se desmoronan, las responsabilidades cotidianas se convierten en sobrecargas y la vivacidad de la vida se desvanece, dejando atrás un escenario de cenizas.

A medida que la depresión echa raíces, a menudo trae consigo una sensación de aislamiento. Una persona puede sentirse sola en su lucha, aislada de amigos, familiares e incluso de sí misma. Esta soledad se ve agravada por el hecho de que el dolor emocional a menudo permanece invisible, inaudible a los ojos externos. Es vital internalizar que la depresión no es un signo de debilidad o falta de voluntad. Es una batalla interna genuina que requiere comprensión, paciencia y, sobre todo, apoyo.

Es una invitación a la empatía y la comprensión mutua. Un recordatorio de que, incluso cuando el peso parece insoportable, hay caminos que pueden aliviar la carga. El camino para superar la depresión comienza con la comprensión de sus contornos y desafíos. Esto no solo facilita la búsqueda de soluciones, sino que también crea un espacio donde la cura puede florecer.

## Desmontando el estigma: La importancia de dialogar sobre la depresión y buscar ayuda

Aunque la depresión es una realidad que enfrentan muchas personas, aún persiste un estigma que rodea a esta condición. Este estigma es generado por la ignorancia y la costumbre de culpar a los que sufren de depresión, como si fuera una elección consciente. Sin embargo, es esencial entender que la depresión es una condición médica válida, influenciada por una compleja interacción de factores genéticos, neuroquímicos, ambientales y psicológicos.

El primer paso para superar el estigma es crear conciencia. La sociedad necesita comprender que la depresión no es un signo de fragilidad personal, sino una batalla que necesita compasión y empatía. La recuperación de la depresión no se desarrolla de manera lineal, al igual que ocurre con cualquier enfermedad. Requiere tratamiento continuo y apoyo ininterrumpido. El amparo proporcionado por la familia, amigos y profesionales de la salud es vital en el trayecto de recuperación.

El hablar francamente sobre la depresión es una de las herramientas más eficaces para romper el estigma. Al compartir sus experiencias, las personas no solo destacan la prevalencia de la condición, sino que también permiten que otros se sientan menos aislados en sus propias batallas. Es en el acto de compartir historias que la empatía florece y la comprensión gana espacio, pues individuos perciben que no están solos en sus sentimientos.

Buscar ayuda es un acto valiente, aunque a menudo desafiante. La vergüenza asociada a la depresión puede ser un obstáculo para alcanzar el soporte necesario. Sin embargo, es crucial recordar que buscar ayuda no denota debilidad. Profesionales como terapeutas, psicólogos y psiquiatras están a disposición para ofrecer orientación especializada y auxiliar en la formulación de estrategias para enfrentar la depresión. Pedir ayuda cuando sea necesario es un signo de fuerza, una demostración de que usted reconoce que no necesita recorrer este camino solo.

Concientícese de que, a pesar de los desafíos que la lucha contra la depresión puede presentar, la luminosidad al final del túnel está al alcance de todos. Comprender la naturaleza de la depresión, desmantelar el estigma asociado a ella y buscar ayuda son los primeros pasos poderosos hacia una existencia más plena y significativa.

# 2

# ACEPTACIÓN Y AUTOCONOCIMIENTO

*El primer paso para superar la depresión es comprender
las raíces de la oscuridad que enfrentamos.*

El viaje para superar la depresión comienza con la aceptación y el profundo autoconocimiento. En este capítulo, nos sumergiremos en un proceso de reconocimiento, exploración y cultivo de autocompasión. Al entender tus emociones, patrones negativos y desencadenantes, estarás en el camino para liberarte de las ataduras de la depresión y abrazar una vida más plena y significativa.

## Reconocimiento de la depresión: Admitiendo la necesidad de cambio y crecimiento

El primer paso hacia la recuperación de la depresión es la valiente admisión de su presencia en tu vida. Este momento marca un punto crucial, donde decides confrontar la realidad de tus emociones y pensamientos de frente. La decisión de reconocer la necesidad de cambio y crecimiento es como abrir una puerta a la transformación interior, permitiendo que la luz comience a penetrar en las áreas oscuras de tu camino.

El acto de reconocer la depresión es un poderoso acto de auto empoderamiento. Esto no debe confundirse con aceptar la depresión como una parte integral e inalterable de tu identidad. Por el contrario, reconocer la depresión significa admitir que estás enfrentando un desafío legítimo. Es una afirmación valiente de que estás dispuesto a confrontar tus sentimientos, enfrentar las adversidades y buscar caminos para la cura.

A menudo, la negación de la depresión puede prolongar el sufrimiento. Ignorar o minimizar la presencia de ella puede resultar en un ciclo de angustia y alejarte de la posibilidad de buscar ayuda y tratamiento. La aceptación, por otro lado, señala un punto de partida para la cura. Marca el momento en que decides no luchar más contra tu realidad, sino abrazarla como una parte transitoria de tu viaje. Esta actitud no solo reduce el peso emocional, sino que también abre espacio para el crecimiento, el cambio y la esperanza.

Aceptar la depresión no es lo mismo que rendirse a ella. Es un acto de coraje que te pone al mando de tu propia senda de recuperación. Al aceptar, te liberas de la prisión de la vergüenza y la negación, permitiéndote moverte hacia la autotransformación. En lugar de esconderte detrás de máscaras y muros defensivos, emerges como alguien dispuesto a enfrentar el dolor, explorar alternativas y recorrer el camino hacia una vida más saludable y equilibrada.

El proceso de reconocimiento no es lineal y puede involucrar altibajos. Momentos de resistencia y duda pueden surgir, pero, al mantener el compromiso de enfrentar tu verdad, estás plantando las semillas de un futuro más iluminado. Reconocer la depresión es un acto de autoafirmación y un paso vital hacia tu propio bienestar. Abrazar este viaje con un corazón abierto es el primer paso hacia una transformación profunda y el redescubrimiento de la vitalidad que reside dentro de ti.

## Explorando tus emociones: Identificando patrones negativos y desencadenantes

El autoconocimiento se revela como una herramienta indispensable en la batalla contra la depresión. Este proceso inicia con la valiente exploración de tus emociones y pensamientos. Reserva un tiempo dedicado a la reflexión sobre tus reacciones emocionales cotidianas. Observa atentamente los momentos en los que sentimientos de tristeza, ansiedad o desespero emergen. Es crucial detectar los patrones recurrentes y también identificar las situaciones específicas que activan esas emociones.

Al lanzarte en esta jornada de autoexploración, comienzas a percibir que tus emociones no son entidades aleatorias, sino respuestas complejas a estímulos variados. Identificar patrones negativos es un paso esencial. Estos patrones pueden manifestarse como autocrítica incesante, preocupaciones excesivas o pensamientos autodestructivos que minan tu autoestima y bienestar. Al traer estos patrones a la luz, los destacas del subconsciente y permites que sean cuestionados y desafiados. Esto abre la puerta para reemplazar esos patrones perjudiciales por pensamientos más saludables y constructivos.

La exploración de los desencadenantes es otra etapa crucial en este proceso. Estos desencadenantes pueden ser eventos, situaciones o pensamientos que disparan una respuesta emocional intensa. Varían de persona a persona, pero pueden incluir situaciones de estrés, desafíos financieros, conflictos interpersonales, cambios abruptos o incluso recuerdos dolorosos del pasado. Identificar estos desencadenantes no solo ayuda a comprender lo que está detrás de tus reacciones emocionales, sino que también te da un mayor control sobre ellas.

La conciencia de los desencadenantes ofrece una oportunidad de prepararse emocionalmente para enfrentar esas situaciones. Puede permitir que desarrolles estrategias para lidiar con los desafíos de manera más eficaz y saludable, reduciendo así el impacto negativo que pueden tener sobre tu bienestar.

La exploración de tus emociones y patrones emocionales es una senda de autodescubrimiento continuo. No solo revela la complejidad de tu psique, sino que también proporciona las herramientas para transformar patrones perjudiciales en pensamientos y reacciones más positivos. Recuerda que tú estás al mando de este proceso, y el camino de autoexploración es un paso poderoso hacia la conquista de un mayor equilibrio emocional y mental. Al identificar estos patrones negativos y desencadenantes, te estás capacitando para una jornada de crecimiento y autotransformación, que son fundamentales para la recuperación de la depresión.

## La práctica de la autocompasión: Cultivando una relación positiva consigo mismo

La autocompasión emerge como una herramienta excepcionalmente poderosa para suavizar los bordes ásperos de la depresión. A menudo, quienes enfrentan esta condición se ven sumergidos en una tormenta de autocrítica y sentimientos de inadecuación. Estos patrones pueden alimentar la espiral descendente de la depresión, intensificando el sufrimiento emocional. Cultivar la autocompasión es, esencialmente, aprender a tratarte a ti mismo con la misma amabilidad y comprensión que le ofrecerías a un amigo querido.

La práctica de la autocompasión está compuesta por tres componentes intrínsecos, cada uno desempeñando un papel crucial en el cultivo de una relación positiva consigo mismo:

### Autoaceptación

El principio fundamental de la autoaceptación es abrazarse incondicionalmente tal como eres en este momento. Esto no implica ignorar tus imperfecciones o negar los desafíos que enfrentas. Por el contrario, la autoaceptación reconoce que eres una criatura compleja, una mezcla de cualidades admirables y limitaciones. Al verte a través de esta lente de comprensión, comienzas a tratarte con la misma amabilidad y compasión que le ofrecerías a un amigo pasando por dificultades.

La autoaceptación es un acto profundo de amor propio. Significa que te niegas a ser tu propio crítico implacable y, en cambio, te conviertes en un aliado compasivo. Aceptar tus fallas y tus debilidades no es una invitación al estancamiento, sino al crecimiento y la evolución. Reconoces que es natural cometer errores y que cada desafío es una oportunidad para aprender y crecer.

Al adoptar la autoaceptación, desarmas las trampas de la autocrítica y la negatividad interna que pueden agravar la depresión. Comienzas a verte como una obra en progreso, digna de compasión y cuidado. Esto no solo contribuye a un ambiente mental más saludable, sino que también sirve como una base sólida para la construcción de una autoestima duradera.

## Humanidad compartida

Reconocer la humanidad compartida es un paso crucial en la búsqueda de la autocompasión. Significa internalizar que el dolor y el sufrimiento son parte de la experiencia humana, y que no estás solo en tus luchas. Muchos, en algún momento, enfrentan desafíos similares y comparten batallas internas comparables.

Este entendimiento trae consigo un profundo sentido de conexión. Al reconocer que otras personas también experimentan sufrimiento, te alejas del aislamiento que la depresión a menudo impone. Te das cuenta de que no eres único en tu viaje y que no tienes que cargar con el peso solo. Esta comprensión nutre un sentimiento de empatía no solo por ti mismo, sino también por los demás, creando un sentido de comunidad emocional.

## Atención plena

La práctica de la atención plena, también conocida como mindfulness, desempeña un papel crucial en la autocompasión. Implica el arte de vivir plenamente en el momento presente, alejándose de las corrientes de negatividad que a menudo están ancladas en el pasado o proyectadas en el futuro. La atención plena ofrece un permiso para experimentar cada momento sin juicios críticos.

Al cultivar la atención plena, aprendes a interrumpir los patrones de pensamientos negativos que a menudo perpetúan la depresión. Esto se debe a que estás entrenando tu mente para reconocer y soltar pensamientos negativos a medida que surgen. En lugar de ser llevado por una espiral de pensamientos autodestructivos, te vuelves capaz de observar esos pensamientos sin identificarte con ellos. Esto te da la libertad de elegir conscientemente cómo reaccionar.

La atención plena es una herramienta poderosa para interrumpir el ciclo de pensamientos negativos que pueden agravar la depresión. Te permite involucrarte con el momento presente con mayor claridad y objetividad. Al practicar la atención plena, estás abriendo espacio para que la autocompasión florezca, dándote a ti mismo la oportunidad de tratarte con bondad y respeto, independientemente de las circunstancias.

## Autocompasión

La autocompasión no es una excusa para la complacencia o la estancación. Por el contrario, es un llamado a cuidar de ti mismo de manera saludable y constructiva. Implica abrazar tus debilidades e inseguridades con compasión, mientras continúas esforzándote por el crecimiento y el progreso. Se trata de traer un sentido de bondad y amor propio a tu viaje, alimentándote con el mismo tipo de cuidado que le ofrecerías a alguien que valoras.

Al practicar la autocompasión, estás construyendo una base sólida para enfrentar la depresión. Estás redefiniendo la forma en que te relacionas contigo mismo, promoviendo la curación emocional y la autoestima. Recuerda que esta práctica no es una caminata de un solo día, sino un hábito que crece con el tiempo. A medida que nutres la autocompasión, descubrirás que se convierte en un faro de luz en las sombras de la depresión, guiándote hacia una relación más saludable y amorosa contigo mismo.

En este capítulo, has iniciado un proceso de profundo autoconocimiento. Reconociste la depresión, exploraste tus emociones y patrones negativos, y empezaste a practicar la autocompasión. Estos pasos son fundamentales para tu experiencia hacia la recuperación. Continúa recorriendo este camino con valentía y confianza, pues el autodescubrimiento es la clave para desentrañar la verdadera fuerza que existe dentro de ti. Sé consciente de que la aceptación y el autoconocimiento son las bases sobre las que construirás un futuro más brillante y lleno de esperanza.

**3**

# CONSTRUCCIÓN
# DE UNA MENTALIDAD POSITIVA

*La mente positiva no niega la existencia de los desafíos,
pero elige enfrentarlos con esperanza y resiliencia.*

La construcción de una mentalidad positiva es una herramienta vital en el viaje de recuperación de la depresión. En este capítulo, exploraremos estrategias y prácticas que lo ayudarán a transformar patrones de pensamiento negativo, crear afirmaciones poderosas y comprender los beneficios de una mentalidad optimista. A través de estas técnicas, puede cultivar una visión más brillante de sí mismo y del mundo, fortaleciendo su resiliencia emocional y abriendo camino a la cura.

## Transformando patrones de pensamiento negativo: Desafiando distorsiones cognitivas

Los pensamientos negativos pueden arraigarse rápidamente en la mente, alimentando la tristeza y la desesperanza que caracterizan a la depresión. Muchas veces, estos pensamientos están moldeados por distorsiones cognitivas, que son patrones distorsionados de procesamiento de información que afectan nuestra interpretación de la realidad. Reconocer y desafiar estas distorsiones es el punto de partida para construir una mentalidad más positiva y saludable.

### Lectura de la mente

La lectura de la mente es un patrón de pensamiento en el que presumimos que sabemos lo que otras personas están pensando, a menudo de manera negativa. Esta tendencia puede surgir debido a nuestra propia inseguridad y ansiedad, llevándonos a interpretar los comportamientos y palabras de los demás de manera distorsionada. Sin embargo, la verdad es que la mente humana es increíblemente compleja y nuestras suposiciones pueden ser imprecisas.

Cuando nos permitimos creer que sabemos lo que los demás están pensando sin pruebas claras, corremos el riesgo de crear malentendidos y conflictos innecesarios. En lugar de ceder a esta trampa cognitiva, es importante buscar la comunicación clara y abierta. Si te encuentras suponiendo intenciones negativas, haz un esfuerzo por hablar directamente con la persona involucrada. Pregúntale sobre sus pensamientos y sentimientos, y esté dispuesto a escuchar sus perspectivas.

Recuerda que, como tú, los demás también tienen sus propias preocupaciones, inseguridades y pensamientos complejos. La práctica de la empatía y la comunicación eficaz puede ayudar a disipar los malentendidos y construir relaciones más saludables y significativas.

### Catastrofización

Catastrofizar es un patrón de pensamiento en el que tendemos a exagerar los problemas y anticipar el peor escenario posible. Esto puede llevar a una amplificación del estrés y la ansiedad, agravando los sentimientos de desesperanza. Reconocer que las situaciones se pueden manejar y que no todo es tan terrible como parece es crucial para cultivar una mentalidad más positiva.

Al enfrentarte a un evento desafiante, haz un esfuerzo consciente para evaluar objetivamente la probabilidad real de que ocurra un resultado negativo extremo. Pregúntate a ti mismo si tus preocupaciones están fundamentadas en hechos concretos o si están siendo amplificadas por tu mente. A menudo, nuestra imaginación exagera los escenarios negativos, y al traer un poco de racionalidad al proceso de pensamiento, puedes reducir la intensidad de la ansiedad.

Practicar la calma y la resiliencia ante los desafíos también es fundamental para enfrentar la tendencia a la catastrofización. Al desarrollar la habilidad de mantener la serenidad bajo presión, estarás mejor equipado para lidiar con los desafíos sin caer en la espiral de pensamientos negativos y exagerados.

## Pensamiento en blanco y negro

El pensamiento en blanco y negro es una trampa cognitiva en la que vemos las cosas de manera extremadamente binaria, como totalmente buenas o totalmente malas, sin reconocer los matices y las sutilezas entre esos extremos. Este patrón de pensamiento simplista puede llevar a interpretaciones distorsionadas de la realidad y ampliar la negatividad.

La vida está llena de complejidades y sutilezas, y muchas situaciones no pueden ser fácilmente categorizadas como "todo o nada". Para cultivar una mentalidad más positiva, es importante entrenarse para reconocer los matices y los aspectos positivos en todas las situaciones. Al enfrentarse con un evento, considere las diferentes dimensiones y matices involucrados. Tenga en cuenta que la mayoría de las situaciones no son puramente buenas o malas, sino una mezcla de ambas, y es en esta área intermedia donde a menudo encontramos oportunidades de crecimiento y aprendizaje.

## Filtro mental

El filtro mental es un patrón de pensamiento en el que nos concentramos exclusivamente en los aspectos negativos de una situación, ignorando cualquier elemento positivo que pueda estar presente. Este hábito puede reforzar la negatividad y la sensación de desesperanza. Para construir una mentalidad más positiva, es fundamental desafiarse a ver el panorama completo.

Al enfrentar una situación desafiante, haga un esfuerzo consciente para identificar cualquier elemento positivo, incluso si es pequeño. Puede ser una lección aprendida, una oportunidad de crecimiento o un momento de conexión con alguien. Reconocer estos elementos positivos ayuda a equilibrar su perspectiva y a evitar que caiga en la trampa de centrarse solo en lo negativo.

Recuerde que no es necesario negar la existencia de desafíos o dificultades. En cambio, se trata de desarrollar una visión más equilibrada que tome en cuenta tanto los aspectos positivos como los negativos de una situación. Este ajuste en la perspectiva puede contribuir a una mentalidad más optimista y resiliente.

## Generalización

La generalización es un patrón de pensamiento en el que sacamos conclusiones amplias con base en una sola experiencia negativa. Esto puede llevar a una visión distorsionada de la realidad y limitar nuestra capacidad de ver la individualidad de cada situación. Cultivar una mentalidad positiva implica reconocer la singularidad de cada experiencia.

Al enfrentarse con una experiencia negativa, evite sacar conclusiones precipitadas o aplicar esa experiencia a todas las áreas de su vida. Cada situación está influenciada por una variedad de factores y merece ser evaluada individualmente. Practique el análisis crítico y cuestione si la experiencia en cuestión es representativa de un patrón más amplio o si es una situación única.

Desarrollar esta habilidad de evaluación cuidadosa ayuda a evitar que caiga en la trampa de ver todo a través de una lente negativa. Al reconocer la singularidad de cada experiencia, estará más bien equipado para abordar desafíos con una mente abierta y receptiva.

## Personalización

La personalización es un patrón de pensamiento en el que atribuimos a nosotros mismos la responsabilidad por eventos externos que están fuera de nuestro control. Esto puede resultar en culpa injustificada y aumentar los sentimientos de inadecuación. Cultivar una mentalidad positiva requiere la habilidad de discernir entre lo que podemos y no podemos controlar.

Al enfrentarse con un evento externo negativo, haga una pausa para evaluar si realmente tuvo un papel significativo en la situación. Concientízate de que no todo es tu culpa y que muchos factores están fuera de tu control directo. Practique la autocompasión, permitiéndose reconocer cuando está asumiendo responsabilidad excesiva y dándose cuenta de que solo eres un individuo en un mundo complejo.

Aprender a diferenciar entre lo que podemos influir y lo que está fuera de nuestra esfera de control es una parte fundamental de desarrollar una mentalidad positiva y saludable. Esto le permite redirigir su energía a áreas donde puede hacer la diferencia, al mismo tiempo que libera la carga injusta de asumir la responsabilidad por todo.

Desafiar estas distorsiones cognitivas es un proceso que requiere constante autoconciencia y práctica. Cuando se enfrente a un pensamiento negativo, dé un paso atrás y examínelo críticamente. Cuestione la validez de estos patrones distorsionados y busque evidencia objetiva que apoye o refute estos pensamientos. Con el tiempo, esta práctica le permitirá cambiar su enfoque de los desafíos, fortaleciendo su capacidad de ver las cosas de manera más equilibrada y realista.

## Creando afirmaciones poderosas: Moldeando creencias positivas sobre ti mismo y el mundo

Las afirmaciones son declaraciones positivas que puedes usar para reprogramar tu mente y moldear creencias más positivas sobre ti mismo y el mundo que te rodea. Funcionan como una herramienta poderosa para combatir los pensamientos negativos automáticos. Al repetir afirmaciones regularmente, estás entrenando a tu mente para internalizar esas creencias positivas.

### Sé específico

Cuando se trata de crear afirmaciones, la especificidad y la relevancia son fundamentales para dirigir tu mentalidad positiva en la dirección correcta. En lugar de recurrir a afirmaciones genéricas, como "Soy lo suficientemente bueno", es altamente beneficioso desarrollar afirmaciones que sean dirigidas y alineadas con tus metas y desafíos específicos. La razón para esto es simple: las afirmaciones genéricas pueden no tener el impacto deseado, ya que no están directamente ligadas a los aspectos de tu vida que deseas transformar.

Al crear afirmaciones específicas y detalladas, estás dando a tu mente un guion claro de lo que deseas alcanzar y cómo deseas crecer. Por ejemplo, si estás trabajando para avanzar en tu carrera, la afirmación "Estoy progresando en mi carrera de forma constante y confiada, reconociendo mis habilidades y conquistando nuevas oportunidades a cada paso" es mucho más eficaz que una afirmación genérica sobre autoestima.

La especificidad también te permite visualizar el proceso y los resultados deseados de manera más clara. Cuando te comprometes con afirmaciones específicas, estás creando una base sólida para tus esfuerzos e intenciones. Esto no solo ayuda a impulsar tu mentalidad positiva, sino que también dirige tus acciones en el día a día. Te vuelves más consciente de las elecciones que haces y de las oportunidades que pueden alinearse con tus afirmaciones.

Además, las afirmaciones específicas te permiten realizar un seguimiento de tu progreso de manera más tangible. Puedes medir tu crecimiento en función de las metas delineadas en las afirmaciones. Esto genera un sentido de logro a medida que ves tus afirmaciones convertirse en realidad, lo que, a su vez, refuerza aún más tu mentalidad positiva.

### Presente y positivo

Cuando se trata de crear afirmaciones poderosas, la forma en que las formula es crucial para su eficacia. Dos características importantes a considerar son la expresión en tiempo presente y la positividad de las afirmaciones. Estos elementos no solo moldean tu mentalidad, sino que también influyen directamente en cómo tu mente interpreta y responde a esas afirmaciones.

Expresión en tiempo presente: Al formular afirmaciones en tiempo presente, estás enviando un mensaje directo a tu mente de que esas creencias positivas ya son una parte integral de tu realidad. Esto es vital porque tu mente es más receptiva a información que se presenta como hechos actuales. En lugar de decir "Voy a superar mis dificultades", afirmas: "Estoy enfrentando mis desafíos de manera resiliente y constructiva, encontrando soluciones y creciendo a cada paso". Ese cambio de tiempo verbal crea una sensación de certeza y confianza, dirigiendo tu mentalidad hacia un estado en el que las creencias positivas están en acción en el momento presente.

Positividad en las afirmaciones: La positividad de las afirmaciones es igualmente significativa. Cuando formula afirmaciones de manera positiva, estás concentrando tu atención en lo que deseas alcanzar, en lugar de en los obstáculos que deseas evitar. Las afirmaciones positivas dirigen tu mente hacia soluciones, crecimiento y éxito. Sustituyen las narrativas negativas que pueden estar presentes en tu mente por historias de progreso y logros. Estas afirmaciones no solo influyen en tu mentalidad, sino que también impactan en tu motivación, acciones y resultados.

Para ilustrar, piensa en la diferencia entre decir "Ya no me sentiré inseguro" y afirmar "Estoy cultivando una confianza interior sólida y creyendo en mis capacidades". La segunda afirmación es positiva, directa y en tiempo presente. Te coloca en un estado mental donde la confianza ya se está desarrollando, mientras que la primera afirmación todavía se centra en la inseguridad.

### Creer en las afirmaciones

Cuando se trata de crear y usar afirmaciones poderosas, la creencia es la clave del éxito. Elegir afirmaciones que resuenen profundamente contigo es fundamental para que tengan un impacto positivo en tu mentalidad. Esta creencia es uno de los pilares que sustentan el poder de las afirmaciones para influir en tus creencias y comportamientos.

Empieza con creencias genuinas: Al elegir afirmaciones, es crucial que comiences con declaraciones que realmente puedas creer. Empezar con afirmaciones que se alinean con tu realidad actual y que percibes como realistas es un paso esencial. Estas afirmaciones sirven como base sólida para construir tu confianza y para internalizar gradualmente creencias positivas sobre ti mismo y tus posibilidades.

Por ejemplo, si estás trabajando para construir la autoestima, en lugar de empezar con una afirmación muy amplia como "Soy totalmente seguro en todas las situaciones", empieza con algo más específico y alcanzable, como "Me estoy volviendo más seguro cada día y estoy abierto a nuevas experiencias".

Crecimiento gradual y autenticidad: A medida que experimentas éxitos y progreso en tu camino de crecimiento personal, puedes expandir el alcance de tus afirmaciones para incluir metas más ambiciosas. Sin embargo, es importante asegurarte de que estas afirmaciones sigan siendo auténticas y realistas para ti. No hay necesidad de apresurarte en afirmaciones que no crees profundamente, ya que esto puede socavar la eficacia de la práctica.

Recuerda que las afirmaciones son como semillas plantadas en tu mente. El proceso de regarlas constantemente a través de la repetición y la creencia genuina es lo que les permite crecer y florecer. Así como una planta necesita tiempo para enraizar y crecer, tus afirmaciones necesitan consistencia y dedicación para moldear gradualmente tus patrones de pensamiento y percepción del mundo.

Creer en las afirmaciones no es solo un acto de repetir palabras; es un acto de cultivar una nueva mentalidad. Es el acto de elegir conscientemente dirigir tu atención a creencias que te capacitan y te motivan. Con la práctica y el tiempo, estas afirmaciones pueden convertirse en una parte auténtica de cómo ves a ti mismo y al mundo, promoviendo una mentalidad positiva y transformadora.

## Repite regularmente

Integrar las afirmaciones en tu rutina diaria a través de la repetición regular es un elemento fundamental para que tengan un impacto duradero en tu mentalidad. La repetición constante es como regar una planta: nutre y fortalece tus creencias positivas, permitiendo que crezcan y se arraiguen en tu mente.

Crea un hábito diario: Al igual que cualquier otra habilidad que se desee desarrollar, la práctica consistente es la clave para el éxito. Reserva un momento específico en tu rutina diaria para repetir tus afirmaciones. Muchas personas encuentran útil incorporar esta práctica justo al despertar, o por la noche, antes de dormir, cuando la mente está más receptiva.

Al crear un hábito diario de repetir tus afirmaciones, estás enviando una señal clara a tu cerebro de que estas creencias son importantes y merecen tu atención. Con el tiempo, esta práctica se convertirá en una parte natural de tu rutina, así como cepillarte los dientes o hacer ejercicio.

Internalización gradual: La repetición constante de las afirmaciones ayuda a internalizar estas creencias positivas en tu mente. Al principio, puede parecer que solo estás repitiendo palabras, pero con el tiempo, esas palabras comienzan a ganar significado y fuerza. Cuanto más repites una afirmación, más se convierte en parte de tu narrativa interna.

A medida que tus afirmaciones se vuelven más arraigadas, comienzan a competir con los patrones de pensamiento negativos que solían dominar tu mente. Esta sustitución gradual de los patrones negativos por los positivos es un proceso poderoso que puede impactar positivamente tu perspectiva, emociones y acciones.

La consistencia es la clave: La clave para cosechar los beneficios de las afirmaciones está en la consistencia. No esperes resultados instantáneos; en cambio, cultiva la paciencia y sigue repitiendo tus afirmaciones regularmente. Al igual que no esperas que una planta crezca de la noche a la mañana, entiende que el cambio en tu mentalidad también requiere tiempo y dedicación.

A medida que repites tus afirmaciones a lo largo del tiempo, estás construyendo una base sólida de creencias positivas que pueden impactar profundamente tu autoimagen, confianza y perspectiva general. Ten en cuenta que el poder de las afirmaciones reside en la repetición constante y en la creencia genuina en lo que estás afirmando. Con paciencia y práctica, estarás fortaleciendo gradualmente una mentalidad más positiva y saludable.

### Visualizar

Agregar una dimensión visual a tus afirmaciones puede intensificar significativamente su impacto. La visualización es una técnica poderosa que te permite sumergirte profundamente en la experiencia que tus afirmaciones describen, haciéndolas más vívidas y realistas en tu mente. Al combinar palabras con imágenes mentales, estás creando una conexión más profunda entre tus creencias positivas y tu experiencia personal.

Creando un escenario mental: Mientras repites tus afirmaciones, cierra los ojos y permítete crear un escenario mental que ilustre la afirmación en acción. Por ejemplo, si tu afirmación es "Estoy enfrentando mis desafíos de manera resiliente y constructiva", imagínate frente a un desafío, sintiéndote seguro y decidido. Visualiza la situación desarrollándose de manera positiva, contigo encontrando soluciones y superando obstáculos.

Detalles y sensaciones: Al visualizar, concéntrate en los detalles. Imagina los colores, los rostros de las personas involucradas, los sonidos a tu alrededor e incluso las sensaciones físicas. Cuanto más vívida sea tu visualización, más profundamente se conectará con tu mente subconsciente. Siente las emociones que acompañan a la realización de la afirmación: la alegría, la confianza, la satisfacción.

Haciendo las afirmaciones tangibles: La visualización hace que las afirmaciones sean más tangibles y concretas. Al incorporar elementos visuales y sensoriales, estás dando vida a las palabras. Esto puede hacer que la experiencia de las afirmaciones sea más emocionante y motivadora. A medida que visualizas, estás activando áreas del cerebro relacionadas con la imaginación y la emoción, lo que refuerza aún más la conexión entre las creencias positivas y tus experiencias internas.

Un ejercicio poderoso de autosugestión: La combinación de afirmaciones y visualización es una forma de autosugestión, en la que estás entrenando a tu mente para aceptar e internalizar creencias positivas. La mente subconsciente no diferencia entre realidad e imaginación vívida, lo que significa que la visualización puede influir positivamente en tu percepción de ti mismo y del mundo que te rodea.

Práctica y consistencia: Al igual que con la repetición de las afirmaciones, la visualización también requiere práctica y consistencia. Cuanto más te involucres en este ejercicio, más natural y poderosa se vuelve tu visualización. Con el tiempo, la visualización puede convertirse en una herramienta que puedes usar no solo al repetir tus afirmaciones, sino también en otras áreas de tu vida para fortalecer tu mentalidad positiva e impulsar tu crecimiento personal.

### Adaptarse

La práctica de crear y repetir afirmaciones no es estática; evoluciona contigo. A medida que creces, aprendes y te enfrentas a nuevas experiencias, tus afirmaciones también pueden cambiar para reflejar tus circunstancias y objetivos actuales. La adaptabilidad de las afirmaciones es esencial para garantizar que sigan siendo relevantes e impactantes en tu camino de crecimiento personal.

La importancia de la actualización: Cuando alcanzas metas o superas desafíos, puede ser una oportunidad para actualizar tus afirmaciones. Esto refleja tu progreso y ayuda a mantener tus creencias alineadas con tus logros. Por ejemplo, si tu afirmación anterior era "Estoy trabajando para construir confianza en mí mismo", después de conquistar esa confianza, podrías ajustarla a "Soy seguro de mí mismo en todas las situaciones".

Adaptándose a nuevos desafíos: De la misma manera, cuando te enfrentas a nuevos desafíos, tus afirmaciones pueden ajustarse para enfrentarlos. Si estás entrando en una nueva fase de tu vida, como un nuevo trabajo o una relación, tus afirmaciones pueden incluir elementos relevantes para esa nueva etapa. Esto no solo refuerza tu mentalidad positiva, sino que también brinda apoyo emocional durante transiciones importantes.

Revisión y reflexión: La revisión regular de tus afirmaciones es una oportunidad para reflexionar sobre tu progreso y alinear tus creencias con tus experiencias actuales. A medida que revisas tus afirmaciones, considera si todavía resuenan contigo y si están de acuerdo con tus metas y valores actuales. Esta revisión también puede ayudar a identificar áreas en las que deseas más crecimiento y enfoque.

Flexibilidad y crecimiento continuo: La adaptabilidad de las afirmaciones refleja tu flexibilidad y apertura al crecimiento continuo. Es un recordatorio de que estás en constante evolución y que tus creencias pueden expandirse para abrazar nuevas realizaciones y experiencias. No tengas miedo de ajustar tus afirmaciones según sea necesario; esto muestra que estás comprometido con tu desarrollo personal y que estás dispuesto a abrazar nuevos desafíos con una mentalidad positiva y adaptable.

Las afirmaciones no son solo palabras vacías; son declaraciones poderosas que pueden influir positivamente en tu autoimagen y perspectiva. Al repetirlas regularmente, estás moldeando gradualmente tu mentalidad para abrazar la positividad y alejarte de los patrones de pensamiento negativo.

## La fuerza del pensamiento positivo: Explorando los beneficios de una mentalidad optimista

Una mentalidad optimista no es solo una actitud, sino un modo de vida que puede tener impactos profundos en tu salud mental y emocional. Adoptar una mentalidad optimista puede traer una serie de beneficios para tu camino de recuperación de la depresión:

## Resiliencia

La resistencia es una cualidad vital que nos permite enfrentar y superar las adversidades de la vida con confianza y determinación. Tener una mentalidad optimista desempeña un papel fundamental en el cultivo de esta resistencia. Cuando adoptas una perspectiva optimista ante los desafíos, estás fortaleciendo tu capacidad de lidiar con las dificultades de manera eficaz.

Mudando la perspectiva: Una mentalidad optimista cambia la forma en que ves los desafíos. En lugar de verlos como obstáculos insuperables, los ves como oportunidades para el crecimiento y el aprendizaje. Esto cambia la dinámica emocional, permitiéndote enfrentar las dificultades con menos miedo y ansiedad.

Adoptar estrategias constructivas: Al enfrentar los desafíos con optimismo, eres más propenso a adoptar estrategias constructivas para lidiar con ellos. En lugar de sentirte derrotado, buscas soluciones y maneras de superar los obstáculos. Esto puede incluir la búsqueda de apoyo, la definición de metas claras o la división de los desafíos en etapas manejables.

Resistencia a rendirse: Una mentalidad optimista también fortalece tu determinación y resistencia. Eres más propenso a persistir incluso ante las dificultades. La creencia de que eres capaz de superar los obstáculos te da la motivación necesaria para seguir intentándolo, incluso cuando las cosas parecen difíciles.

Crecimiento personal: Enfrentar los desafíos con optimismo a menudo conduce a un crecimiento personal significativo. Las experiencias difíciles pueden convertirse en lecciones valiosas y oportunidades de autodescubrimiento. A medida que superas los desafíos, tu confianza en ti mismo y tu autoestima también aumentan.

Lidiando con la incertidumbre: La resistencia es especialmente importante cuando se trata de lidiar con la incertidumbre. Una mentalidad optimista te permite adaptarte a los cambios y desafíos inesperados con más facilidad. Estás más dispuesto a aceptar que la vida está llena de altibajos y que tienes la capacidad de navegar por ellos.

En última instancia, la resistencia no significa que nunca tendrás dificultades, sino que tienes las herramientas y la mentalidad necesarias para enfrentarlas. La mentalidad optimista es como un escudo emocional que te protege y te capacita para enfrentar las adversidades con más confianza, coraje y determinación. Al cultivar una mentalidad optimista, estás invirtiendo en tu propio bienestar emocional y construyendo una base sólida para una vida más resiliente y gratificante.

### Reducción del estrés

El estrés y la ansiedad son reacciones naturales del cuerpo a situaciones desafiantes, pero cuando esas emociones se vuelven crónicas, pueden perjudicar significativamente la salud mental y emocional. Una mentalidad optimista desempeña un papel importante en la reducción del estrés, permitiéndote abordar las situaciones con más equilibrio y resistencia.

Foco en soluciones: Una mentalidad optimista dirige tu atención a soluciones y posibilidades, en lugar de quedarte atrapado en la rumia de problemas. Cuando estás enfocado en encontrar maneras de resolver un desafío, naturalmente disminuyes la tendencia a preocuparte excesivamente por los problemas negativos. Esto ayuda a reducir la ansiedad y la sensación de estar abrumado.

Desapego del perfeccionismo: El pensamiento negativo a menudo está ligado a patrones rígidos de perfeccionismo. Una mentalidad optimista te permite despegarte de esas expectativas irreales y aceptar que la vida está llena de imperfecciones. Esto ayuda a aliviar la presión sobre ti mismo y a reducir el estrés causado por la búsqueda constante de la perfección.

Mayor resistencia emocional: Al adoptar una mentalidad optimista, estás construyendo tu resistencia emocional. Esto significa que estás mejor equipado para lidiar con las emociones negativas que surgen en respuesta al estrés. En lugar de ser abrumado por la ansiedad, desarrollas la capacidad de lidiar con las emociones de manera saludable y constructiva.

Foco en el presente: La mentalidad optimista a menudo alienta el foco en el momento presente. Esto significa que eres menos propenso a preocuparte por el pasado o el futuro, que son fuentes comunes de estrés. Al estar presente en el momento actual, reduces la ansiedad que surge de la preocupación por eventos pasados o futuros.

Mejora de la salud emocional: Al reducir el estrés y la ansiedad, una mentalidad optimista contribuye a una salud emocional más equilibrada. Los pensamientos positivos liberan neurotransmisores y endorfinas que promueven sentimientos de bienestar y relajación. Esto crea un ciclo positivo en el que la mentalidad optimista contribuye a la salud emocional, que a su vez refuerza la mentalidad positiva.

La reducción del estrés a través de una mentalidad optimista no significa que nunca enfrentarás situaciones desafiantes. En cambio, estás desarrollando herramientas mentales y emocionales para lidiar con esas situaciones de manera más eficaz y saludable. Cultivar la positividad no es solo beneficioso para la salud mental, sino que también es una inversión en la calidad general de vida, permitiéndote navegar por las dificultades con más calma y confianza.

### Autoconfianza

La autoconfianza es la base sobre la que construimos nuestros logros y afrontamos los desafíos de la vida. Una mentalidad positiva tiene un impacto significativo en la promoción de la autoconfianza, ya que moldea la forma en que nos percibimos a nosotros mismos y nuestras capacidades. Maneras en que el pensamiento positivo alimenta la autoconfianza:

Creencia en las propias habilidades: El pensamiento positivo ayuda a crear una creencia sólida en nuestras propias habilidades. A medida que practicamos una mentalidad optimista, empezamos a interiorizar la idea de que somos capaces de enfrentar desafíos y superar obstáculos. Esta creencia se traduce en una mayor confianza en nuestras habilidades, lo que a su vez fortalece nuestra autoconfianza.

Enfrentamiento de desafíos: Cuando afrontamos desafíos con una mentalidad positiva, estamos cultivando la capacidad de afrontarlos de manera resiliente y determinada. A medida que experimentamos éxitos al superar desafíos, nuestra autoconfianza aumenta. Cada victoria refuerza la idea de que tenemos lo que se necesita para lidiar con situaciones difíciles.

Aceptación de errores: Una mentalidad positiva también está ligada a la aceptación de los errores como oportunidades de aprendizaje. En lugar de ver los errores como fracasos definitivos, los vemos como parte natural del proceso de crecimiento. Esta aproximación más benevolente en relación a los errores contribuye a la construcción de la autoconfianza, ya que no nos vemos abrumados por los contratiempos.

Autoimagen positiva: El pensamiento positivo también influye en la forma en que nos vemos. Una mentalidad optimista ayuda a construir una autoimagen más positiva, donde reconocemos nuestras cualidades y logros. Este sentido de autoestima es un componente vital de la autoconfianza, ya que nos sentimos dignos y capaces.

Determinación y persistencia: Una mentalidad positiva alimenta la determinación y la persistencia. Cuando abordamos los desafíos con optimismo, estamos más inclinados a persistir incluso cuando las cosas se ponen difíciles. Esta persistencia constante, alimentada por el pensamiento positivo, fortalece nuestra autoconfianza, ya que nos demostramos a nosotros mismos que podemos superar dificultades.

Impacto en las relaciones: La autoconfianza influye en nuestras relaciones con los demás. Cuando proyectamos confianza en nosotros mismos, los demás tienden a respondernos de manera más positiva, lo que crea un ciclo de retroalimentación positiva. Relaciones más saludables e interacciones positivas contribuyen a reforzar nuestra autoconfianza.

La autoconfianza no es un rasgo estático, sino una cualidad que puede ser cultivada y fortalecida a lo largo del tiempo. El pensamiento positivo desempeña un papel fundamental en este proceso, proporcionando la mentalidad y las creencias necesarias para construir una autoconfianza sólida. Al adoptar una visión positiva de nosotros mismos y de nuestras capacidades, estamos allanando el camino para afrontar desafíos de manera confiada y alcanzar nuestros objetivos con determinación.

### Relaciones más saludables

Una mentalidad optimista no solo es beneficiosa para el bienestar individual, sino que también tiene un impacto positivo significativo en las relaciones interpersonales. Al adoptar una visión positiva del mundo y de las personas que te rodean, estás creando una base sólida para construir y mantener relaciones más saludables y gratificantes. Formas en que la mentalidad optimista influye positivamente en las relaciones:

Comprensión y empatía: Una mentalidad optimista suele asociarse a la disposición a dar a las personas el beneficio de la duda. Eres más propenso a interpretar las acciones y palabras de los demás de manera positiva, en lugar de asumir intenciones negativas. Esto resulta en una mayor comprensión y empatía, permitiéndote ponerte en el lugar de los demás y entender sus perspectivas.

Comunicación constructiva: Al adoptar una visión optimista, estás más inclinado a comunicarte de manera constructiva y positiva. Esto crea un ambiente de diálogo saludable y abierto, donde las discusiones son más propensas a ser productivas en lugar de conflictivas. Tu mentalidad positiva también inspira a los demás a comunicarse de manera similar, promoviendo un ciclo positivo de interacciones.

Cultivo de relaciones positivas: Una mentalidad optimista contribuye al cultivo de relaciones más positivas. Eres más propenso a buscar lo bueno en los demás y a valorar sus fortalezas. Esto ayuda a crear relaciones basadas en la apreciación mutua, la confianza y el respeto. Las relaciones positivas, a su vez, enriquecen tu vida emocional y contribuyen a un sentido de pertenencia.

Influencia en la percepción: Tu mentalidad positiva también influye en la percepción que los demás tienen de ti. Las personas con una visión optimista tienden a ser vistas como agradables, inspiradoras y motivadoras. Esto puede atraer a personas que comparten valores similares y que buscan interacciones positivas, lo que contribuye a la formación de relaciones más saludables.

Atenuación de conflictos: Una mentalidad optimista contribuye a la atenuación de conflictos. Cuando afrontas los conflictos con la intención de encontrar soluciones y con un enfoque positivo, creas un ambiente donde las diferencias pueden resolverse de manera más pacífica y constructiva. Esto evita escaladas innecesarias y mantiene la armonía en las relaciones.

Inspiración de cambios positivos: Tu mentalidad positiva también puede inspirar a los demás a adoptar una perspectiva más positiva. Al demostrar cómo la mentalidad optimista puede conducir a una vida más gratificante y relaciones más saludables, puedes influir positivamente en los que te rodean, creando un ciclo de positividad y crecimiento mutuo.

Al adoptar una mentalidad optimista, no solo mejoras tu propia vida, sino que también contribuyes a la creación de un entorno social más saludable y enriquecedor. Tus relaciones se beneficiarán de tu enfoque positivo, permitiéndote construir lazos más profundos, significativos y fortalecedores con las personas que te rodean.

### Salud emocional

La relación entre el pensamiento positivo y la salud emocional es profunda y poderosa. La forma en que piensas e interpretas las situaciones que te rodean puede tener un impacto directo en tus emociones y en cómo te sientes internamente. Formas en que el pensamiento positivo influye y beneficia tu salud emocional:

Liberación de neurotransmisores: El pensamiento positivo tiene la capacidad de estimular la liberación de neurotransmisores importantes, como las endorfinas y la serotonina. Las endorfinas son conocidas como "hormonas de la felicidad" debido a la sensación de euforia y bienestar que inducen. La serotonina es esencial para regular el estado de ánimo y promover un estado emocional equilibrado. Los pensamientos optimistas desencadenan la liberación de estos neurotransmisores, proporcionando un impulso positivo a tus emociones.

Reducción del estrés y la ansiedad: El pensamiento positivo también está relacionado con la reducción del estrés y la ansiedad. Al centrarte en soluciones y posibilidades, reduces la tendencia a preocuparte excesivamente por los problemas. Esto te libera del ciclo de rumia negativa, permitiéndote lidiar con las situaciones de forma más calmada y equilibrada. La actitud optimista también ayuda a reducir la liberación de hormonas del estrés, contribuyendo a un estado emocional más tranquilo.

Fortalecimiento de la resiliencia emocional: La resiliencia emocional, la capacidad de lidiar con adversidades y emerger de ellas más fuerte, es fortalecida por el pensamiento positivo. Al afrontar los desafíos con optimismo, desarrollas estrategias para lidiar con las dificultades de manera constructiva y confiada. Esto no solo te ayuda a superar obstáculos, sino que también contribuye a una sensación de empoderamiento emocional.

Mayor autoestima: El pensamiento positivo alimenta una autoimagen más positiva y una autoestima saludable. Cuando te centras en los aspectos positivos de ti mismo y en tus logros, esto genera un sentido de valor propio y confianza en tus habilidades. Esto, a su vez, contribuye a una salud emocional sólida, ya que afrontas los desafíos con una base emocional más firme.

Mejora en las relaciones interpersonales: Una mentalidad optimista también influye positivamente en tus interacciones con los demás. Cuando te sientes emocionalmente equilibrado y positivo, es más probable que abordes las relaciones con apertura, empatía y comprensión. Esto crea un ambiente más saludable para conexiones significativas y relaciones positivas.

La salud emocional es un aspecto vital del bienestar general. Al adoptar una mentalidad positiva, estás invirtiendo en tu propia salud emocional, permitiéndote experimentar una gama más amplia de emociones positivas, lidiando de manera más eficaz con el estrés y encontrando un equilibrio emocional más estable.

## Estímulo a la creatividad

Una de las virtudes notables de adoptar una mentalidad optimista es el impulso que da a la creatividad. Cuando eliges dirigir tu atención a soluciones, posibilidades y oportunidades, estás creando un ambiente mental propicio para el florecimiento de la creatividad. Maneras en que la mentalidad optimista estimula la creatividad:

Apertura a nuevas perspectivas: Una mentalidad optimista tiende a abrir tu mente a nuevas perspectivas y posibilidades. Al centrarse en el potencial positivo de una situación, estás más propenso a explorar diferentes ángulos y considerar enfoques no convencionales. Esto crea un terreno fértil para el surgimiento de nuevas ideas creativas.

Desafío de limitaciones percibidas: El pensamiento positivo te anima a desafiar limitaciones percibidas. En lugar de centrarse en las barreras que impiden el progreso, te sientes más inclinado a cuestionar esas limitaciones y buscar maneras de sortearlas. Esto puede llevar a soluciones innovadoras y creativas que de otra forma podrían ser ignoradas.

Reducción del miedo al fracaso: La mentalidad optimista reduce el miedo al fracaso. Cuando estás optimista, ves los errores como oportunidades de aprendizaje y crecimiento, en lugar de obstáculos insuperables. Esto crea un ambiente emocional seguro para experimentar nuevas ideas y soluciones creativas, sin el peso del miedo.

Enfoque en la exploración y experimentación: El pensamiento positivo incentiva la exploración y la experimentación. Cuando estás seguro de que eres capaz de encontrar soluciones y superar desafíos, te sientes más a gusto para probar ideas creativas, incluso si no son convencionales.

Esta disposición para experimentar puede llevar a descubrimientos sorprendentes.

Combinación de elementos diversos: La mentalidad optimista a menudo implica un enfoque más integrador y holístico. Estás más propenso a combinar diferentes elementos, ideas o conceptos para crear soluciones únicas y creativas. Esta habilidad de conectar puntos aparentemente desconectados es un rasgo característico de la creatividad.

Resistencia al estancamiento mental: Una mentalidad optimista combate el estancamiento mental. El pensamiento positivo mantiene tu mente activa y comprometida, buscando constantemente maneras de mejorar y crecer. Esta actitud mental dinámica es fundamental para la creatividad, ya que nuevas ideas a menudo surgen de la voluntad de evolucionar.

Incentivo a la curiosidad y exploración: El optimismo incentiva la curiosidad y la exploración. Cuando estás optimista, estás naturalmente inclinado a buscar respuestas, aprender nuevas informaciones y expandir tu conocimiento. Esta búsqueda continua por nuevas informaciones alimenta la creatividad, al traer nuevas perspectivas para tus ideas creativas.

La construcción de una mentalidad positiva es un paso vital en el camino de superar la depresión. Desafiar distorsiones cognitivas, crear afirmaciones poderosas y cultivar pensamientos optimistas no solo ayuda a cambiar la forma en que percibes el mundo, sino que también influye en la manera como te relacionas contigo mismo. Recuerda que esta transformación no ocurre de la noche a la mañana; es un proceso gradual que requiere paciencia, autocompasión y compromiso.

**4**

# CULTIVANDO RELACIONES SALUDABLES

*Caminar juntos con los demás nos lleva más lejos
de lo que nunca iríamos solos.*

Las relaciones saludables desempeñan un papel crucial en nuestra jornada de autodescubrimiento, recuperación y crecimiento personal. Tener un círculo de apoyo positivo puede hacer una diferencia significativa en nuestra capacidad de enfrentar desafíos, superar obstáculos y desarrollar una mentalidad positiva. En este capítulo, exploraremos el impacto del apoyo social, la importancia de la comunicación eficaz y cómo construir un círculo de apoyo que nutre e incentiva su desarrollo.

## El papel del apoyo social: El poder de las relaciones positivas

El apoyo social es como un ancla emocional que nos mantiene firmes durante tiempos difíciles. Las relaciones positivas tienen el poder de elevarnos, proporcionando aliento, comprensión y validación. También nos ofrecen una perspectiva externa que puede iluminar nuestros desafíos de maneras que no seríamos capaces de ver solos. Son maneras por las cuales las relaciones saludables pueden impactar positivamente su caminata:

### Fuente de apoyo emocional

En momentos de dificultad y desafío, amigos, familiares y seres queridos pueden convertirse en una fuente inestimable de apoyo emocional. Estas conexiones personales ofrecen un espacio seguro donde puede expresar sus sentimientos, preocupaciones y miedos sin miedo a ser juzgado. Aspectos importantes sobre la importancia de esta fuente de apoyo emocional:

Escucha empática: Amigos y familiares cercanos a menudo son los primeros en escuchar cuando necesitas desahogarte. Su capacidad de escuchar con empatía y sin juicio es esencial. No solo le brindan la oportunidad de expresar sus sentimientos, sino que también validan su experiencia, mostrando que su dolor es reconocido y comprendido.

Consejos y perspectivas: Amigos y familiares pueden ofrecer consejos útiles y perspectivas valiosas. Pueden compartir sus propias experiencias similares y ofrecer perspectivas sobre cómo enfrentaron desafíos similares. Este intercambio de historias y consejos puede proporcionar una visión más amplia y ayudarlo a ver sus situaciones de manera diferente.

Compartiendo experiencias: La conexión con seres queridos que ya han pasado por situaciones similares puede traer un sentido de alivio y validación. Saber que otras personas superaron desafíos similares y encontraron esperanza y recuperación puede aumentar su motivación y optimismo.

Reducción del aislamiento: La depresión a menudo se acompaña de sentimientos de aislamiento y soledad. Sin embargo, tener una red de apoyo emocional ayuda a combatir estos sentimientos, recordándole que no está solo en sus luchas. Estas conexiones muestran que otras personas se preocupan y están dispuestas a estar a su lado durante su jornada.

Compresión sin juicio: La belleza de las conexiones de apoyo emocional está en la comprensión sin juicio. Amigos y familiares que se preocupan por ti aceptan tus emociones y luchas sin criticar o menospreciar. Esto crea un ambiente seguro donde puede abrirse y compartir sus pensamientos más íntimos.

Reforzamiento del valor personal: Al recibir apoyo emocional, percibe su propio valor e importancia. El amor y la atención que estas conexiones ofrecen refuerzan su autoestima y autoestima, recordándole que es amado y valorado, independientemente de los desafíos que enfrenta.

Reciprocidad y fortalecimiento de las relaciones: Estas conexiones no son unidireccionales. Al compartir sus luchas y éxitos, también fortalece sus relaciones. La reciprocidad, donde también ofrece apoyo emocional a los demás, puede crear vínculos más profundos y genuinos.

La importancia de buscar ayuda profesional: Aunque amigos y familiares pueden proporcionar un apoyo emocional significativo, es fundamental reconocer que a veces es necesario buscar ayuda profesional. Terapeutas, consejeros y psicólogos tienen las habilidades y el conocimiento necesarios para ofrecer apoyo especializado, técnicas de afrontamiento y estrategias de recuperación.

El apoyo emocional no es solo sobre recibir, sino también sobre dar. Mantener estas relaciones significa cuidar de sus amigos y familiares de la misma manera que ellos cuidan de usted. Cuando hay un flujo mutuo de apoyo emocional, crea una red de seguridad emocional que es inestimable en su caminata de autodescubrimiento y recuperación.

### Estimulación de la autoestima

Las relaciones positivas no solo ofrecen apoyo emocional, sino que también pueden desempeñar un papel fundamental en el fortalecimiento de tu autoestima. La forma en que los demás te ven y valoran puede tener un impacto profundo en la forma en que te percibes a ti mismo. Maneras en que las relaciones positivas pueden elevar tu autoestima:

Reconocimiento y validación: Cuando amigos, familiares y seres queridos reconocen tus cualidades, logros y esfuerzos, esto valida tus contribuciones y valor como individuo. Sentir que tus logros son notados y apreciados ayuda a crear un sentido de autovaloración.

Elogios y aliento: Las relaciones positivas a menudo están marcadas por elogios genuinos y aliento. Los elogios sinceros no solo aumentan tu autoestima, sino que también refuerzan la idea de que tus habilidades y esfuerzos son dignos de apreciación.

Modelos de inspiración: Amigos y familiares que demuestran confianza en ti pueden servir como modelos de inspiración. Creyendo en tus capacidades, te animan a creer en ti mismo, fomentando una actitud positiva en relación con tus habilidades.

Aceptación incondicional: Las relaciones positivas a menudo vienen con una aceptación incondicional. Estas personas te valoran por lo que eres, independientemente de tus éxitos o desafíos. Esta aceptación contribuye a un sentimiento de pertenencia y autoaceptación.

Construcción de confiabilidad: Cuando los demás confían en ti para tareas, responsabilidades o comparten sus propias luchas, esto construye una sensación de autoeficacia. Comienzas a verte a ti mismo como alguien confiable y capaz.

Respeto y respeto mutuo: Las relaciones saludables se basan en el respeto mutuo. Ser tratado con respeto, consideración y cariño por aquellos que te rodean refuerza la noción de que eres una persona valorada.

Cultivar relaciones que estimulan la autoestima requiere un esfuerzo continuo. Aquí hay algunas maneras de nutrir las relaciones:

Reconoce tus propias conquistas: Comienza reconociendo tus propias conquistas y cualidades. Cuanto más te valores a ti mismo, más los demás también tenderán a valorarte.

Comunica tus necesidades: Comunica el tipo de apoyo y aliento que aprecias. Las personas pueden no saber cómo mejorar tu autoestima a menos que compartas tus necesidades.

Aléjate de las relaciones tóxicas: Si estás en relaciones que minan tu autoestima, considera alejarte de ellas. Las relaciones tóxicas pueden tener un impacto perjudicial en tu imagen de ti mismo.

Crea una red de apoyo: Construye un círculo de amigos y familiares que te apoyen e incentiven positivamente. Tener varias fuentes de apoyo ayuda a equilibrar y fortalecer tu autoestima.

La autoestima es algo que crece con el tiempo y la práctica. Al rodearte de personas que valoran tus cualidades y te apoyan, estás contribuyendo a un ambiente que promueve una autoimagen positiva y saludable.

## Modelado de comportamientos positivos

La observación de relaciones saludables puede ser una fuente valiosa de inspiración para adoptar comportamientos positivos en tu propia vida. Cuando te rodeas de personas que demuestran maneras constructivas de lidiar con los desafíos, comunicarse eficazmente y mantener una perspectiva optimista, puedes aprender valiosas lecciones para aplicar en tus propias interacciones y en la forma en que enfrentas las dificultades. Maneras en las que el modelado de comportamientos positivos puede beneficiarte:

Aprendizaje por observación: Al presenciar cómo otras personas resuelven conflictos, expresan sus necesidades y demuestran empatía, puedes aprender estrategias prácticas para mejorar tus propias relaciones. La observación directa de comportamientos positivos puede ser una manera eficaz de internalizar estos patrones.

Lidiando con desafíos: Cuando observas cómo los demás enfrentan desafíos con calma, resiliencia y un enfoque constructivo, puedes adquirir perspectivas sobre cómo lidiar mejor con tus propios obstáculos. Modelar la manera en que los demás superan adversidades puede inspirarte a enfrentar tus propias luchas con una mentalidad más optimista.

Comunicación eficaz: Las relaciones saludables generalmente se construyen sobre una base sólida de comunicación eficaz. Al observar cómo los demás se expresan de manera clara, honesta y respetuosa, puedes aprender a mejorar tus propias habilidades de comunicación y evitar malentendidos.

Resolución de conflictos: Al presenciar cómo las personas en relaciones positivas abordan conflictos de manera constructiva, puedes adoptar técnicas para resolver desacuerdos de forma saludable. Esto incluye escuchar activamente, expresar tus opiniones de manera respetuosa y buscar soluciones que beneficien a ambas partes.

Promoción del bienestar emocional: El modelado de comportamientos positivos también puede influir positivamente en tu bienestar emocional. Cuando ves cómo los demás cultivan emociones positivas y lidian con las negativas de manera saludable, puedes aplicar esas estrategias para mejorar tu propia salud mental.

Recordando que todos tienen desafíos: Al observar relaciones positivas, es importante recordar que todos enfrentan desafíos en algún momento. Nadie es perfecto, e incluso las relaciones más saludables pasan por altibajos. Sin embargo, aprender de las maneras en que los demás enfrentan estos desafíos puede proporcionar una guía valiosa para tu propia jornada de crecimiento personal.

La modelación de comportamientos positivos requiere una mente abierta y la disposición de aprender de los ejemplos que te rodean. Al estar atento a las actitudes y acciones que contribuyen a relaciones saludables, puedes cultivar un enfoque más constructivo en tus propias interacciones y en la forma en que enfrentas los desafíos de la vida.

### Reducción del aislamiento

Uno de los aspectos más desafiantes de la depresión es la sensación de aislamiento que a menudo la acompaña. La conexión humana es una necesidad fundamental y, cuando enfrentamos la depresión, tendemos a alejarnos de los demás, lo que puede agravar aún más nuestros sentimientos de soledad y desesperación. Sin embargo, cultivar relaciones saludables puede tener un impacto significativo en la reducción de este aislamiento. Cómo las relaciones positivas pueden ayudar a combatir la soledad:

Sentido de pertenencia: Las relaciones saludables proporcionan un sentido de pertenencia y comunidad. Sentirse parte de un grupo de apoyo, ya sea compuesto por amigos, familiares u otros seres queridos, puede aliviar la sensación de estar aislado y solo. La conexión con los demás nos recuerda que no estamos solos en nuestras luchas y que hay personas que se preocupan por nosotros.

Compartir experiencias: Al compartir sus experiencias con otras personas, puede encontrar comprensión y empatía. Saber que otras personas también han pasado por momentos difíciles puede validar sus sentimientos y hacer que se sienta menos aislado en sus luchas. El intercambio de historias y la comprensión mutua pueden crear lazos poderosos de conexión.

Actividades sociales: Participar de actividades sociales con personas que valoran su bienestar puede ayudar a romper el ciclo de aislamiento. Participar de encuentros, eventos o grupos de apoyo proporciona oportunidades para interacciones sociales significativas, ayudando a llenar su tiempo con experiencias positivas.

Apoyo emocional constante: Las relaciones saludables proporcionan un sistema de apoyo emocional constante. Saber que tiene personas con las que puede contar cuando se siente mal o necesita ayuda puede aliviar el peso emocional de la depresión. Tener a alguien con quien hablar, desahogarse y compartir sus preocupaciones puede ser muy reconfortante.

Incentivo a actividades sociales: Amigos y seres queridos que entienden su viaje de recuperación pueden alentar y apoyar su participación en actividades sociales, incluso cuando no se siente motivado. Su presencia puede ser un incentivo para salir de casa, participar de eventos y buscar interacciones sociales, lo que, a su vez, ayuda a combatir el aislamiento.

Importancia de la apertura: Para cosechar los beneficios de la reducción del aislamiento a través de relaciones saludables, es fundamental ser abierto sobre su condición de salud mental. Compartir sus sentimientos y desafíos con amigos y familiares puede abrir las puertas a una mayor comprensión y apoyo. A menudo, las personas que lo rodean están dispuestas a ayudar, pero necesitan saber cómo pueden ser útiles.

Recordando que no está solo: La depresión a menudo nos hace sentir aislados y desconectados de los demás. Sin embargo, la realidad es que hay personas dispuestas a apoyarlo y estar a su lado durante este viaje. Cultivar relaciones saludables no solo reduce el aislamiento, sino que también ofrece un sistema de apoyo que puede contribuir significativamente a su recuperación y bienestar emocional.

### Consuelo y apoyo durante la adversidad

El viaje de la vida está lleno de desafíos y adversidades, y enfrentar estos momentos difíciles puede ser especialmente difícil cuando se lidia con la depresión. Tener un sistema de apoyo sólido compuesto por relaciones positivas es una herramienta esencial para ofrecer consuelo y apoyo durante estos momentos de dificultad. Cómo las relaciones positivas pueden ofrecer consuelo y ayuda cuando más lo necesitas:

Un lugar seguro para desahogarse: Las relaciones saludables ofrecen un espacio seguro donde puedes desahogarte sin juicio. Expresar tus preocupaciones, miedos y pensamientos negativos a alguien que se preocupa por ti puede ser terapéutico y ayudar a aliviar el peso emocional que la depresión puede traer.

Apoyo emocional incondicional: Un sistema de apoyo positivo ofrece apoyo emocional incondicional, independientemente de las circunstancias. Saber que tienes personas que creen en ti y están dispuestas a estar a tu lado, incluso cuando estás enfrentando momentos difíciles, puede proporcionar una sensación de seguridad y estabilidad.

Fuente de fuerza y resiliencia: Cuando te sientes frágil ante la adversidad, las relaciones positivas pueden ser una fuente de fuerza y resiliencia. Amigos y familiares que creen en tus capacidades y expresan confianza en tu capacidad de superar los desafíos pueden fortalecer tu determinación y tu autoestima.

La importancia del diálogo abierto: Para aprovechar al máximo el consuelo y el apoyo ofrecidos por las relaciones positivas durante la adversidad, la comunicación abierta es fundamental. Comparte tus sentimientos, preocupaciones y necesidades con las personas en las que confías. Explica cómo pueden ayudarte o apoyarte, para que puedan estar ahí de manera eficaz.

Hombro para llorar: Amigos, familiares y seres queridos que forman parte de tu círculo de apoyo pueden ofrecer un hombro para llorar cuando te sientes abrumado por la tristeza y la angustia. Tener a alguien con quien puedas compartir tus sentimientos más profundos y vulnerables puede proporcionar alivio emocional y la sensación de que no estás enfrentando tus emociones solo.

## Comunicando sus necesidades: Estableciendo límites y expresando sentimientos

La comunicación es la piedra angular de cualquier relación saludable y, cuando se trata de su viaje de recuperación de la depresión, la habilidad de expresar sus necesidades, límites y sentimientos de manera clara y respetuosa es de extrema importancia. Aprender a comunicarse de manera eficaz no solo fortalece los lazos con aquellos a su alrededor, sino que también ayuda a garantizar que sus relaciones sean mutuamente satisfactorias y beneficiosas. Directrices para ayudarlo a comunicarse de manera más eficaz:

### Practique la comunicación abierta

La comunicación abierta es un pilar fundamental para la construcción de relaciones saludables y enriquecedoras. Cuando se trata de su viaje de recuperación de la depresión, la habilidad de expresarse abiertamente se vuelve aún más crucial. Al practicar la comunicación abierta, está creando un ambiente propicio para la honestidad y la sinceridad, permitiendo que las discusiones sucedan de manera auténtica y respetuosa. Aspectos importantes de la comunicación abierta:

Estableciendo un espacio de confianza: La comunicación abierta se construye sobre la base de la confianza. Al crear un ambiente en el que todos se sientan seguros para compartir sus sentimientos y pensamientos, está cultivando la confianza mutua entre usted y aquellos con quienes se relaciona. Esto significa que las personas se sentirán más cómodas para ser honestas, sabiendo que no serán juzgadas o rechazadas.

Expresando emociones con sinceridad: Ser abierto en la comunicación significa expresar sus emociones con sinceridad. Esto involucra compartir no solo pensamientos superficiales, sino también sentimientos genuinos. Al expresarse de manera auténtica, permite que los demás comprendan cómo se siente y lo que está pasando, lo que, a su vez, puede conducir a un entendimiento más profundo y conexiones más significativas.

Creando un espacio de escucha atenta: La comunicación abierta no se trata solo de hablar, sino también de escuchar atentamente. Al practicar la escucha activa, demuestra interés genuino en lo que los demás tienen que decir. Esto involucra prestar atención, hacer preguntas claras y mostrar empatía por lo que se está compartiendo. La escucha activa promueve un ambiente de respeto mutuo y comprensión.

Respetando las opiniones diferentes: En la comunicación abierta, es importante reconocer que las personas pueden tener opiniones diferentes a las suyas. Mantener la mente abierta a diferentes perspectivas y estar dispuesto a considerar puntos de vista alternativos enriquece las conversaciones y promueve el crecimiento personal.

Creando vínculos significativos: La comunicación abierta es un vehículo para crear vínculos profundos y significativos con aquellos a su alrededor. Cuando comparte sus experiencias, pensamientos y sentimientos de manera abierta, está invitando a los demás a hacer lo mismo. Esto lleva a relaciones más auténticas, donde ambas partes se sienten valoradas y comprendidas.

Enfrentando desafíos juntos: Cuando practica la comunicación abierta, está fortaleciendo su capacidad de enfrentar desafíos juntos. Los problemas y los conflictos pueden discutirse abiertamente, y las soluciones pueden encontrarse a través del diálogo honesto. La comunicación abierta también puede ser una fuente de apoyo emocional durante momentos difíciles, ya que le permite compartir sus preocupaciones y encontrar consuelo en los demás.

Haciendo de la comunicación abierta un hábito: Al igual que cualquier habilidad, la comunicación abierta puede desarrollarse con la práctica constante. A medida que se esfuerza por ser más abierto y honesto en sus interacciones, la comunicación abierta se convertirá en un hábito natural. Esto ayudará a fortalecer sus relaciones y contribuir a un viaje de recuperación de la depresión más enriquecedor y apoyador.

## Sé claro y directo

La claridad en la comunicación es uno de los pilares para establecer relaciones saludables y eficaces. Cuando se trata de expresar tus necesidades, límites y sentimientos, la habilidad de ser claro y directo es esencial. Evitar ambigüedades y usar un lenguaje directo ayuda a garantizar que tus mensajes sean entendidos de la manera deseada. Razones por las que ser claro y directo es fundamental en la comunicación:

Evitando malentendidos: Cuando utilizas un lenguaje claro y directo, minimizas la posibilidad de malentendidos. Las palabras elegidas y la forma en que las comunicas determinan si la otra persona comprenderá exactamente lo que quisiste transmitir. Evitar ambigüedades o interpretaciones confusas contribuye a una comunicación más eficaz.

Facilitar la toma de decisiones: Cuando eres claro al expresar tus necesidades o opiniones, estás facilitando el proceso de toma de decisiones. Si los demás comprenden exactamente lo que deseas o necesitas, pueden responder de manera adecuada y tomar decisiones informadas. Esto es especialmente importante al lidiar con cuestiones que involucran elecciones conjuntas.

Demostrando respeto: Ser claro y directo en la comunicación también demuestra respeto por la otra persona. Al expresar tus ideas de manera clara, estás mostrando que valoras la comprensión mutua y el intercambio de información. Esto crea un ambiente de respeto y apertura en las conversaciones.

Evitando suposiciones erróneas: El lenguaje ambiguo puede llevar a suposiciones erróneas por parte de la otra persona. Si no eres claro sobre tus intenciones o necesidades, la otra persona puede interpretar tus palabras de manera diferente de lo que pretendías. Esto puede llevar a malentendidos y potenciales conflictos que podrían haberse evitado con una comunicación más clara.

Fortaleciendo la confianza: La claridad en la comunicación es un factor clave para construir confianza en las relaciones. Cuando los demás perciben que eres transparente y honesto en tus palabras, son más propensos a confiar en ti. Esto es fundamental para desarrollar conexiones genuinas y significativas.

Practicando la habilidad de escuchar: Ser claro y directo también facilita la habilidad de escuchar atentamente. Cuando tus mensajes son claros y bien estructurados, la otra persona puede concentrarse en comprender lo que estás diciendo, en lugar de tratar de descifrar ambigüedades.

Mejorando la comunicación con el tiempo: La práctica de la claridad en la comunicación puede ser mejorada a lo largo del tiempo. Al esforzarte por ser más claro y directo en tus interacciones, te convertirás en más hábil en expresar tus ideas de manera eficaz. Esto llevará a conversaciones más productivas, relaciones más saludables y una jornada de recuperación de la depresión más enriquecedora y apoyada.

### Use "yo" en lugar de "tú"

La forma en que elegimos expresar nuestros sentimientos y opiniones puede marcar la diferencia en la forma en que los demás nos perciben y en cómo se desarrollan las conversaciones. Una de las estrategias eficaces para comunicarnos de manera constructiva y evitar conflictos es utilizar el "yo" al expresarse. En lugar de culpar o acusar a la otra persona, el uso del "yo" pone el foco en tus propios sentimientos y experiencias. Razones por las que el uso del "yo" es un enfoque valioso en la comunicación:

Fomentando la empatía y la comprensión: Al iniciar una frase con "yo", estás compartiendo tus sentimientos personales y experiencias internas. Esto crea un espacio para que los demás se conecten contigo en un nivel emocional. Las personas tienden a ser más empáticas y comprensivas cuando escuchan sobre las emociones y pensamientos personales de alguien.

Evitando la culpa y los ataques personales: Al usar el "yo", evitas culpar a la otra persona o hacer acusaciones directas. Esto reduce la probabilidad de que la otra persona se sienta defensiva o culpable, lo que puede conducir rápidamente a un conflicto. En lugar de decir "tú siempre haces esto mal", puedes decir "yo siento que hay algo que podríamos mejorar en esta situación".

Creando un espacio para un diálogo abierto: El uso del "yo" en la comunicación crea un espacio para un diálogo abierto y honesto. Al compartir tus propios sentimientos y pensamientos, estás invitando a la otra persona a compartir sus propios puntos de vista. Esto crea una atmósfera de respeto y intercambio de ideas.

Enfocando en soluciones: Cuando te expresas usando el "yo", estás más propenso a enfocarte en soluciones en lugar de culpar a la otra persona. En lugar de simplemente señalar un problema, estás expresando cómo te sientes y, posiblemente, sugiriendo maneras de mejorar la situación. Esto hace que la comunicación sea más constructiva y productiva.

Ejemplo práctico: Para ilustrar, imagina una situación en la que te sientes desconsiderado cuando se trata de la división de tareas domésticas. En lugar de decir "Tú nunca ayudas en casa", podrías decir "Yo siento que a veces estoy sobrecargado con las tareas domésticas y me gustaría trabajar juntos para encontrar una manera más equilibrada de compartir estas responsabilidades".

Beneficios duraderos: Al usar el "yo" en la comunicación, estás construyendo una base para relaciones más saludables y una comunicación más eficaz. Este enfoque no solo evita conflictos innecesarios, sino que también fortalece la conexión emocional y la empatía entre las personas involucradas. A medida que practicas esta estrategia, te conviertes en un comunicador más consciente y eficaz, mejorando todos los aspectos de tus relaciones y apoyando tu jornada de recuperación de la depresión.

### Establezca límites saludables

Definir y comunicar límites saludables es una habilidad fundamental para construir relaciones saludables y mantener su propia salud emocional. Establecer límites le permite protegerse de situaciones que pueden ser perjudiciales o agotadoras, al mismo tiempo que promueve la comprensión mutua y el respeto en sus interacciones con los demás. Orientaciones sobre cómo establecer límites saludables:

Autoconocimiento es la clave: Antes de comunicar sus límites a los demás, es importante que usted mismo sepa cuáles son esos límites. Esto implica comprender sus propias necesidades, valores, tolerancias y límites emocionales. Conocerse a sí mismo es esencial para establecer límites que sean auténticos y sostenibles.

Comuníquese con claridad: Al establecer límites, sea claro y directo sobre lo que está cómodo en aceptar y lo que no. Use lenguaje asertivo y no ambiguo para expresar sus límites. Sea consciente de que las personas no pueden leer su mente, por lo que comunicarse de manera clara es esencial para evitar malentendidos.

Reconozca su autonomía: Tiene derecho a definir sus propios límites, incluso si son diferentes de los límites de otras personas. Su autonomía es importante, y definir límites saludables no lo hace egoísta, sino alguien que valora su propia salud emocional.

Establezca consecuencias claras: Al comunicar sus límites, es útil indicar cuáles serán las consecuencias si esos límites no se respetan. Esto ayuda a mantener la consistencia y la seriedad de sus límites. Sin embargo, concéntrese en consecuencias que sean razonables y proporcionales a la situación.

Practica la empatía: Al establecer límites, es importante también entender las perspectivas y necesidades de los demás. Practicar la empatía le permite encontrar un equilibrio entre sus propias necesidades y las de los demás, promoviendo relaciones saludables y equilibradas.

Mantenga la consistencia: Una vez que haya establecido sus límites, es fundamental mantener la consistencia. Si permite que sus límites se violen repetidamente, esto puede resultar en frustración y falta de respeto por parte de los demás. Mantener sus límites ayuda a construir relaciones basadas en el respeto mutuo.

Reevaluación periódica: A medida que crece y cambia, sus límites también pueden evolucionar. Es importante reevaluar periódicamente sus límites para asegurarse de que estén alineados con sus necesidades actuales. Esto demuestra autenticidad y madurez en sus relaciones.

Beneficios duraderos: Establecer límites saludables no solo protege su salud emocional, sino que también contribuye a la construcción de relaciones más saludables y equilibradas. Cuando comunica sus límites de manera respetuosa y asertiva, está demostrando cuidado consigo mismo y respeto por los demás. Esta práctica fortalece su autoestima, mejora sus interacciones sociales y apoya su jornada continua de recuperación de la depresión.

### Sea empático al escuchar

La empatía es una herramienta poderosa en la comunicación y en las relaciones. Implica la capacidad de ponerse en el lugar del otro, comprender sus sentimientos y perspectivas, y responder de manera sensible. Al practicar la empatía al escuchar a los demás, no solo fortalece los lazos entre ustedes, sino que también demuestra respeto, comprensión y apoyo genuino. Formas de incorporar la empatía en sus interacciones:

Dedique su atención total: Cuando alguien está compartiendo sus sentimientos, dedique su atención total a esa persona. Mantenga el contacto visual, evite distracciones y muestre que está genuinamente interesado en lo que tiene que decir.

Muestre interés activo: Haga preguntas abiertas y reflexivas para alentar a la otra persona a compartir más sobre sus sentimientos. Muestre interés genuino en entender su perspectiva y experiencia.

Valide los sentimientos: Demuestre que comprende los sentimientos de la otra persona y que respeta su experiencia. Use frases como "Entiendo cómo te sientes" o "Parece que esto fue realmente difícil para ti".

Evite el juicio y la crítica: Mantenga una mente abierta y evite hacer juicios o críticas. La empatía implica aceptar los sentimientos de la otra persona sin hacer suposiciones o evaluaciones negativas.

Use lenguaje no verbal positivo: Su lenguaje corporal y expresiones faciales también son importantes. Sonría, acné con la cabeza y adopte una postura abierta para mostrar que está involucrado y abierto a la conversación.

Refleje los sentimientos: Repita o refleje los sentimientos que la otra persona está expresando. Esto muestra que está escuchando y comprendiendo, además de crear una sensación de validación.

Evite dar consejos prematuros: Evite saltar inmediatamente para dar consejos o soluciones. A veces, las personas solo necesitan a alguien que las escuche y valide sus sentimientos, en lugar de buscar soluciones inmediatas.

Muestre empatía incluso en los conflictos: La empatía es importante incluso cuando está enfrentando conflictos. Trate de entender la perspectiva de la otra persona, incluso si no está de acuerdo con ella. Esto puede ayudar a suavizar la situación y promover una comunicación más productiva.

Cree un espacio seguro: Asegúrese de que la otra persona se sienta cómoda para compartir sus sentimientos sin miedo al juicio. Cree un espacio seguro donde pueda ser abierta y honesta.

Beneficios de practicar la empatía: Practicar la empatía al escuchar a los demás no solo fortalece sus relaciones, sino que también promueve una comunicación más eficaz y saludable. Cuando las personas sienten que están siendo escuchadas y comprendidas, es más probable que se sientan valoradas y respetadas. Esto contribuye a relaciones más armoniosas y apoya su jornada de recuperación de la depresión, proporcionándole un sistema de apoyo sólido y comprensivo.

### Elija el momento adecuado

La elección del momento adecuado para abordar temas sensibles o compartir necesidades es una consideración fundamental para garantizar que la comunicación sea eficaz y constructiva. Cuando elegimos el momento adecuado, creamos un ambiente propicio para el diálogo abierto y respetuoso. Pautas para ayudarle a determinar el momento apropiado para iniciar una conversación importante:

Considere el estado emocional: Antes de iniciar una discusión sensible, evalúe el estado emocional de ambas partes involucradas. Evite iniciar una conversación cuando usted o la otra persona estén cansados, estresados, irritados o emocionalmente alterados. En su lugar, espere hasta que ambos estén en un estado más calmado y receptivo.

Elija un momento tranquilo: Busque un entorno tranquilo y libre de distracciones para iniciar la conversación. Esto le permite concentrarse plenamente en la discusión y evita interrupciones innecesarias.

Evite discusiones en público: Los temas sensibles generalmente se tratan mejor en privado. Evite discutir asuntos personales o delicados en lugares públicos, donde la privacidad puede estar comprometida.

Defina un momento para conversar: Si es posible, defina un horario específico para la conversación. Esto da a ambas partes tiempo para prepararse mentalmente y evita sorpresas o interrupciones inesperadas.

Demontre apertura para conversar: Antes de iniciar la conversación, verifique si la otra persona está dispuesta y disponible para escuchar. Pregunte si es un buen momento para conversar o si hay un momento más conveniente.

Priorice el respeto y el momento oportuno: Respete las prioridades y compromisos de la otra persona. Evite elegir momentos en que esté ocupada o bajo presión. Además, recuerde que ciertos momentos del día, como las comidas familiares o los momentos de relajación, pueden no ser ideales para iniciar discusiones serias.

Planifique y prepárese: Antes de la conversación, reserve un tiempo para organizar sus pensamientos y expresar sus necesidades de manera clara. Tener claridad sobre lo que desea comunicar ayudará a que la conversación sea más directa y productiva.

Esté abierto a la reacción de la otra persona: Tenga en cuenta que la otra persona puede necesitar tiempo para procesar lo que usted está compartiendo. Esté dispuesto a escuchar sus reacciones y sentimientos, incluso si no están de acuerdo de inmediato.

Cree una atmósfera de respeto: Durante la conversación, cree una atmósfera de respeto mutuo. Escuche atentamente, evite interrumpir y valide los sentimientos de la otra persona.

Beneficios de elegir el momento adecuado: Elegir el momento adecuado para comunicar necesidades y abordar temas sensibles es fundamental para garantizar que la comunicación sea productiva y respetuosa. Cuando ambas partes están emocionalmente disponibles y preparadas para la conversación, las posibilidades de alcanzar un entendimiento mutuo y resolver problemas aumentan significativamente. Además, esta aproximación contribuye a la construcción de relaciones saludables y apoya su jornada de recuperación de la depresión, promoviendo una comunicación positiva y constructiva con las personas a su alrededor.

La comunicación eficaz es una habilidad que puede ser mejorada con la práctica continua. Cuanto más se esfuerce por comunicarse de manera clara y respetuosa, más natural se volverá. Recuerde que expresarse de manera saludable es una parte fundamental de nutrir relaciones positivas y constructivas.

## Construyendo un círculo de apoyo: Identificando personas que te animan y nutren

Cultivar relaciones saludables requiere discernimiento al elegir las personas con las que te involucras. Construir un círculo de apoyo fuerte es fundamental para garantizar que estés rodeado de individuos que te apoyen, nutran y animen a crecer. Pasos para construir un círculo de apoyo:

### Evalúa tus relaciones actuales

Evaluar tus relaciones actuales es un paso importante para cultivar un círculo de apoyo saludable y positivo. No todas las relaciones son iguales, y reflexionar sobre cómo te sientes después de interacciones con diferentes personas puede ayudarte a identificar qué relaciones son verdaderamente positivas y nutritivas. Orientaciones para ayudarte a evaluar tus relaciones actuales:

Observa tus emociones: Después de interacciones con amigos, familiares y otras personas cercanas, reserva un momento para observar cómo te sientes. ¿Las interacciones te dejan feliz, inspirado y apoyado? ¿O sales de ellas sintiéndote agotado, negativo o mal comprendido? Tus emociones después de las interacciones pueden proporcionarte información valiosa sobre la calidad de la relación.

Analiza la dinámica de la relación: Reflexionar sobre cómo funciona la dinámica de la relación puede ser esclarecedor. ¿Te sientes escuchado y valorado? ¿La otra persona demuestra interés genuino en tus preocupaciones y éxitos? Las relaciones saludables se caracterizan por una comunicación abierta y respetuosa, donde ambas partes se sienten escuchadas y comprendidas.

Identifica fuentes de apoyo: Considera qué personas en tu vida han sido consistentemente fuentes de apoyo e incentivo. ¿Están ahí para ti en tiempos de necesidad? ¿Ofrecen apoyo emocional, aliento y comprensión? Identificar a aquellas personas que genuinamente se preocupan por tu bienestar es fundamental para construir un círculo de apoyo positivo.

Evalúa los beneficios mutuos: Las relaciones saludables deben ser beneficiosas para ambas partes. Pregúntate a ti mismo si la relación es mutuamente satisfactoria y si hay un intercambio equilibrado de apoyo emocional y respeto. Las relaciones en las que solo una persona se beneficia pueden volverse agotadoras e desequilibradas a lo largo del tiempo.

Refléjate sobre el crecimiento personal: Las relaciones saludables también tienen el poder de promover el crecimiento personal. Pregúntate si las personas en tu vida te animan a ser la mejor versión de ti mismo. ¿Apoyan tus objetivos y aspiraciones, desafiándote a crecer y desarrollarte?

Decide qué relaciones te hacen bien: Después de evaluar tus relaciones, toma una decisión consciente sobre qué relaciones son verdaderamente nutritivas y contribuyen a tu bienestar emocional. Prioriza a las personas que te apoyan, respetan tus necesidades y comparten valores similares.

La importancia de la evaluación continua: Ten en cuenta que la evaluación de las relaciones es un proceso continuo. A medida que creces y cambias, tus necesidades y prioridades también pueden evolucionar. Es fundamental evaluar periódicamente tus relaciones para garantizar que sigan siendo fuentes positivas de apoyo y enriquecimiento en tu vida.

Cultivando relaciones positivas: Evaluar tus relaciones actuales es un paso crucial para crear un círculo de apoyo positivo. Al identificar y nutrir relaciones que contribuyan a tu felicidad, crecimiento y bienestar emocional, estás construyendo una base sólida para una jornada de recuperación de la depresión y para una vida más saludable y significativa.

## Buscar cualidades positivas

A la hora de cultivar un círculo de apoyo positivo, es fundamental buscar personas que exhiban cualidades positivas y constructivas en sus relaciones. Estas cualidades son indicativas de relaciones saludables y pueden marcar una diferencia significativa en su camino de recuperación de la depresión. Las características clave que puede buscar al construir relaciones saludables son:

Empatía: La empatía es la capacidad de entender y compartir los sentimientos de los demás. Las personas empáticas son capaces de ponerse en tu lugar, ofrecer apoyo emocional y escuchar sin juicio. La empatía es fundamental para crear un espacio seguro donde puedas expresarte abiertamente.

Comprensión: Las relaciones saludables se basan en la comprensión mutua. Busca personas que estén dispuestas a escuchar tus preocupaciones, entender tus perspectivas y demostrar interés genuino en tu vida. La comprensión crea un ambiente donde te sientes valorado y comprendido.

Respeto: El respeto es un pilar fundamental de cualquier relación saludable. Busca personas que respeten tus límites, opiniones y elecciones. Las relaciones basadas en el respeto mutuo promueven un ambiente donde puedas ser auténtico sin miedo a ser juzgado.

Apoyo genuino: Amigos y seres queridos que ofrecen apoyo genuino son valiosos. Busca personas que estén a tu lado en momentos difíciles, que te animen a perseguir tus objetivos y celebren tus logros. El apoyo genuino es una parte esencial de una relación que promueve el crecimiento personal.

Comunicación abierta: La comunicación eficaz es un componente crucial de las relaciones saludables. Busca personas que estén dispuestas a hablar abiertamente, expresar sus propias necesidades y escuchar las tuyas. Las relaciones donde la comunicación fluye libremente son más propensas a resolver conflictos de manera constructiva.

Compartir valores: Las relaciones saludables a menudo se basan en valores compartidos. Busca personas que compartan tus principios y creencias fundamentales. Tener valores similares puede crear una base sólida para la comprensión mutua y la colaboración.

Aliento mutuo: Amigos y familiares que te animan a esforzarte, crecer y desarrollarte son esenciales. Busca personas que crean en tu potencial, te desafíen a salir de tu zona de confort y apoyen tus ambiciones.

Construyendo relaciones positivas: Al buscar cualidades positivas en tus relaciones, estás construyendo la base para conexiones que son mutuamente beneficiosas y enriquecedoras. Recuerda que no solo se trata de lo que los demás pueden ofrecerte, sino también de cómo puedes contribuir al bienestar de los demás. Las relaciones saludables son una inversión valiosa en tu salud mental y emocional, proporcionando un círculo de apoyo que puede ayudarte en tu camino de recuperación de la depresión.

### Diversidad en el círculo de apoyo

Cuando se trata de construir un círculo de apoyo eficaz, la diversidad juega un papel fundamental para enriquecer tu camino de recuperación de la depresión. Tener una variedad de personas en tu círculo, incluyendo amigos, familiares, mentores, colegas y profesionales de salud mental, puede traer diferentes perspectivas, experiencias y beneficios a tu vida. Razones por las que la diversidad en el círculo de apoyo es tan importante:

Diversas perspectivas: Cada persona en tu vida aporta una perspectiva única a la mesa. Los amigos pueden compartir sus propias experiencias personales, la familia puede ofrecer un sentido de historia y raíces, los mentores pueden traer consejos valiosos y los profesionales de salud mental pueden proporcionar orientación especializada. Tener una variedad de perspectivas te ayuda a obtener diferentes perspectivas sobre tus propias luchas y desafíos.

Aprendizaje continuo: Interaccionar con personas de diferentes orígenes y áreas de experiencia proporciona oportunidades de aprendizaje continuo. Puedes aprender de las historias de vida de otras personas, adquirir nuevas habilidades, adquirir conocimientos sobre diferentes áreas y expandir tu comprensión del mundo que te rodea.

Ampliación de la red de apoyo: Construir un círculo de apoyo diverso también significa que estás expandiendo tu red de apoyo. Esto es especialmente útil en momentos de necesidad, ya que tendrás un grupo más amplio de personas a las que acudir cuando necesites ayuda, orientación o consuelo.

Resiliencia y adaptación: Las personas diferentes tienen maneras únicas de lidiar con los desafíos y las adversidades. Al tener una variedad de personas en tu círculo de apoyo, puedes aprender diferentes estrategias de resiliencia y adaptación. Esta diversidad de enfoques puede enriquecer tus propias habilidades de afrontamiento.

Promoción del bienestar holístico: Un círculo de apoyo diverso puede ayudar a promover tu bienestar holístico. Los amigos pueden ayudarte a levantar tu ánimo, la familia puede proporcionarte consuelo emocional, los mentores pueden orientar tus elecciones y los profesionales de salud mental pueden proporcionarte herramientas para enfrentar la depresión de manera eficaz. Tener todos estos recursos disponibles contribuye a una aproximación más integral a tu salud mental.

Fortalecer tu camino de recuperación: Al construir un círculo de apoyo diverso, estás fortaleciendo tu camino de recuperación de la depresión. Cada persona en tu círculo desempeña un papel único en tu vida, contribuyendo a tu crecimiento personal y ofreciendo apoyo en los momentos difíciles. La diversidad en el círculo de apoyo es una herramienta poderosa para enriquecer tu experiencia y promover tu salud mental y emocional.

## Comunica tus necesidades

Una vez que hayas identificado a las personas que están dispuestas a apoyarte e impulsar tu crecimiento, es crucial que te comuniques de manera eficaz con ellas. La comunicación clara de tus necesidades, deseos y expectativas es un paso esencial para fortalecer las relaciones de apoyo en tu vida. Pasos importantes para comunicar tus necesidades de manera eficaz:

Reconoce tu autenticidad: Antes de empezar a comunicarte con los demás, es importante reconocer tu propia autenticidad. Conoce tus propias necesidades y sentimientos. Esto te ayudará a comunicarte de manera más clara y segura.

Elige el momento adecuado: Elegir el momento adecuado para abordar tus necesidades es fundamental. Busca momentos en los que tú y la otra persona estén tranquilos y disponibles para conversar. Evita abordar temas delicados cuando ambos estén ocupados, estresados o distraídos.

Sé directo y claro: Cuando expreses tus necesidades, sé directo y claro. Usa frases simples y evita ambigüedades. Cuanto más claro seas, más fácil será para la otra persona entender lo que estás pidiendo.

Usa comunicación no violenta: La Comunicación No Violenta es un enfoque que enfatiza la empatía y la comprensión mutua. Al comunicar tus necesidades, concéntrate en expresar sentimientos y necesidades en lugar de criticar o culpar. Esto ayuda a mantener la conversación constructiva y evita conflictos innecesarios.

Habla sobre tus expectativas: Además de expresar tus necesidades, también es importante discutir tus expectativas. Explica cómo esperas que la otra persona te apoye y de qué manera puede contribuir a tu bienestar.

Sé abierto al diálogo: La comunicación es una calle de doble sentido. Sé abierto a escuchar las perspectivas y necesidades de la otra persona también. Esto crea un ambiente de respeto mutuo y comprensión.

Agradece el apoyo: Después de expresar tus necesidades y recibir apoyo, no olvides agradecer a la persona por estar dispuesta a ayudar. La gratitud refuerza el vínculo entre vosotros y muestra que valoras el apoyo que estás recibiendo.

Ajusta y refina: Recuerda que la comunicación es un proceso continuo. A medida que tu jornada de recuperación avanza, tus necesidades pueden cambiar. Estés dispuesto a ajustar y refinar tus comunicaciones según sea necesario.

Fortalecer las relaciones: Comunicar tus necesidades es una forma poderosa de fortalecer las relaciones de apoyo en tu vida. Al expresar tus necesidades de manera clara y respetuosa, permites que las personas que te rodean sepan cómo pueden ser una fuente eficaz de apoyo durante tu jornada de recuperación de la depresión. Esto no solo mejora tu propia salud mental, sino que también fortalece los lazos entre ti y quienes están dispuestos a caminar a tu lado.

## Retribuir el apoyo

En las relaciones saludables, el intercambio de apoyo y cuidado es esencial. A medida que recibes apoyo de las personas que te rodean, es importante recordar retribuir ese apoyo, creando relaciones que sean verdaderamente bidireccionales. Maneras de retribuir el apoyo que recibes:

Estar presente para ellos: Así como valoras la presencia y el apoyo de las personas que te rodean, sé presente para ellas también. Escucha con atención cuando compartan sus sentimientos, desafíos y logros. Ofrece un hombro amigo y un oído atento.

Mostrar empatía y comprensión: Demuestra empatía y comprensión cuando las personas que te rodean enfrenten sus propias luchas. Muéstrales que te importa lo que están pasando y esté dispuesto a ofrecer apoyo emocional cuando sea necesario.

Ofrecer ayuda práctica: Además de apoyo emocional, esté dispuesto a ofrecer ayuda práctica cuando sea posible. Esto puede incluir ayudar con tareas cotidianas, ofrecer consejos o compartir recursos útiles.

Celebrar sus logros: Cuando las personas que te rodean alcancen sus metas y logros, celebra con ellas. Muéstrales que te alegras por sus éxitos y reconoce el esfuerzo que han puesto en sus logros.

Ser un apoyo incondicional: Cultiva una relación en la que seas un apoyo incondicional para las personas que te apoyan. Esto significa estar presente tanto en los momentos buenos como en los momentos difíciles, sin juicio ni crítica.

Expresar gratitud: No olvides expresar tu gratitud por las personas que están a tu lado. Hazles saber cómo su apoyo es valioso para ti y cómo aprecias su presencia en tu vida.

Mantener la comunicación abierta: Continúa practicando una comunicación abierta y respetuosa con aquellos que te apoyan. Mantenlos informados sobre tu camino de recuperación y esté dispuesto a escuchar sobre sus experiencias también.

Cultivando relaciones duraderas: Retribuir el apoyo que recibes crea relaciones duraderas y significativas. Estas relaciones no solo brindan apoyo durante tu camino de recuperación de la depresión, sino que también enriquecen tu vida de manera profunda. Ten en cuenta que todos pasamos por momentos de luchas y éxitos, y tener un círculo de personas solidarias puede hacer que estos momentos sean más significativos y gratificantes para todos los involucrados.

### Aléjate de las relaciones tóxicas

Uno de los aspectos cruciales para cultivar relaciones saludables es saber reconocer y alejarse de las relaciones que son tóxicas o perjudiciales para tu salud mental y emocional. Priorizar tu bienestar es esencial para asegurarte de que estés rodeado de personas que promuevan positividad y crecimiento. Orientaciones para alejarse de las relaciones tóxicas:

Reconoce los signos de toxicidad: Estar consciente de los signos de una relación tóxica es el primer paso para identificar si una relación está teniendo un impacto negativo en tu vida. Esto puede incluir manipulación, abuso verbal o emocional, falta de respeto, críticas constantes y falta de apoyo genuino.

Evalúa el impacto en tu salud mental: Reflexiona sobre cómo la relación afecta tu salud mental y emocional. Si te das cuenta de que te sientes constantemente drenado, ansioso, deprimido o inseguro debido a la relación, es un signo de que podría ser tóxica.

Establece límites claros: Si deseas darle una oportunidad a la relación, establece límites claros y comunica tus expectativas. Si la otra persona no respeta tus límites y continúa con comportamientos tóxicos, podría ser una señal de que es hora de alejarse.

Prioriza tu salud mental: Sabe que tu salud mental y emocional es tu prioridad. No dudes en alejarte de relaciones que están perjudicando tu salud mental, incluso si es difícil o doloroso.

Busca apoyo de personas saludables: Al alejarte de relaciones tóxicas, concéntrate en fortalecer las relaciones saludables en tu vida. Busca apoyo de amigos, familiares y personas que promuevan positividad y bienestar.

Recuerda tu propio valor: No permitas que las relaciones tóxicas disminuyan tu autoestima. Recuerda tu propio valor y no te conformes con un trato irrespetuoso o perjudicial.

Acepta que es una elección saludable: Alejarse de relaciones tóxicas no es un signo de fracaso; es una elección valiente y saludable para proteger tu salud mental y emocional. Acepta que mereces relaciones que te apoyen y nutran.

La importancia de la protección mental: Alejarse de relaciones tóxicas es una forma poderosa de proteger tu salud mental y emocional. Esto puede abrir espacio para que te concentres en relaciones que contribuyen a tu crecimiento, felicidad y bienestar general. Ten en cuenta que mereces rodearte de personas que te valoran y te apoyan en tu camino de recuperación de la depresión.

### Cultivar relaciones a lo largo del tiempo

La construcción y mantenimiento de un círculo de apoyo es un proceso que se extiende a lo largo del tiempo. A medida que tú evolucionas, creces y enfrentas diferentes fases de la vida, es natural que las relaciones también evolucionen. Cultivar relaciones saludables es un compromiso constante, y estar abierto a nuevas conexiones puede enriquecer tu camino de recuperación de la depresión. Maneras de cultivar relaciones a lo largo del tiempo:

Acepta la evolución natural de las relaciones: Las relaciones son dinámicas y están sujetas a cambios. A medida que las personas crecen y se desarrollan, sus intereses, necesidades y prioridades también pueden cambiar. Sé abierto a estos cambios y entiende que no todas las relaciones permanecerán iguales a lo largo del tiempo.

Crea espacio para nuevas conexiones: A medida que tú evolucionas, nuevas oportunidades de conocer personas pueden surgir. Sé abierto a hacer nuevas amistades, ya sea en ambientes sociales, grupos de apoyo o actividades que te gustan. Las nuevas conexiones pueden traer perspectivas frescas y energías positivas a tu vida.

Cultiva las relaciones existentes: Aunque las nuevas relaciones pueden ser emocionantes, es importante también nutrir las relaciones existentes. Continúa invirtiendo tiempo y esfuerzo en amistades y vínculos que ya son significativos para ti. Muéstrales que valoras estas conexiones y estás comprometido en mantenerlas saludables.

Comunícate regularmente: La comunicación regular es fundamental para mantener las relaciones fuertes. Mantente en contacto con amigos, familiares y miembros de tu círculo de apoyo. Ya sea a través de conversaciones, mensajes o encuentros, estar presente en la vida de las personas que valoras ayuda a mantener la conexión.

Sé disponible en los momentos de necesidad: Así como tú buscas apoyo en tus relaciones, sé listo para ofrecer apoyo cuando los demás lo necesiten. Las relaciones saludables se basan en la reciprocidad y el apoyo mutuo.

Crece juntos: A medida que tú creces y te desarrollas, es importante que tus relaciones también crezcan y se adapten. Comparte tus experiencias, desafíos y éxitos con aquellos que están en tu círculo de apoyo, permitiéndoles que sean parte de tu jornada.

La evolución de las relaciones: Así como tú estás en constante evolución, tus relaciones también lo están. A medida que enfrentas nuevos desafíos y alcanzas nuevos objetivos, tus relaciones pueden fortalecerse y enriquecerse, contribuyendo a tu salud mental y emocional. Valora la experiencia de cultivar relaciones a lo largo del tiempo y permite que se conviertan en una parte esencial de tu recuperación de la depresión.

Las relaciones saludables desempeñan un papel esencial en nuestra salud mental, crecimiento personal y bienestar general. Ofrecen una fuente de consuelo, aliento y comprensión que puede ayudarnos a superar incluso los desafíos más difíciles. Al cultivar relaciones positivas, comunicar tus necesidades y construir un círculo de apoyo, estás creando un ambiente que nutre tu sendero de autodescubrimiento y recuperación.

**5**

# CUIDANDO DEL CUERPO Y LA MENTE

*Cuidarse a sí mismo es un acto de amor que regenera*
*el alma y fortalece la mente.*

Nuestra mente y cuerpo están intrínsecamente conectados, formando un sistema complejo que afecta directamente nuestro bienestar emocional y físico. Cuidar de ambos es esencial para promover una recuperación saludable de la depresión y mantener una calidad de vida positiva. En este capítulo, exploraremos la conexión entre mente y cuerpo, el impacto positivo del ejercicio y las endorfinas, así como la influencia de la alimentación nutritiva en la salud mental.

## La conexión mente-cuerpo: Autocuidado físico y bienestar emocional

La interconexión entre mente y cuerpo es profunda y compleja. El autocuidado físico desempeña un papel fundamental en la promoción del bienestar emocional. Cuando cuidas de tu cuerpo, estás proporcionándole los recursos necesarios para mantener un equilibrio emocional saludable. Algunos aspectos importantes de esta conexión incluyen:

### Sueño adecuado

El sueño es un pilar fundamental del autocuidado y desempeña un papel destacado en la promoción de la salud mental. Cuando priorizas un sueño adecuado y reparador, estás ofreciendo a tu cuerpo y mente la oportunidad de regenerarse y revitalizarse. Vamos a explorar más a fondo la importancia del sueño y cómo afecta a tu salud mental:

El papel del sueño en el procesamiento emocional y cognitivo: Durante el sueño, el cerebro realiza una serie de procesos vitales para tu salud mental. Procesa la información del día, ayudando a consolidar los recuerdos y a comprender experiencias emocionales. Además, el sueño desempeña un papel fundamental en la regulación de las emociones. La falta de sueño adecuado puede afectar a tu capacidad de lidiar con el estrés y las emociones negativas, lo que lleva a cambios de humor, irritabilidad e incluso a un aumento de la ansiedad.

Efectos de la falta de sueño en la salud mental: La privación de sueño tiene un impacto profundo en tu salud mental. Además de los efectos inmediatos, como la irritabilidad y la dificultad de concentración, la falta de sueño a largo plazo está asociada a un riesgo aumentado de desarrollar condiciones de salud mental, como la depresión y la ansiedad. Cuando no duermes lo suficiente, los mecanismos de regulación emocional del cerebro pueden verse afectados, lo que te hace más vulnerable a las oscilaciones emocionales y al estrés crónico.

Prácticas de higiene del sueño para mejorar la calidad del sueño: La higiene del sueño implica la adopción de prácticas saludables para mejorar la calidad del sueño. Establecer horarios regulares para dormir y despertarse ayuda a regular tu ritmo circadiano, promoviendo una rutina de sueño consistente. Además, crear un ambiente propicio para el sueño es esencial. Esto incluye mantener la habitación oscura, silenciosa y a una temperatura confortable. Limitar la exposición a dispositivos electrónicos antes de dormir es importante, ya que la luz azul emitida por estos dispositivos puede interferir en la producción de melatonina, la hormona del sueño.

La sincronía entre el cuerpo y la mente: La conexión entre la calidad del sueño y la salud mental es profunda. Priorizar un sueño adecuado no es solo un componente crucial del autocuidado, sino también una forma de nutrir tu mente. Al adoptar prácticas de higiene del sueño y dar a tu mente el descanso que necesita, estás creando una base sólida para tu bienestar emocional. Recuerda que el sueño es una herramienta poderosa para tu salud mental, y al invertir en este aspecto del autocuidado, estás contribuyendo a tu resiliencia emocional y a una vida más equilibrada.

## Manejo del estrés

El estrés es una parte inevitable de la vida, pero la forma en que lo manejas puede marcar la diferencia para tu salud mental. La conexión entre el estrés físico y emocional es profunda, y comprender cómo manejar el estrés de manera eficaz es fundamental para promover tu bienestar emocional. Vamos a explorar más sobre el estrés, su impacto en la salud mental y las prácticas de manejo del estrés que pueden ayudar:

La interconexión entre estrés físico y emocional: Cuando te enfrentas a una situación estresante, tu cuerpo entra en modo de respuesta al estrés, liberando hormonas como el cortisol. Aunque este mecanismo es una respuesta natural de supervivencia, el estrés crónico puede tener efectos perjudiciales en tu salud mental. El exceso de cortisol, por ejemplo, puede dañar la función cerebral, afectando la memoria, la concentración y la regulación emocional. Además, el estrés crónico puede contribuir al desarrollo de condiciones como la depresión y la ansiedad.

Utilizando herramientas de manejo del estrés: Afortunadamente, existen diversas herramientas y prácticas que pueden ayudar a reducir el impacto del estrés en tu salud mental:

Meditación: La meditación es una práctica milenaria que implica la focalización de la mente para crear claridad mental y reducir el estrés. La meditación regular puede ayudar a calmar la mente, reducir la ansiedad y aumentar la resiliencia emocional.

Yoga: El yoga combina movimiento físico con técnicas de respiración y meditación, proporcionando un enfoque holístico para el manejo del estrés. No solo ayuda a relajar el cuerpo, sino también a cultivar la conciencia y la presencia en el momento presente.

Técnicas de respiración profunda: La respiración profunda es una herramienta simple y eficaz para reducir el estrés de manera inmediata. Practicar respiraciones profundas calma el sistema nervioso, disminuyendo la respuesta al estrés.

Ejercicios de relajación: Los ejercicios de relajación, como la tensión y relajación muscular progresiva, pueden ayudar a liberar la tensión acumulada en el cuerpo. Estas prácticas promueven la relajación y la sensación de calma.

El impacto positivo del manejo del estrés en la salud mental: Cuando adoptas prácticas de manejo del estrés, estás creando un espacio para la estabilidad emocional. Estas prácticas no solo ayudan a reducir los niveles de cortisol y a calmar el sistema nervioso, sino también promueven la autocompasión y la autorregulación emocional. Al incorporar estas herramientas en tu rutina, estás invirtiendo en tu bienestar emocional a largo plazo.

El manejo del estrés es una habilidad que se puede mejorar con el tiempo y la práctica. Al priorizar prácticas de relajación y autocuidado, estás construyendo una base sólida para enfrentar los desafíos con resiliencia y nutrir tu salud mental de manera integral.

La conexión entre mente y cuerpo es una vía de doble sentido, donde el autocuidado físico influye en la salud mental y viceversa. Priorizar el sueño adecuado y el manejo del estrés no solo proporciona beneficios físicos, sino que también crea una base sólida para la estabilidad emocional. Al adoptar prácticas de autocuidado que promueven la salud tanto del cuerpo como de la mente, estás invirtiendo en tu bienestar global.

Ten en cuenta que este viaje es continuo y requiere un compromiso constante, pero los resultados en términos de equilibrio emocional y calidad de vida son inestimables.

## Ejercicio y endorfinas: Una poderosa dupla

La relación entre el ejercicio físico y el bienestar emocional es profundamente impactante. No solo el ejercicio beneficia el cuerpo, sino que también desencadena una serie de reacciones químicas en el cerebro que contribuyen a una mejora significativa en la salud mental. Vamos a profundizar en esta conexión y entender cómo las endorfinas desempeñan un papel fundamental en este proceso:

## Endorfinas y el placer emocional

Las endorfinas, conocidas como las "hormonas del bienestar", desempeñan un papel fundamental en la conexión entre el ejercicio físico y el bienestar emocional. Estas sustancias químicas son producidas naturalmente por el cuerpo en respuesta a la actividad física y tienen efectos notables sobre el humor y las emociones. Vamos a explorar más profundamente cómo las endorfinas influyen en el placer emocional y por qué son tan cruciales para nuestra salud mental:

La activación de las endorfinas: Cuando te involucras en actividades físicas que aumentan la frecuencia cardíaca y estimulan los músculos, como una carrera, una clase de baile animada o incluso un entrenamiento de resistencia, tu cuerpo responde de manera notable. Libera endorfinas como una recompensa natural por el esfuerzo físico que estás realizando. Estas endorfinas actúan como mensajeros químicos que se unen a los receptores cerebrales, desencadenando una serie de respuestas neuroquímicas que afectan positivamente tu estado emocional.

Reducción de la percepción del dolor y el estrés: Una de las características más destacadas de las endorfinas es su capacidad de reducir la percepción del dolor. Esto ocurre porque interactúan con los receptores del dolor en el cerebro, disminuyendo la sensación de incomodidad y promoviendo una sensación de alivio. Además, las endorfinas también desempeñan un papel crucial en el control del estrés. Cuando se liberan, tienen la capacidad de disminuir los niveles de cortisol, la hormona del estrés, contribuyendo a una sensación general de relajación y bienestar.

Sensaciones de placer y euforia: Además de reducir el dolor y el estrés, las endorfinas tienen un impacto notable sobre las sensaciones de placer y euforia. La liberación de estos compuestos químicos está asociada a una sensación de recompensa y gratificación después del ejercicio. Es por eso que muchas personas reportan sentir una ola de felicidad y contentamiento después de una sesión de ejercicios vigorosa. Esa sensación de euforia a menudo se llama "euforia del corredor" y es experimentada por muchos atletas después de carreras largas e intensas.

La importancia del ejercicio regular: La comprensión de la relación entre las endorfinas y el placer emocional destaca la importancia del ejercicio regular para la salud mental. El ejercicio no es solo una herramienta para mejorar la forma física, sino también una manera poderosa de promover un estado emocional positivo. Al involucrarte en actividades físicas que estimulan la liberación de endorfinas, estás invirtiendo en tu salud mental de manera holística, cosechando los beneficios de un humor mejorado, mayor resiliencia y una perspectiva más optimista de la vida.

## Reducción del estrés y la ansiedad

Las endorfinas, las "hormonas del bienestar", no solo promueven sensaciones de placer y euforia, sino que también desempeñan un papel significativo en la reducción del estrés y la ansiedad. La conexión entre actividad física, liberación de endorfinas y estabilidad emocional es profunda y crucial para comprender cómo cuidar tanto de la mente como del cuerpo. Vamos a explorar más detalladamente cómo las endorfinas influyen en la tranquilidad emocional:

Mecanismos de reducción del estrés: Cuando te involucras en ejercicios físicos, como una caminata energizante o una sesión de yoga relajante, el cuerpo entra en acción para liberar endorfinas. Estos compuestos químicos interactúan con los receptores cerebrales, resultando en una cascada de respuestas neuroquímicas. Una de las respuestas más notables es la reducción de los niveles de cortisol, la hormona del estrés.

Acción del cortisol: El cortisol es una hormona liberada por el cuerpo en respuesta al estrés. Aunque es una respuesta natural y adaptativa en situaciones de peligro o desafío, niveles elevados de cortisol crónicamente pueden tener efectos perjudiciales para la salud mental y física. Altos niveles de cortisol están asociados a síntomas de ansiedad, irritabilidad, dificultad de concentración e incluso depresión.

Beneficios duraderos: El efecto de la liberación de endorfinas no es solo momentáneo. Cuando te ejercitas y experimentas la disminución de los niveles de cortisol, esa sensación de relajación y alivio puede continuar influyendo en tu estado emocional después de la actividad física. Esta es una de las razones por las que muchas personas relatan sentirse más calmas, equilibradas y en paz después de una sesión de ejercicios.

Una aproximación natural para la tranquilidad emocional: La conexión entre la liberación de endorfinas y la reducción del estrés es una aproximación natural y poderosa para mejorar la salud mental. Mientras el estrés es una parte inevitable de la vida, encontrar maneras saludables de lidiar con él es esencial para mantener el equilibrio emocional. El ejercicio no solo ayuda a disminuir los niveles de cortisol, sino que también promueve una sensación de control sobre los sentimientos de ansiedad y nerviosismo.

Integración de prácticas regulares: La clave para cosechar los beneficios emocionales de la liberación de endorfinas es la práctica regular de ejercicios. Integrar actividades físicas en tu rutina diaria te permite experimentar estos efectos positivos de manera consistente. Al comprometerte con la práctica regular de ejercicios, estás invirtiendo en tu bienestar emocional a largo plazo.

### Elevación del humor y el bienestar

La relación entre la liberación de endorfinas y la elevación del estado de ánimo es una de las razones por las que el ejercicio físico se considera una herramienta valiosa en el manejo de la salud mental. La influencia de las endorfinas en el bienestar emocional va más allá del simple alivio del estrés, abarcando también la mejora del estado de ánimo y la promoción de una mentalidad positiva. Vamos a explorar más profundamente esta conexión:

Neurotransmisores del placer y la euforia: Las endorfinas son conocidas como neurotransmisores del placer y la euforia. Cuando participas en actividades físicas, como correr, nadar, bailar o incluso caminar, tu cuerpo comienza a liberar estas sustancias químicas naturales. Interaccionan con los receptores cerebrales, desencadenando sensaciones de placer, satisfacción y euforia.

Impacto en la depresión y la ansiedad: La relación entre la liberación de endorfinas y la mejora del estado de ánimo es particularmente relevante para las personas que luchan contra la depresión y la ansiedad. La depresión a menudo se caracteriza por una sensación persistente de tristeza, falta de interés y bajo nivel de energía. La ansiedad, por otro lado, está asociada a una constante sensación de inquietud y aprensión. El ejercicio regular puede ser una forma eficaz de combatir estos síntomas, ya que la liberación de endorfinas promueve sentimientos de alegría y bienestar, además de reducir la sensación de angustia y tensión.

Promoción de una mentalidad positiva: La conexión entre las endorfinas y el estado de ánimo positivo también contribuye a la promoción de una mentalidad optimista. Cuando experimentas momentos de placer y euforia durante o después del ejercicio, esto influye en tu perspectiva general de la vida. Sentirte bien física y emocionalmente puede llevar a una actitud más positiva ante los desafíos y las situaciones cotidianas.

Integración en la rutina diaria: La incorporación regular de actividad física en tu rutina diaria es una manera eficaz de cosechar los beneficios de las endorfinas para la mejora del estado de ánimo y el bienestar. Ya sea caminando, bailando, practicando yoga o ejercitándote en el gimnasio, dedicar tiempo a actividades que promuevan la liberación de estos neurotransmisores positivos puede tener un impacto duradero en tu salud mental.

## La incorporación del ejercicio en la rutina de autocuidado

El ejercicio físico trasciende los beneficios puramente físicos y asume un papel destacado en la promoción del bienestar emocional. Al incorporar el ejercicio en tu rutina de autocuidado, estás adoptando un enfoque integral para nutrir tanto el cuerpo como la mente. Esta práctica puede tener un impacto profundo en tu salud mental y emocional, proporcionando una serie de beneficios que van más allá del acondicionamiento físico. Vamos a explorar más profundamente esta conexión:

Una aproximación holística al autocuidado: El autocuidado va más allá de simplemente tratar el cuerpo físico. Implica cuidar de todos los aspectos de tu salud, incluyendo tu salud mental y emocional. El ejercicio, en este contexto, se convierte en una herramienta poderosa que abraza esta aproximación holística. Al cuidar de tu cuerpo a través de la actividad física, también estás impactando positivamente tu mente, mejorando tu humor, aliviando el estrés y aumentando tu bienestar general.

Los efectos beneficiosos de las endorfinas: La liberación de endorfinas durante el ejercicio es uno de los principales mecanismos por los que el cuerpo y la mente se benefician. Estos neurotransmisores naturales actúan como analgésicos naturales, reduciendo el estrés y promoviendo sentimientos de placer y satisfacción. Esa sensación de euforia no solo mejora el humor inmediatamente después del ejercicio, sino que también crea un efecto acumulativo a lo largo del tiempo, contribuyendo a un estado emocional más equilibrado y positivo.

Resiliencia y positividad: La incorporación regular de ejercicios en tu rutina de autocuidado puede aumentar tu resiliencia emocional. Cuando experimentas los efectos positivos de las endorfinas y observas las mejoras en tu bienestar emocional, estás creando una base sólida para enfrentar los desafíos de la vida con más positividad y confianza. El aumento del bienestar emocional resultante del ejercicio puede ayudar a disminuir los impactos de las adversidades, permitiéndote recuperarte más rápidamente y enfrentar las dificultades con una mentalidad más optimista.

Una caminata de empoderamiento: La incorporación del ejercicio en tu rutina de autocuidado es una jornada de empoderamiento. A medida que te dedicas a cuidar de tu cuerpo y mente a través de la actividad física, estás tomando medidas concretas para mejorar tu calidad de vida. Esta práctica constante de autocuidado crea un ciclo positivo, donde el aumento del bienestar emocional te motiva a continuar invirtiendo en tu salud.

Encontrando el equilibrio: Es importante encontrar un equilibrio que funcione para ti al incorporar el ejercicio en tu rutina. Elige actividades que disfrutes y que se alineen con tus preferencias y necesidades. Ten en cuenta que el objetivo no es solo alcanzar metas físicas, sino también abrazar los efectos beneficiosos del ejercicio en tu salud mental y emocional.

La incorporación del ejercicio en la rutina de autocuidado es una aproximación integral para mejorar la calidad de tu vida. Al experimentar los efectos de las endorfinas y los beneficios emocionales del ejercicio, estás capacitándote para enfrentar desafíos con resiliencia y cultivar una mentalidad más positiva y optimista.

Recuerda que cualquier forma de movimiento es válida. Encuentra actividades físicas que disfrutes y que se adapten a tu estilo de vida. Comienza con pequeños pasos y, gradualmente, aumenta la intensidad y la duración de los ejercicios. La consistencia es la clave para cosechar los beneficios emocionales del ejercicio. Por lo tanto, busca incorporar actividades físicas de manera regular en tu vida y disfruta de las recompensas duraderas para tu salud mental.

## Alimentación nutritiva: Nutriendo cuerpo y mente

La relación entre la dieta y la salud mental ha ganado cada vez más atención, y con razón. Lo que eliges poner en tu cuerpo puede tener un impacto profundo en tu función cerebral, humor y niveles de energía. Una alimentación nutritiva no solo sustenta tu cuerpo, sino que también desempeña un papel significativo en mantener la salud emocional y mental. Vamos a explorar más sobre cómo la alimentación puede influir en tu salud mental:

### Regulación de los neurotransmisores

La regulación adecuada de los neurotransmisores es fundamental para la salud mental y emocional. Estos mensajeros químicos desempeñan papeles esenciales en la comunicación entre las células nerviosas y afectan directamente nuestro humor, emociones e incluso el comportamiento. Algunos neurotransmisores, como la serotonina y la dopamina, están íntimamente ligados al bienestar emocional. ¿Cómo ciertos nutrientes pueden contribuir a la regulación saludable de estos neurotransmisores?

Ácidos grasos omega-3: Los ácidos grasos omega-3 son considerados ácidos grasos esenciales, lo que significa que el cuerpo no puede producirlos por sí solo y, por lo tanto, necesitan ser obtenidos a través de la dieta. Estos ácidos grasos desempeñan un papel crucial en la integridad de las membranas celulares, incluidas las células cerebrales. Además, están asociados a un aumento en los niveles de serotonina y dopamina, contribuyendo así a un humor más equilibrado y una mayor sensación de bienestar emocional. Fuentes de omega-3 incluyen pescados grasos, como el salmón y la sardina, además de semillas de chía, lino y nueces.

Vitaminas del complejo B: Las vitaminas del complejo B, como B6, B9 (ácido fólico) y B12, desempeñan un papel fundamental en la síntesis y regulación de neurotransmisores como la serotonina y la dopamina. La vitamina B6, por ejemplo, es un cofactor necesario en la conversión del triptófano en serotonina. El ácido fólico está asociado a niveles más elevados de serotonina, mientras que la vitamina B12 es esencial para la formación de neurotransmisores y para la salud general del sistema nervioso. Alimentos ricos en vitaminas del complejo B incluyen hojas verdes oscuras, legumbres, huevos, carnes magras y cereales integrales.

Vitamina D: La vitamina D, conocida como la vitamina del sol, también desempeña un papel en la regulación de los neurotransmisores y está relacionada con la salud mental. La deficiencia de vitamina D ha sido asociada a una mayor prevalencia de depresión. La vitamina D está involucrada en la producción de serotonina y dopamina, y la exposición al sol es una de las principales maneras de que el cuerpo produzca esta vitamina. Alimentos fortificados, pescados grasos y huevos también son fuentes de vitamina D.

Minerales como magnesio y zinc: Minerales como magnesio y zinc son esenciales para muchas reacciones bioquímicas en el cuerpo, incluyendo la producción de neurotransmisores. El magnesio, por ejemplo, está involucrado en la activación de enzimas responsables de la conversión del triptófano en serotonina. El zinc también desempeña un papel en la modulación de neurotransmisores y en la regulación del humor. Alimentos ricos en magnesio incluyen hojas verdes, nueces, semillas y cereales integrales, mientras que el zinc puede encontrarse en carnes magras, legumbres y semillas.

La alimentación desempeña un papel poderoso en la regulación de los neurotransmisores que afectan nuestro bienestar emocional. Elegir alimentos ricos en ácidos grasos omega-3, vitaminas del complejo B, vitamina D y minerales como magnesio y zinc puede contribuir a la regulación adecuada de estos neurotransmisores y promover un estado emocional más equilibrado. Incorporar una dieta balanceada y diversificada es esencial para garantizar que estés proporcionando a tu cuerpo los nutrientes necesarios para una salud mental y emocional óptimas.

### Impacto en la inflamación

La relación entre la dieta y la salud mental va más allá de la simple nutrición del cerebro. La elección de los alimentos puede tener un impacto profundo en los niveles de inflamación en el cuerpo, lo que, a su vez, está ligado a la salud mental. ¿Cómo la dieta puede afectar la inflamación y, en consecuencia, la salud emocional?

Dieta e inflamación: Una dieta rica en alimentos procesados, grasas saturadas y azúcares refinados ha sido asociada a un aumento en los niveles de inflamación crónica en el cuerpo. La inflamación es una respuesta natural del sistema inmune a lesiones o infecciones, pero la inflamación crónica de bajo grado puede ocurrir cuando el cuerpo está constantemente expuesto a alimentos que desencadenan esta respuesta inmune. Este estado inflamatorio prolongado ha sido asociado a una serie de condiciones de salud, incluyendo trastornos del humor, como depresión y ansiedad.

Inflamación y salud mental: La inflamación crónica puede afectar el funcionamiento cerebral y la salud mental de varias maneras. Puede interferir en la producción y regulación de neurotransmisores, como serotonina y dopamina, que desempeñan un papel fundamental en el equilibrio emocional. Además, la inflamación puede afectar la integridad de la barrera hematoencefálica, una estructura que protege el cerebro de sustancias potencialmente dañinas. Cuando la barrera hematoencefálica está comprometida, puede haber un aumento en la entrada de moléculas inflamatorias en el cerebro, lo que puede contribuir a síntomas de depresión, ansiedad y otros trastornos mentales.

Antioxidantes y alimentos antiinflamatorios: Por otro lado, los alimentos ricos en antioxidantes tienen propiedades antiinflamatorias que pueden ayudar a combatir la inflamación en el cuerpo y promover la salud mental. Los antioxidantes son compuestos que neutralizan los radicales libres, moléculas inestables que pueden causar daños a las células y desencadenar respuestas inflamatorias. Alimentos como frutas y verduras coloridas, nueces, semillas, té verde y especias como el azafrán contienen antioxidantes que pueden ayudar a reducir la inflamación y proteger la salud del cerebro.

La relación entre la dieta, la inflamación y la salud mental destaca la importancia de elegir alimentos que promuevan un ambiente antiinflamatorio en el cuerpo. Elegir una dieta rica en alimentos integrales, como frutas, verduras, nueces, semillas, pescados grasos y granos integrales, y limitar el consumo de alimentos procesados, azúcares refinados y grasas saturadas, puede contribuir a la reducción de la inflamación y el apoyo a la salud mental. Recuerda que la elección de alimentos nutritivos no solo nutre el cuerpo, sino que también desempeña un papel crucial en el equilibrio emocional y la salud mental general.

### Equilibrio de azúcar en la sangre

La relación entre la dieta y la salud mental es compleja y multifacética. Un aspecto fundamental a considerar es el equilibrio de azúcar en la sangre, que desempeña un papel crucial en el funcionamiento cerebral, el estado de ánimo y la energía. ¿Cómo la elección de los tipos de carbohidratos puede afectar su equilibrio de azúcar en la sangre y, en consecuencia, su salud mental?

Impacto de los carbohidratos en el azúcar en la sangre: Los carbohidratos son una fuente importante de energía para el cuerpo. Sin embargo, no todos los carbohidratos son iguales. Los carbohidratos simples, que se encuentran en alimentos como azúcares refinados y productos de granos refinados, se digieren y absorben rápidamente por el cuerpo, lo que lleva a picos rápidos en los niveles de azúcar en la sangre. Estos picos a menudo son seguidos por caídas igualmente rápidas, lo que puede resultar en sensaciones de irritabilidad, fatiga y cambios de humor.

Carbohidratos complejos y estabilidad: Por otro lado, optar por carbohidratos complejos, como granos integrales, verduras y legumbres, puede ayudar a mantener un equilibrio más estable de azúcar en la sangre a lo largo del día. Los carbohidratos complejos se digieren más lentamente debido a la presencia de fibra y otros nutrientes. Esto resulta en una liberación gradual de glucosa en el torrente sanguíneo, evitando picos y caídas pronunciadas en los niveles de azúcar en la sangre. Esta estabilidad en los niveles de azúcar en la sangre contribuye a una sensación constante de energía y bienestar.

Equilibrio de energía y estado de ánimo: El equilibrio de azúcar en la sangre desempeña un papel significativo en el estado de ánimo y la energía. Los picos rápidos y las caídas posteriores en los niveles de azúcar en la sangre pueden conducir a cambios bruscos de humor, sentimientos de irritabilidad, ansiedad e incluso depresión. Por otro lado, mantener un equilibrio estable de azúcar en la sangre ayuda a promover una sensación más constante de energía, concentración y estado de ánimo equilibrado.

La elección de los tipos de carbohidratos que consume desempeña un papel fundamental en la regulación del azúcar en la sangre y, por lo tanto, en su salud mental. Elegir carbohidratos complejos y combinarlos con proteínas magras y fibra puede ayudar a mantener un equilibrio más estable de azúcar en la sangre, contribuyendo a una sensación constante de energía, estado de ánimo positivo y bienestar emocional. Tenga en cuenta que la nutrición es una parte esencial del autocuidado, y tomar decisiones alimentarias conscientes puede tener un impacto positivo en su salud mental general.

### La importancia de la hidratación

La hidratación adecuada es un componente fundamental del autocuidado que desempeña un papel vital en el funcionamiento óptimo del cuerpo y la mente. El agua es esencial para innumerables funciones biológicas y tiene un impacto directo en la salud mental. ¿Por qué la hidratación es crucial para el bienestar emocional?

Función cerebral y concentración: El cerebro es altamente dependiente de una hidratación adecuada para funcionar correctamente. La deshidratación puede afectar negativamente la función cognitiva, la memoria y la concentración. Incluso una leve falta de hidratación puede resultar en dificultades para concentrarse, procesar información y tomar decisiones. Mantenerse hidratado es esencial para garantizar que su cerebro funcione con eficacia, lo que, a su vez, influye en su estado mental y emocional.

Equilibrio de humor: La hidratación desempeña un papel importante en el equilibrio de humor. La deshidratación puede llevar a alteraciones en el humor, resultando en sentimientos de irritabilidad, ansiedad e incluso depresión. El agua es necesaria para la producción adecuada de neurotransmisores, como la serotonina, que está asociada al bienestar emocional. Mantenerse hidratado ayuda a promover un estado emocional más equilibrado y positivo.

Salud física y mental integradas: La conexión entre la hidratación y la salud mental es parte de un sistema más amplio e interconectado. La deshidratación puede impactar la salud física, lo que provoca dolor de cabeza, fatiga y mal funcionamiento de los órganos. Estos problemas físicos también pueden influir negativamente en el estado mental, lo que lleva a sentimientos de malestar e irritación. Al mantenerse hidratado, está cuidando tanto de su cuerpo como de su mente, promoviendo un equilibrio holístico.

El autocuidado físico es una parte integral de la jornada de recuperación de la depresión. Al priorizar el ejercicio regular, la alimentación nutritiva y otros aspectos del autocuidado, se está capacitando para enfrentar los desafíos emocionales con más resiliencia y positividad. Recuerde que pequeños cambios pueden tener un gran impacto en su salud mental, ayudándole a vivir una vida más equilibrada y plena.

**6**

# GESTIONANDO EL ESTRÉS Y LA ANSIEDAD

*En el equilibrio entre el caos y la calma,*
*encontramos la serenidad que tanto buscamos.*

El manejo del estrés y la ansiedad es una parte fundamental del cuidado de la salud mental. La depresión, el estrés y la ansiedad a menudo están interconectados, y aprender a lidiar con estos desafíos puede mejorar significativamente la calidad de vida. En este capítulo, exploraremos estrategias eficaces para enfrentar estos desafíos e incorporar prácticas de relajación y autocuidado en su vida diaria.

## La relación entre depresión, estrés y ansiedad

La depresión, el estrés y la ansiedad son condiciones que a menudo coexisten y pueden tener un impacto profundo en la salud mental y emocional. La interconexión entre estos estados emocionales complejos puede crear un ciclo perjudicial. El estrés crónico, por ejemplo, puede funcionar como un desencadenante para el desarrollo o el agravamiento de los síntomas de ansiedad y depresión. De la misma manera, una ansiedad constante puede contribuir a niveles elevados de estrés. Además, la depresión a menudo está asociada a sentimientos de estrés y ansiedad, formando una red de emociones negativas que pueden afectar significativamente la calidad de vida.

### Practica la autoconciencia

La autoconciencia es una habilidad esencial para lidiar con los desafíos emocionales del estrés, la ansiedad y la depresión. Implica la capacidad de observar y reconocer tus propios pensamientos, emociones y comportamientos de manera objetiva y sin juicio. Al cultivar la autoconciencia, puedes identificar los signos tempranos de estas condiciones, permitiéndote tomar medidas preventivas y estrategias de afrontamiento de forma más eficaz. Más detalles sobre cómo practicar la autoconciencia:

Observación de los signos tempranos: Esté atento a los cambios sutiles en su estado emocional. Esto incluye estar consciente de las fluctuaciones en su humor, niveles de energía y patrones de sueño. Por ejemplo, puede notar si está sintiéndose más cansado de lo normal, si está teniendo dificultades para dormir o si está experimentando oscilaciones en su humor.

Anotaciones y diario emocional: Llevar un diario emocional puede ser una herramienta valiosa para la autoconciencia. Reserve un tiempo diariamente para escribir sobre cómo se siente, lo que está ocupando su mente y cualquier evento significativo del día. Esto puede ayudarlo a identificar patrones de pensamiento y emociones recurrentes.

Práctica de mindfulness: La práctica de mindfulness implica estar presente en el momento presente sin juicio. Esto significa observar tus pensamientos y emociones sin reaccionar a ellos de manera automática. La meditación mindfulness puede ayudarte a desarrollar esta habilidad, permitiéndote observar tus pensamientos y sentimientos sin dejarte llevar por ellos.

Búsqueda de desencadenantes: Identificar desencadenantes de estrés, ansiedad o depresión puede ayudarte a entender mejor tus reacciones emocionales. Estos desencadenantes pueden ser situaciones, lugares, personas o pensamientos específicos que desencadenan sentimientos negativos. Al reconocer tus desencadenantes, puedes estar más preparado para enfrentarlos cuando surjan.

Autoevaluación regular: Haz una autoevaluación regular de cómo te sientes emocionalmente. Tómate un tiempo para preguntarte cómo estás lidiando con el estrés y si estás experimentando síntomas de ansiedad o depresión. Esta práctica regular de autoexamen puede ayudarte a estar más conectado con tus emociones.

Intervención temprana: La autoconciencia te permite intervenir tempranamente cuando percibes signos de estrés, ansiedad o depresión. En lugar de esperar a que estos sentimientos se intensifiquen, puedes adoptar medidas preventivas, como practicar técnicas de relajación, buscar apoyo social o buscar ayuda profesional cuando sea necesario.

En resumen, la práctica de la autoconciencia implica la observación atenta de tus propios pensamientos y emociones, permitiéndote reconocer los signos tempranos de estrés, ansiedad y depresión. Al estar consciente de cómo te sientes, puedes adoptar un abordaje proactivo para enfrentar estos desafíos emocionales y buscar el soporte necesario para promover tu salud mental y bienestar emocional.

### Establece límites

Establecer límites saludables es una habilidad vital para lidiar con el estrés y la ansiedad de manera eficaz. Es fundamental reconocer que tienes un valor inherente y mereces cuidar de ti mismo. Definir límites claros en tus responsabilidades y compromisos es una forma de proteger tu salud mental y emocional. Más detalles sobre cómo establecer y mantener límites saludables:

Reconociendo la necesidad de límites: La sobrecarga constante de tareas y responsabilidades puede conducir a niveles elevados de estrés y ansiedad. Es importante reconocer cuando te sientes abrumado y cuando tus límites están siendo sobrepasados. Prestar atención a las señales de alerta, como agotamiento, irritabilidad y falta de motivación, puede ayudarte a identificar cuándo es hora de establecer límites.

Aprendiendo a decir "no": Decir "no" es una habilidad importante para proteger tu bienestar emocional. No tienes que aceptar todas las solicitudes y demandas que surgen. Evalúa cuidadosamente tus prioridades y compromisos antes de asumir nuevas responsabilidades. Sé que decir "no" no es egoísmo; es un acto de auto disponibilidad y autocuidado.

Priorizando tus responsabilidades: Define prioridades claras en tus responsabilidades y compromisos. Identifica lo que es más importante y valioso para ti. Al enfocarte en las actividades que tienen un impacto significativo en tu vida, puedes evitar la dispersión de energía en tareas menos relevantes y estresantes.

Comunicando tus límites: Comunica tus límites de manera clara y respetuosa a los demás. Sé honesto sobre tus capacidades y disponibilidad. Explica que estás comprometido con tu bienestar emocional y que necesitas equilibrar tus responsabilidades de manera saludable.

Practicando el autocuidado: Prioriza el autocuidado como parte fundamental de establecer límites saludables. Reservar tiempo para descansar, relajarte y participar de actividades que te energizan es esencial para evitar la sobrecarga y el agotamiento. El autocuidado también incluye la práctica regular de técnicas de relajación, como meditación, ejercicios de respiración profunda y yoga.

Aprendiendo a lidiar con la culpa: Establecer límites puede a veces desencadenar sentimientos de culpa, especialmente cuando te preocupas por las expectativas de los demás. Recuerda que cuidar de ti mismo no es egoísmo, es una forma de garantizar que estés emocionalmente bien para apoyar a los demás de manera saludable.

Evaluación y ajuste constante: Esté abierto a reevaluar tus límites a medida que las circunstancias cambian. Lo que era viable en un momento puede no ser posible en otro. Sé flexible en ajustar tus límites de acuerdo con tus necesidades y circunstancias actuales.

Beneficios de los límites saludables: Establecer límites saludables no solo reduce el estrés y la ansiedad, sino que también promueve un sentido de control sobre tu vida y bienestar emocional. Al definir límites, te empoderas a tomar decisiones conscientes que promueven tu salud mental y emocional a largo plazo.

En resumen, establecer límites saludables es una manera eficaz de gestionar el estrés y la ansiedad. Reconoce la importancia de cuidar de ti mismo y esté dispuesto a defender tus necesidades emocionales. Al establecer y mantener límites, estás invirtiendo en tu propio bienestar y promoviendo una vida más equilibrada y gratificante.

### Establecer metas realistas

La definición de metas realistas desempeña un papel fundamental en el manejo del estrés y la ansiedad. Metas inalcanzables pueden crear una presión excesiva y conducir a sentimientos de frustración e insuficiencia. Por otro lado, establecer objetivos que son alcanzables y medibles puede ser un enfoque eficaz para enfrentar los desafíos de forma más saludable y positiva. La importancia de establecer metas realistas incluye:

Reducción del estrés y la presión: Definir metas que están fuera de alcance inmediato puede generar una presión innecesaria. Esto se debe a que puede sentirse constantemente sobrecargado y preocupado por alcanzar esos objetivos imposibles. Esta presión adicional puede aumentar significativamente los niveles de estrés, haciendo más difícil lidiar con los desafíos cotidianos.

Celebración de pequeñas victorias: Al establecer metas realistas, crea oportunidades para celebrar las pequeñas victorias a lo largo del camino. Cuando alcanzas esos hitos menores, es más probable que sientas un sentido de logro y confianza en ti mismo. Estos sentimientos positivos pueden contrarrestar los momentos de estrés y ansiedad, fortaleciendo tu resiliencia emocional.

Foco en el viaje: Las metas realistas te permiten concentrarte en el camino, en lugar de solo en el destino final. Esto significa que puedes apreciar el progreso que estás haciendo a cada paso, en lugar de sentirte constantemente insatisfecho por no haber alcanzado un objetivo inalcanzable. Este enfoque en el viaje puede ayudar a reducir el estrés y la ansiedad asociados a la necesidad de resultados inmediatos.

Aumento de la confianza en uno mismo: El éxito en alcanzar metas realistas aumenta tu confianza en ti mismo. A medida que cumples las metas que te has fijado, construyes una creencia en tu capacidad de enfrentar desafíos y superar obstáculos. Esa confianza en ti mismo puede ser una herramienta poderosa para enfrentar el estrés y la ansiedad, ya que sabes que eres capaz de lidiar con las situaciones que surgen.

Menos comparación social: Las metas realistas también ayudan a evitar la trampa de la comparación social. Cuando defines metas que son verdaderas para ti y tus circunstancias, es menos probable que te compares con los demás y sientas la presión de corresponder a las expectativas ajenas. Esto puede aliviar el estrés causado por la preocupación excesiva por lo que los demás piensan.

En resumen, establecer metas realistas es una estrategia eficaz para lidiar con el estrés y la ansiedad. Al reducir la presión, celebrar las pequeñas victorias, enfocarse en el viaje, aumentar la confianza en uno mismo y evitar la comparación social, estás creando un ambiente más propicio para un bienestar emocional saludable. Recuerda que la trayectoria es única para cada persona, y es importante definir metas que reflejen tus necesidades y capacidades individuales.

### Práctica de relajación

La práctica regular de técnicas de relajación puede ser una herramienta poderosa para aliviar el estrés y la ansiedad. Meditación, respiración profunda, yoga y otros métodos pueden ayudar a calmar la mente, reducir la tensión muscular y promover una sensación de tranquilidad. Al incorporar estas técnicas en tu rutina diaria, te estás capacitando para enfrentar los desafíos emocionales con más calma y claridad.

## Técnicas de relajación: Meditación, respiración profunda y otras aproximaciones

Las técnicas de relajación son herramientas valiosas para reducir el estrés y la ansiedad. Estas prácticas pueden ayudar a calmar la mente, reducir la tensión muscular y promover un estado de tranquilidad. Algunas técnicas eficaces:

## Meditación

La meditación es una práctica milenaria que tiene el poder de calmar la mente, promover la claridad mental y aliviar el estrés. Una de las aproximaciones más conocidas es la meditación mindfulness, que enfatiza la atención plena al momento presente. Exploremos más a fondo cómo la meditación puede ser una herramienta eficaz para gestionar el estrés y la ansiedad:

Meditación mindfulness: La meditación mindfulness, también conocida como atención plena, implica dirigir conscientemente su atención al momento presente, sin juicio. Elementos clave de la meditación mindfulness:

Observación de pensamientos: Durante la meditación mindfulness, se le invita a observar sus pensamientos a medida que surgen, sin apegarse a ellos ni juzgarlos. Esto le permite desarrollar una relación más saludable con sus pensamientos, reduciendo la tendencia a dejarse llevar por preocupaciones y ansiedades.

Foco en la respiración: Una práctica común en la meditación mindfulness es centrarse en la respiración. Al dirigir su atención a las sensaciones de la respiración, crea un punto de anclaje en el momento presente. Esto ayuda a calmar la mente y alejarse de las distracciones mentales.

Reducción del estrés: La meditación mindfulness se ha asociado a la reducción de los niveles de estrés. Al centrarse en el presente y desapegar de los pensamientos preocupantes, puede disminuir la respuesta de lucha o huida del cuerpo, que se activa por el estrés.

Mejora de la autorregulación emocional: La práctica regular de la meditación mindfulness fortalece la capacidad de regular las emociones. Aprende a observar sus emociones sin reaccionar impulsivamente, lo que ayuda a evitar respuestas emocionales exageradas ante los desafíos.

Beneficios de la meditación regular: Además de aliviar el estrés y la ansiedad, la meditación regular ofrece una serie de beneficios para la salud mental y emocional. Entre los principales beneficios, destaca:

Claridad mental: La práctica regular de la meditación ayuda a calmar el torbellino de pensamientos, proporcionando mayor claridad mental y enfoque.

Aumento de la resiliencia: La meditación cultiva la resiliencia emocional, permitiéndole afrontar los desafíos con más calma y perspectiva.

Mejora del sueño: La meditación puede mejorar la calidad del sueño, reduciendo los pensamientos ansiosos que pueden interferir en el descanso.

Autoconciencia: La meditación ayuda a desarrollar una mayor autoconciencia, permitiéndole reconocer patrones de pensamiento y comportamiento.

Incorporar la meditación a su rutina diaria puede ser una forma eficaz de mejorar su salud mental y emocional. Comience con sesiones cortas y gradualmente aumente la duración a medida que se familiarice con la práctica. Con el tiempo, podrá cosechar los beneficios de una mente más tranquila, enfocada y resiliente.

### Respiración profunda

La respiración profunda es una técnica de relajación que puede practicarse en cualquier lugar y en cualquier momento para calmar el sistema nervioso y reducir el estrés. Es una herramienta valiosa para restaurar el equilibrio emocional y promover una sensación de tranquilidad. Más sobre esta técnica y sus beneficios:

La técnica de respiración profunda: La técnica de respiración profunda implica inhalar lentamente por la nariz, permitiendo que el aire llene completamente los pulmones. A continuación, exhale suavemente por la boca, liberando todo el aire de los pulmones. El enfoque está en la expansión completa de la caja torácica durante la inhalación y en la liberación gradual del aire durante la exhalación.

Mientras practica la respiración profunda, concéntrese en la sensación física de la respiración. Siente el movimiento del aire entrando y saliendo de sus pulmones y la expansión y contracción del pecho y del abdomen.

Beneficios para el alivio del estrés: La respiración profunda estimula el sistema nervioso parasimpático, que es responsable de la respuesta de relajación del cuerpo. Esto ayuda a reducir los niveles de cortisol, la hormona del estrés, y promueve una sensación de calma.

Practicar la respiración profunda regularmente puede disminuir la frecuencia cardíaca y la presión arterial, que generalmente aumentan en situaciones de estrés.

Reducción de la ansiedad: La técnica de respiración profunda es eficaz para reducir los síntomas de ansiedad. Centrarse en la respiración ayuda a desviar la atención de los pensamientos preocupantes y a crear una sensación de presencia en el momento presente.

La ansiedad a menudo está asociada a una respiración superficial y rápida. La respiración profunda contraría esta tendencia, aumentando el suministro de oxígeno al cuerpo y al cerebro, lo que puede ayudar a calmar los sentimientos de nerviosismo.

Reserve algunos minutos diariamente: Puede practicar la respiración profunda durante solo unos minutos todos los días. Esto puede ser especialmente útil cuando se sienta abrumado o ansioso.

Intégrela en su rutina: La respiración profunda puede practicarse en cualquier lugar. Puede hacerlo mientras está sentado en el trabajo, en casa o durante un momento tranquilo de introspección.

Cree un ambiente relajante: Encuentre un lugar tranquilo donde pueda concentrarse en la técnica sin distracciones. Esto ayuda a profundizar la práctica y la experiencia de relajación.

La respiración profunda es una técnica simple, pero poderosa, para aliviar el estrés, calmar la mente y promover una sensación de tranquilidad. Al incorporar esta práctica en su rutina, estará creando un recurso valioso para enfrentar los desafíos emocionales con más serenidad y claridad.

## Yoga

El yoga es una práctica milenaria que combina movimientos suaves, respiración consciente y atención plena para promover el equilibrio entre cuerpo y mente. Este enfoque holístico para el autocuidado ha ganado popularidad por sus beneficios no solo para la salud física, sino también para la salud mental. Cómo el yoga puede ser una herramienta eficaz para el alivio del estrés, la ansiedad y la depresión:

Integración de mente y cuerpo: El yoga reconoce la interconexión entre el cuerpo y la mente. Al combinar posturas físicas (llamadas asanas) con técnicas de respiración y meditación, el yoga promueve un estado de equilibrio integral.

La práctica del yoga implica estar presente en el momento presente, centrándose en la ejecución de las posturas y en la sensación de la respiración. Esta atención plena puede ayudar a alejar pensamientos estresantes y a crear un espacio mental más tranquilo.

Beneficios para el alivio del estrés: El yoga estimula el sistema nervioso parasimpático, que es responsable de la respuesta de relajación del cuerpo. Esto ayuda a disminuir la producción de cortisol y a promover una sensación de calma y relajación.

La práctica regular de yoga puede ayudar a aliviar la tensión muscular, que a menudo es un síntoma físico del estrés acumulado.

Reducción de la ansiedad: El yoga alienta la respiración consciente y profunda, lo que puede ayudar a interrumpir los ciclos de pensamientos ansiosos. Centrarse en la respiración y en la ejecución de las posturas puede crear una sensación de tranquilidad mental.

La atención plena practicada durante el yoga ayuda a alejar preocupaciones futuras o remordimientos pasados, centrándose solo en el presente. Esto puede ser especialmente beneficioso para reducir la ansiedad.

Alivio de la depresión: El yoga se ha asociado a la mejora del estado de ánimo y a la reducción de los síntomas de la depresión. La combinación de movimientos suaves, respiración consciente y atención plena puede crear una sensación de bienestar emocional.

La práctica del yoga puede estimular la liberación de endorfinas, neurotransmisores conocidos por su papel en el alivio del estrés y la promoción del bienestar. Incorporando el yoga en tu vida:

Elige un estilo que funcione para ti: Hay diferentes estilos de yoga, desde los más suaves hasta los más dinámicos. Elige el que mejor se adapte a tus necesidades y preferencias.

Practica regularmente: La constancia es fundamental para cosechar los beneficios del yoga. Reserva un tiempo regularmente para la práctica, incluso si es por unos minutos todos los días.

Escucha tu cuerpo: El yoga se trata de respetar los límites de tu cuerpo. No fuerces las posturas y ajusta tu práctica según tus necesidades y niveles de comodidad.

El yoga ofrece un enfoque integral para el alivio del estrés, la ansiedad y la depresión. Al practicar este arte antiguo, estás invirtiendo en tu bienestar emocional y físico, creando un espacio para la tranquilidad y la autocuración.

## Técnicas de relajación muscular

Las técnicas de relajación muscular son enfoques eficaces para liberar la tensión acumulada en el cuerpo, proporcionando un alivio tanto físico como mental. Estas técnicas se basan en la premisa de que la tensión muscular está interconectada con el estrés emocional y que liberar esta tensión puede tener un impacto positivo en su bienestar general. Entendiendo la conexión entre tensión muscular y estrés:

El estrés emocional puede conducir a la tensión muscular, creando una sensación de malestar físico. De la misma manera, la tensión muscular crónica puede aumentar los niveles de estrés.

La tensión muscular puede manifestarse como dolores de cabeza tensionales, dolores de espalda, hombros tensos y otras formas de malestar físico.

Las técnicas de relajación muscular ofrecen una serie de beneficios para el cuerpo y la mente, contribuyendo a un estado general de bienestar y alivio del estrés. Al practicar estas técnicas regularmente, puede experimentar:

Promueven la relajación profunda: Al liberar la tensión muscular, permite que el cuerpo entre en un estado de relajación profunda, disminuyendo la activación del sistema nervioso simpático, responsable de la respuesta al estrés.

Alivian el malestar físico: A menudo, la tensión muscular crónica puede conducir a dolores y malestar. La relajación muscular puede ayudar a aliviar estos síntomas.

Contribuyen a la claridad mental: La relajación muscular está estrechamente ligada a la relajación mental. Al liberar la tensión física, también puede experimentar una mente más tranquila y clara.

Incorporando técnicas de relajación muscular: La incorporación de técnicas de relajación muscular en su rutina diaria puede ser una forma eficaz de aliviar el estrés acumulado y promover una sensación de tranquilidad. Estas técnicas implican tensar y relajar conscientemente los grupos musculares del cuerpo para liberar la tensión física y mental. Algunas orientaciones para incorporar estas técnicas en su vida son:

Reserve un tiempo tranquilo: Encuentre un lugar tranquilo y tranquilo donde pueda concentrarse en las técnicas de relajación sin interrupciones.

Practica regularmente: Al igual que otras prácticas de gestión del estrés, la consistencia es fundamental para cosechar los beneficios. Reserve unos minutos de su día para practicar estas técnicas.

Combinar con la respiración: Integrar la respiración consciente con las técnicas de relajación muscular puede mejorar los resultados.

Las técnicas de relajación muscular pueden ser una adición valiosa a su caja de herramientas de autocuidado para el alivio del estrés. Al liberar la tensión física, está dando un paso importante hacia un estado de relajación mental y emocional, promoviendo una sensación de bienestar y equilibrio.

## Practicando el autocuidado regularmente: Incorporando rituales de alivio del estrés

La práctica constante del autocuidado es fundamental para gestionar de manera eficaz el estrés y la ansiedad en nuestra vida cotidiana. Incorporar rituales de alivio del estrés en su rutina diaria no solo ayuda a lidiar con los desafíos emocionales, sino que también promueve un estado de equilibrio y bienestar duraderos. Algunas estrategias para practicar el autocuidado de forma regular son:

### Crear una rutina de cuidado

Establecer una rutina de cuidado es esencial para cultivar un hábito sostenible de autocuidado, permitiendo que usted gestione el estrés y la ansiedad de manera eficaz. Orientaciones detalladas para crear y mantener una rutina de autocuidado:

Reserve un tiempo: Determine un período específico del día que sea más adecuado para usted practicar el autocuidado. Puede ser por la mañana, antes de empezar sus actividades, o por la noche, como una manera de relajarse antes de dormir.

Priorícese: Considere ese tiempo como un compromiso consigo mismo. Así como usted reserva tiempo para tareas y compromisos, también dedique un tiempo para cuidar de su salud mental y emocional.

Defina la duración: Reserve un intervalo de tiempo que funcione para usted. Puede variar de unos minutos a una hora, dependiendo de las actividades que usted eligió incorporar en su rutina.

Elija sus prácticas: Identifique las actividades que traen alivio a su estrés y ansiedad. Algunas personas encuentran útil meditar, mientras que otras prefieren hacer ejercicios de respiración, practicar yoga, leer un libro inspirador, o simplemente dar un paseo tranquilo.

Experimente: No tenga miedo de experimentar diferentes prácticas para encontrar las que mejor se adapten a usted. Lo importante es elegir actividades que usted genuinamente disfrute y que tengan un efecto positivo en su bienestar.

Variedad: No tenga miedo de variar sus prácticas a lo largo del tiempo. Esto puede evitar la monotonía y mantener su rutina de autocuidado interesante y envolvente.

Mantenga la consistencia: Trate su tiempo de autocuidado como un compromiso innegociable. Evite posponer o cancelar esos momentos, así como lo haría con otros compromisos importantes.

Establezca un recordatorio: Si es necesario, defina un recordatorio en su teléfono o cree un recordatorio visual en su espacio para recordarle de reservar un tiempo para el autocuidado.

Celebre el progreso: A medida que usted mantiene la consistencia en su rutina de autocuidado, celebre sus conquistas. Esto puede reforzar la importancia de esos momentos en su vida.

Al crear una rutina de cuidado, usted está invirtiendo activamente en su salud mental y emocional. Recuerde que el autocuidado no es egoísmo, sino más bien una base sólida para enfrentar los desafíos diarios con resiliencia y equilibrio. Adaptar su rutina conforme sea necesario y estar abierto a nuevas prácticas puede contribuir para un bienestar continuo y duradero.

### Desconectarse

En un mundo cada vez más conectado digitalmente, es esencial reservar tiempo para desconectarse de los dispositivos electrónicos y de la constante estimulación online. La desconexión no solo alivia el estrés relacionado a la tecnología, sino que también proporciona un espacio para descanso mental y una oportunidad de reconectarse con el mundo que te rodea. Maneras prácticas de incorporar la desconexión en tu rutina de autocuidado:

Tiempo libre de pantalla: En el mundo moderno, estamos constantemente conectados a dispositivos electrónicos, lo que puede aumentar los niveles de estrés y afectar la salud mental. Establecer un tiempo libre de pantalla es una estrategia crucial para lidiar con el estrés y la ansiedad. Modos de implementar el tiempo libre de pantalla en tu vida:

Define límites: Establece períodos específicos del día para quedarte lejos de los dispositivos electrónicos. Esto puede incluir momentos al despertar, antes de dormir y durante las comidas.

Desactiva las notificaciones: Desactiva las notificaciones que no son urgentes o esenciales. Esto reducirá las interrupciones constantes y te permitirá concentrarte en actividades más significativas.

Espacio seguro: Crea áreas en tu casa donde los dispositivos electrónicos no estén permitidos, como la mesa del comedor o un espacio de relajación. Esto ayuda a crear un ambiente propicio para la desconexión.

Explora actividades offline: En un mundo cada vez más digital, dedicar tiempo para actividades offline es esencial para el equilibrio entre la vida virtual y la real. Estas actividades ofrecen una pausa refrescante de la constante conectividad y pueden tener beneficios significativos para la salud mental. Maneras de explorar actividades offline y aprovechar los beneficios:

Actividades al aire libre: Aprovecha el tiempo libre de pantalla para participar en actividades al aire libre. Caminar, hacer senderismo, andar en bicicleta o simplemente pasar un tiempo en un parque puede ayudar a relajarte y reducir el estrés.

Practica hobbies: Dedícate tiempo para practicar hobbies que te gusten, como cocinar, pintar, tocar un instrumento musical o hacer manualidades. Estas actividades creativas pueden proporcionar una sensación de realización y alegría.

Conexión personal: Usa ese tiempo para conectarte personalmente con amigos y familiares. Pasar tiempo de calidad juntos, compartiendo risas y historias, puede reforzar tus lazos sociales y promover el bienestar emocional.

Beneficios de la desconexión: La desconexión digital regular trae una serie de beneficios significativos para la salud mental, emocional y física. Al reservar tiempo para alejarte de los dispositivos electrónicos y de la constante conectividad online, puedes experimentar mejoras en diversos aspectos de tu vida. Algunos beneficios notables de la desconexión:

Reducción del estrés: La desconexión permite que tu cerebro descanse y se recupere del constante flujo de información y estímulos online, reduciendo así los niveles de estrés.

Mejora del sueño: La exposición a la luz azul de los dispositivos electrónicos puede interferir en la producción de melatonina, la hormona del sueño. Desconectarse antes de dormir puede mejorar la calidad del sueño.

Aumento de la atención plena: Al desconectarte, puedes concentrarte más en las actividades presentes, aumentando la atención plena y la apreciación del momento.

Mejora de la salud mental: La desconexión regular puede reducir la ansiedad relacionada a las redes sociales y a la comparación constante, promoviendo una visión más positiva de ti mismo y de tu vida.

Priorizar el tiempo libre de pantalla como parte de tu rutina de autocuidado puede crear un equilibrio saludable entre el mundo digital y el mundo real, contribuyendo a tu salud mental y emocional.

### Actividades relajantes

Encontrar tiempo para participar en actividades relajantes es fundamental para aliviar el estrés y cultivar una sensación de tranquilidad en su vida cotidiana. Al explorar e incorporar actividades que brindan alegría y relajación, está invirtiendo en su bienestar emocional. Maneras de identificar y disfrutar de estas actividades de manera más completa:

Encuentra tu pasión: Tómate un tiempo para reflexionar sobre qué actividades despiertan tu interés y pasión. Pregúntate qué actividades te gustaban cuando eras más joven o qué pasatiempos siempre quisiste probar.

Experimenta cosas nuevas: Sé abierto a probar actividades que quizás nunca hayas considerado antes. A veces, la pasión por algo nuevo puede surgir cuando te permites explorar.

Escúchate a ti mismo: Presta atención a cómo te sientes al participar en diferentes actividades. Si una actividad te deja genuinamente emocionado y relajado, eso puede ser una indicación de que has encontrado algo que te trae alegría.

Reserva tiempo: Reserva un período específico del día, semana o mes para dedicarte a estas actividades relajantes. Trátate ese tiempo como un compromiso no negociable contigo mismo.

Ritual de relajación: Transforma estos momentos en rituales de relajación. Crea una atmósfera acogedora y tranquila, encendiendo velas, poniendo música suave o preparando una taza de té relajante. Beneficios de las actividades relajantes:

Participar en actividades relajantes puede tener un impacto positivo profundo en su salud mental, emocional y general. Estas actividades ofrecen una pausa valiosa de las presiones de la vida cotidiana, permitiéndote reconectarte contigo mismo, encontrar placer en el momento presente y cultivar un mayor equilibrio emocional. Algunos beneficios importantes de las actividades relajantes son:

Reducción del estrés: Participar en actividades relajantes puede ayudar a reducir los niveles de cortisol, la hormona del estrés, y promover una sensación de calma.

Aumento del placer: Al dedicarte a actividades que te gustan, estimulas la liberación de neurotransmisores como la dopamina, aumentando la sensación de placer y bienestar.

Enfoque en el momento presente: Participar en actividades relajantes te permite concentrarte en el aquí y ahora, alejándote de las preocupaciones del pasado o del futuro.

Mejora del humor: La alegría que experimentas al participar en actividades que te gustan puede mejorar tu humor y perspectiva.

Ten en cuenta que el autocuidado no es un lujo, sino una necesidad para mantener tu salud mental y emocional. Incorporar actividades relajantes en tu rutina no solo proporciona momentos de placer, sino que también contribuye a una sensación general de equilibrio y bienestar.

## Practica la gratitud

La práctica de la gratitud es una manera poderosa de cultivar un estado de ánimo positivo y aliviar el estrés y la ansiedad. Al enfocar tu atención en las cosas buenas de tu vida, puedes cambiar tu perspectiva y crear un espacio para la apreciación y la alegría. Maneras de incorporar la gratitud en tu vida diaria:

Diario de gratitud: Reserva unos minutos todos los días para escribir en un diario de gratitud. Elige un momento tranquilo, como por la mañana o antes de dormir, para reflexionar sobre tu día.

Lista las cosas por las que estás agradecido: Anota al menos tres cosas por las que te sientes agradecido. Esto puede incluir personas, experiencias, momentos felices, logros personales o simplemente cosas que te hayan hecho sonreír.

Sé específico: En lugar de solo enumerar elementos genéricos, intenta ser específico sobre lo que exactamente te ha traído gratitud. Esto ayuda a conectarte más profundamente con la experiencia positiva.

Mantén el hábito: Hacer de esto un hábito diario puede entrenar tu mente para enfocarse en lo positivo, incluso en los momentos desafiantes.

Reconoce las pequeñas cosas: No subestimes el poder de las pequeñas cosas que traen alegría a tu día. Puede ser una sonrisa de un amigo, una taza de café caliente o un momento tranquilo de reflexión.

Beneficios de la práctica de la gratitud: La práctica de la gratitud es un enfoque poderoso para cultivar un estado mental más positivo y una perspectiva más saludable sobre la vida. Al expresar aprecio y reconocimiento por las cosas buenas, puedes experimentar una serie de beneficios significativos que impactan tanto tu salud mental como emocional. Algunos de los principales beneficios de la práctica de la gratitud son:

Cambio de perspectiva: La práctica de la gratitud puede cambiar tu forma de ver el mundo, centrándose en lo que está bien en lugar de centrarse en lo negativo.

Reducción del estrés: Al enfocar tu atención en los aspectos positivos, puedes disminuir el impacto del estrés en tu mente y cuerpo.

Aumento del optimismo: La gratitud está ligada al optimismo y la resiliencia, ayudándote a enfrentar los desafíos con una mentalidad más positiva.

Mejora de las relaciones: Expresar gratitud a las personas que te rodean puede fortalecer las relaciones y promover un sentido de conexión.

La práctica de la gratitud puede ser una herramienta simple, pero profundamente eficaz, para mejorar tu salud mental y emocional. Al incorporar esta práctica en tu vida diaria, puedes crear un ciclo positivo de apreciación y bienestar.

### Integre los rituales de alivio del estrés

Incorporar rituales de alivio del estrés en tu rutina diaria puede ser un enfoque poderoso para mantener tu bienestar emocional. Personalizar estos rituales de acuerdo con tus preferencias y necesidades individuales es fundamental para crear una práctica de autocuidado que sea eficaz y significativa para ti. Formas de integrar estos rituales de forma eficaz:

Personaliza tu rutina: Comienza identificando qué prácticas de alivio del estrés resuenan más contigo. Esto puede involucrar experimentar diferentes técnicas, como meditación, yoga, lectura o caminata, para descubrir lo que te trae mayor confort y relajación.

Encuentra la combinación adecuada: No hay una sola aproximación que funcione para todos. Crea una combinación de prácticas que se ajusten a tus necesidades e intereses. Por ejemplo, puedes optar por empezar el día con meditación y terminar con un paseo relajante.

Sé flexible: Tu rutina de autocuidado no necesita ser rígida. A veces, tus preferencias y necesidades pueden cambiar. Esté dispuesto a ajustar tu rutina de acuerdo con lo que te haga sentir mejor en diferentes momentos.

Ajusta según sea necesario: Sé consciente de cómo te sientes después de practicar diferentes rituales de alivio del estrés. Observa el impacto emocional y físico de cada práctica en tu estado de ánimo.

Adapta a las circunstancias: Habrá momentos en que ciertas prácticas pueden ser más beneficiosas que otras. Si estás sintiéndote particularmente ansioso o estresado, puedes optar por una técnica de relajación más intensiva, como meditación profunda.

Evolución continua: A medida que creces y cambias, tus necesidades de autocuidado también pueden evolucionar. Esté dispuesto a ajustar y experimentar nuevas prácticas a medida que te desarrollas.

Beneficios de la integración de rituales de alivio del estrés: Incorporar rituales de alivio del estrés en tu rutina diaria es un enfoque holístico que puede traer una serie de beneficios integrales para tu salud mental y emocional. Estos rituales no solo proporcionan alivio inmediato del estrés, sino que también contribuyen a un bienestar continuo y una mayor resiliencia emocional. Algunos de los principales beneficios de integrar estos rituales en tu vida son:

Promoción del bienestar continuo: La incorporación regular de rituales de alivio del estrés ayuda a mantener tu salud mental y emocional a largo plazo.

Mejora de la resiliencia: Tener una variedad de prácticas de autocuidado a tu disposición aumenta tu capacidad de lidiar con los desafíos de manera eficaz.

Autodescubrimiento: Al experimentar diferentes prácticas, puedes descubrir nuevas maneras de calmarte y conectarte contigo mismo.

Liderar con el estrés, la ansiedad y la depresión, requiere un compromiso continuo con el autocuidado y las estrategias de afrontamiento. Al reconocer la relación entre estos desafíos y adoptar técnicas de relajación, puedes crear un camino para un mayor bienestar emocional. Practicar regularmente el autocuidado e incorporar rituales de alivio del estrés en tu vida diaria puede ayudar a cultivar resiliencia, equilibrio emocional y una sensación duradera de paz interior.

**7**

# ESTABLECIENDO OBJETIVOS Y ENCONTRANDO PROPÓSITO

*Cada paso hacia un objetivo es un viaje
hacia nuestro propósito más profundo.*

La búsqueda de la recuperación de la depresión es un viaje que implica más que solo aliviar los síntomas emocionales. Es un proceso integral que tiene como objetivo restaurar la alegría de vivir, reconstruir la conexión con uno mismo y con el mundo que nos rodea, y establecer un sentido renovado de propósito. En este capítulo, exploraremos la importancia de definir metas alcanzables, descubrir tu propósito personal y practicar la gratitud como herramientas fundamentales para la recuperación.

## Definiendo metas alcanzables: Cómo establecer pasos realistas hacia la recuperación

Definir metas alcanzables es una parte fundamental del proceso de recuperación y crecimiento personal. Cuando enfrentamos desafíos, traumas o momentos difíciles, tener objetivos claros y realistas puede proporcionarnos un sentido de dirección y propósito. Algunas estrategias para definir metas que sean realizables y que puedan impulsar tu jornada de recuperación son:

### Dividir en pasos pequeños

Enfrentar una situación desafiante a menudo puede parecer abrumador, especialmente cuando se trata de alcanzar un objetivo significativo. Sin embargo, una estrategia eficaz para lidiar con esa sensación de abrumador es dividir el objetivo en pasos más pequeños y más manejables. Este enfoque no solo hace que el proceso sea más accesible, sino que también ofrece una sensación constante de logro a medida que avanzas hacia el resultado deseado.

Clarifica tu objetivo: Antes de dividir tu objetivo en pasos más pequeños, ten una comprensión clara de lo que estás tratando de alcanzar. Define tu objetivo de manera específica y medible para que sepas exactamente lo que estás trabajando para conquistar.

Identifica las etapas intermedias: Una vez que tengas un objetivo claro en mente, comienza a dividirlo en pasos intermedios. Cada etapa debe ser un paso tangible hacia tu objetivo general. Por ejemplo, si tu objetivo es iniciar una nueva carrera, las etapas intermedias pueden incluir la investigación de opciones de carrera, actualización del currículum, búsqueda de oportunidades de empleo y preparación para entrevistas.

Prioriza las etapas: No todas las etapas intermedias son igualmente importantes o urgentes. Prioriza estas etapas en función de su relevancia y el impacto que tendrán en tu objetivo general. Esto ayuda a dirigir tu energía hacia las acciones más importantes.

Celebra las conquistas parciales: A medida que completes cada etapa intermedia, tómate un momento para celebrar. Reconoce el progreso que has hecho y la contribución que cada etapa representa para tu objetivo final. Esta celebración continua mantiene tu motivación y entusiasmo elevados.

Adapta a medida que avanzas: A medida que avanzas hacia tu objetivo, sé abierto a ajustar tus etapas intermedias según sea necesario. A veces, puedes descubrir nuevas informaciones o desarrollar nuevas habilidades que afectan la manera en que abordas las próximas etapas. La flexibilidad es esencial para mantener el progreso constante.

Dividir un objetivo mayor en pasos más pequeños y alcanzables ofrece un enfoque estratégico para el éxito. Al celebrar cada conquista a lo largo del camino, creas un sentido de realización que impulsa tu motivación y confianza, permitiéndote seguir avanzando, superando desafíos y alcanzando tus objetivos con éxito.

### Ser específico

La definición de metas específicas y claras es un paso fundamental para alcanzar el éxito en cualquier emprendimiento, especialmente cuando se trata de su recuperación y bienestar emocional. La especificidad en sus objetivos no solo proporciona una dirección clara, sino que también ayuda a crear un plan concreto para alcanzarlos. Algunas maneras sobre cómo ser más específico al definir sus metas son:

Describa detalles claros: Al definir una meta, evite generalidades. En lugar de decir algo vago como "quiero sentirme mejor", sea específico sobre lo que eso significa para usted. Describa los detalles de cómo desea sentirse mejor y qué aspectos de su vida están relacionados con esa mejora.

Use lenguaje preciso: Utilice un lenguaje claro y preciso al definir su meta. Evite términos vagos que puedan interpretarse de diferentes maneras. Cuanto más preciso sea, más fácil será evaluar su progreso y medir el éxito.

Defina criterios medibles: Haga que su meta sea medible, para que pueda seguir su progreso de forma tangible. Esto puede involucrar números, como "practicar técnicas de relajación por 10 minutos todos los días", o indicadores concretos, como "aumentar mi capacidad de concentración durante el trabajo".

Establezca un plazo: Defina un plazo realista para alcanzar su meta. Esto crea un sentido de urgencia y motivación para trabajar en dirección a su objetivo. Tener un plazo también ayuda a evitar la procrastinación.

Visualice el resultado: Al ser específico sobre su meta, visualice cómo será la realización de ese objetivo. Esto no solo aumenta su motivación, sino que también ayuda a usted a conectarse emocionalmente con lo que está buscando alcanzar.

Ejemplo de meta no específica: Mejorar mi salud mental.

Ejemplo de meta específica: Practicar técnicas de relajación por 10 minutos todos los días durante las próximas 4 semanas para aliviar el estrés y mejorar mi calidad de vida.

Al ser específico al definir sus metas, usted transforma sus aspiraciones en acciones concretas y alcanzables. Esto lo coloca en el camino correcto para crear un plan de acción detallado y medir su progreso de manera efectiva, aumentando sus posibilidades de éxito.

### Establezca plazos realistas

La definición de plazos realistas es una parte crucial del proceso de establecer metas alcanzables. Los plazos bien definidos proporcionan un sentido de dirección, mantienen usted motivado y crean un sentido de realización a medida que usted alcanza sus objetivos. Sin embargo, es importante encontrar el equilibrio correcto entre un plazo desafiante y un plazo que sea alcanzable y realista. Algunas formas sobre cómo establecer plazos realistas para sus objetivos son:

Evalúe el tiempo necesario: Antes de definir un plazo, evalúe cuánto tiempo es necesario para completar cada etapa de su objetivo. Tenga en cuenta el grado de complejidad, la cantidad de trabajo involucrada y otros compromisos en su vida.

Evite plazos muy cortos: Los plazos muy cortos pueden generar estrés adicional y presión, lo que puede perjudicar su salud mental y su capacidad de realizar la tarea con calidad. Evite establecer plazos irrealistas que puedan causar más ansiedad que motivación.

Manténgase flexible: Aunque es importante tener plazos definidos, también es crucial mantener cierta flexibilidad. A veces, circunstancias imprevistas pueden surgir y retrasar su progreso. Esté dispuesto a ajustar plazos si es necesario, sin sentirse derrotado.

Considere su carga de trabajo: Asegúrese de que el plazo que usted establece sea factible considerando su carga de trabajo actual y otros compromisos. No se sobrecargue con objetivos que exigen más tiempo del que usted realmente tiene disponible.

Defina etapas intermedias: Además de definir un plazo final, considere la definición de plazos para etapas intermedias de su objetivo. Esto puede ayudar a mantener el enfoque y a evaluar su progreso a lo largo del camino.

Ejemplo de plazo no realista: Aprender una nueva lengua fluentemente en dos semanas.

Ejemplo de plazo realista: Aprender una nueva lengua básica en seis meses, dedicando una hora de estudio por día.

Establecer plazos realistas es un enfoque inteligente para alcanzar sus objetivos. Esto le permite mantener el equilibrio entre desafiarse y garantizar que sus metas sean alcanzables, lo que contribuye a una sensación de realización y progreso constante.

### Evaluar tus habilidades y recursos

Al definir metas alcanzables, es fundamental evaluar tus propias habilidades, recursos disponibles y limitaciones. Una evaluación honesta y realista te ayudará a establecer objetivos que se alinean con tu potencial y con las circunstancias en las que te encuentras. Algunas consideraciones importantes al evaluar tus habilidades y recursos al definir metas son:

Autoconocimiento: Ten una comprensión clara de tus propias habilidades, puntos fuertes y áreas que necesitan desarrollo. Esto te permitirá establecer metas que se alinean con tu conjunto de habilidades y que también te desafíen de manera realista.

Recursos disponibles: Considera los recursos que tienes a tu disposición para alcanzar tus metas. Esto puede incluir tiempo, financiación, acceso a información y apoyo de otras personas. Asegúrate de que tus metas sean realizables con los recursos que tienes.

Limitaciones personales: Reconoce tus limitaciones personales, como tiempo limitado, compromisos existentes y otras responsabilidades. Tener en cuenta estas limitaciones evitará que establezcas metas irreales que puedan llevar al estrés y a la frustración.

Adaptabilidad: Aunque es importante establecer metas desafiantes, también es esencial ser adaptable. Si te das cuenta de que tus habilidades o recursos están cambiando, sé dispuesto a ajustar tus metas para reflejar esa realidad en evolución.

Equilibrio y progreso sostenible: Evaluar tus habilidades y recursos ayuda a crear un equilibrio entre desafío y realización. Definir metas que estén dentro del alcance aumenta la probabilidad de éxito, lo que, a su vez, promueve un sentido de progreso sostenible a lo largo del tiempo.

Evaluar tus habilidades y recursos es un paso fundamental para establecer metas alcanzables y significativas. Esto no solo aumenta tus posibilidades de éxito, sino que también contribuye a una aproximación saludable y realista para el autodesarrollo y la consecución de objetivos.

### Mantener un registro

Mantener un registro de tus metas y de tu progreso es una práctica valiosa que puede aumentar significativamente tu motivación y la eficacia en la búsqueda de tus objetivos. El acto de registrar tus esfuerzos ofrece una visión tangible de tu progreso y ayuda a mantener el foco en las conquistas. Algunos puntos importantes sobre cómo mantener un registro pueden ser beneficiosos son:

Seguimiento del progreso: Registrar tus metas y el progreso que estás haciendo te permite ver claramente cómo estás avanzando hacia tus objetivos. Esto es especialmente útil cuando se trata de metas a largo plazo, ya que puedes observar lo que ya has logrado a lo largo del tiempo.

Motivación continua: Ver tu progreso registrado puede ser extremadamente motivador. Cuando te das cuenta de lo lejos que has llegado desde el principio, es más probable que te sientas incentivado a seguir trabajando en dirección a tus metas, incluso cuando enfrentes obstáculos.

Identificación de patrones: Mantén un registro no solo del progreso, sino también de las estrategias que estás usando para alcanzar tus metas. Esto te permite identificar patrones de éxito y descubrir qué enfoques funcionan mejor para ti.

Ajustes y mejoras: Al mantener un registro, puedes identificar rápidamente si algo no está funcionando como se esperaba. Esto te permite hacer ajustes y adaptaciones según sea necesario, evitando perder tiempo en enfoques que no son eficaces.

Sentido de realización: A medida que marcas los hitos alcanzados en el registro, ganas un sentido tangible de realización. Esto refuerza tu confianza y te recuerda el progreso constante que estás haciendo.

Mantener un registro puede hacerse de varias maneras, desde anotaciones en un diario físico hasta el uso de aplicaciones o hojas de cálculo digitales. Independientemente de la forma que elijas, la práctica de registrar tus metas y progreso es una herramienta valiosa para mantenerte en el camino correcto e impulsar tu éxito.

## Descubrir tu propósito: Explorando intereses y pasiones personales

Encontrar un sentido de propósito es una parte vital de la recuperación y el crecimiento personal. Tener un propósito puede dar significado a tu viaje y ayudarte a superar los desafíos con más resiliencia. Algunas maneras de explorar tus intereses y pasiones personales para descubrir tu propósito son:

### Haz una autorreflexión profunda

La autorreflexión profunda es una herramienta poderosa para explorar tus intereses, pasiones e identificar el propósito que da significado a tu vida. Al dedicarte a esta práctica, puedes descubrir aspectos de ti mismo que pueden orientar tus elecciones y dirigir tus objetivos de manera más alineada con quien eres. Cómo hacer una autorreflexión profunda:

Exploración de las emociones: Pregúntate cómo te sientes al realizar ciertas actividades o al pensar en determinados asuntos. La alegría, el entusiasmo y la satisfacción son indicadores de que estás alineado con tus intereses genuinos.

Reviviendo momentos significativos: Recuerda momentos en tu vida en los que te sentiste realmente realizado y feliz. Estos momentos pueden revelar pistas sobre lo que realmente importa para ti y lo que puede contribuir a tu sentido de propósito.

Identificación de patrones: Al revisitar diferentes experiencias y actividades que te han traído satisfacción, busca patrones recurrentes. Esto puede ayudarte a identificar los temas que son consistentemente significativos en tu vida.

Valores personales: Considera qué valores son fundamentales para ti. Tus actividades y objetivos deben estar alineados con tus valores, ya que esto contribuye a un sentido profundo de propósito y satisfacción.

Pasatiempos e intereses: Explora tus pasatiempos e intereses. ¿Qué actividades te sientes naturalmente atraído a hacer durante tu tiempo libre? Estos intereses pueden ser un reflejo de las áreas que te traen alegría y realización.

Autoconocimiento continuo: La autorreflexión profunda es un proceso continuo. A medida que creces y evolucionas, tus pasiones e intereses también pueden cambiar. Por lo tanto, sé dispuesto a auto descubrirte a lo largo del tiempo.

La autorreflexión profunda es una jornada de autoexploración que puede llevar tiempo y paciencia. Sin embargo, al dedicarte a esta práctica, te estás acercando a descubrir lo que realmente te trae satisfacción y realización, orientando tus elecciones y metas de manera más auténtica.

## Identifica tus valores

Identificar y comprender tus valores fundamentales es esencial para descubrir tu propósito y establecer objetivos que estén alineados con lo que es más importante para ti. Los valores son los principios y creencias que guían tus acciones, decisiones y elecciones en la vida. Al reconocer y honrar tus valores, puedes crear una base sólida para un sentido más profundo de propósito. Cómo identificar tus valores:

Reflexión sobre lo que es importante: Pregúntate a ti mismo: "¿Qué es más importante para mí en la vida? ¿Cuáles son los principios por los que vivo?" Reflexiona sobre las áreas de tu vida que son fundamentales, como familia, amistad, realización profesional, contribución social, salud, entre otros.

Experiencias de satisfacción: Recuerda momentos en los que te sentiste más realizado y auténtico. ¿Qué valores estaban presentes en esas situaciones? Estas experiencias pueden proporcionar pistas sobre los valores que están profundamente arraigados en ti.

Contraste de valores: Considera lo que no estás dispuesto a comprometer o sacrificar. Identificar los valores que no estás dispuesto a abrir mano ayuda a clarificar lo que es realmente importante para ti.

Priorización de valores: Clasifica tus valores en orden de importancia. Esto puede ayudarte a tomar decisiones cuando haya conflictos entre diferentes valores. Por ejemplo, si la autenticidad es un valor mayor que el reconocimiento externo, tus elecciones probablemente reflejarán esa prioridad.

Valores universales vs. personales: Algunos valores son universales, como la honestidad, la empatía y el respeto. Otros valores son más específicos para cada individuo. Identificar tanto tus valores universales como los personales puede proporcionar una visión completa de tus motivaciones.

Ajuste a longo do tempo: Ten en cuenta que tus valores pueden cambiar a longo do tempo, à medida que creces y evolucionas. Sé abierto a reevaluar tus valores à medida que tu comprensión de ti mismo se profundiza.

Identificar tus valores es un paso crucial en la jornada de encontrar propósito y establecer metas que resuenan profundamente con quien eres. Esto ayuda a dirigir tus elecciones de manera más auténtica y a construir una vida que sea verdaderamente significativa para ti.

### Explorar cosas nuevas

Explorar nuevas actividades e intereses es una manera emocionante y enriquecedora de descubrir tu propósito y encontrar lo que verdaderamente resuena contigo. La vida está llena de oportunidades y experiencias que pueden ampliar tu perspectiva y ayudarte a entenderte mejor a ti mismo. Algunos puntos sobre por qué y cómo explorar cosas nuevas son:

Ampliar horizontes: Al involucrarte en actividades diferentes de las que estás acostumbrado, puedes descubrir pasiones y habilidades que nunca imaginaste tener. Esto puede enriquecer tu vida y abrir puertas a nuevas oportunidades.

Sal de tu zona de confort: Experimentar cosas nuevas muchas veces implica salir de tu zona de confort. Aunque puede ser desafiante, es exactamente fuera de ese espacio donde puedes encontrar crecimiento personal y descubrir aspectos ocultos de ti mismo.

Autoconocimiento: Al experimentar diferentes actividades, puedes aprender más sobre tus preferencias, limitaciones y habilidades. Esto puede ser un proceso de autoconocimiento valioso que te ayuda a entender mejor quién eres y lo que te trae satisfacción.

Descubrimiento de pasiones inesperadas: A veces, tus pasiones pueden surgir de maneras inesperadas. Intentar algo nuevo puede despertar un interés que nunca consideraste antes. Por ejemplo, participar de un taller de arte puede hacer que descubras una pasión por la pintura.

Redefinición de objetivos: Experimentar cosas nuevas puede cambiar tu perspectiva y llevarte a reevaluar tus objetivos. Puedes percibir que algunas actividades traen más alegría y propósito a tu vida que otras, lo que lleva a ajustes en tus metas.

Crecimiento y aprendizaje: Independientemente del resultado, cada experiencia nueva ofrece oportunidades de aprendizaje y crecimiento. Éxito o fracaso, ganas perspectivas valiosos sobre tus preferencias y habilidades.

Empieza pequeño: No necesitas comprometerte con grandes cambios inmediatamente. Empieza con pequeñas acciones, como experimentar un nuevo hobby, participar de un evento o tomar una clase. Esto te permite probar diferentes experiencias sin sentirte abrumado.

La experimentación es una manera poderosa de expandir tu visión del mundo, descubrir pasiones ocultas y encontrar un propósito significativo. Al estar abierto a nuevas experiencias, te das la oportunidad de crecer, aprender y crear una vida más gratificante.

### Busca inspiración

Buscar inspiración es una manera poderosa de encontrar dirección, motivación y claridad en tu experiencia de descubrimiento de propósito. A través de las historias y experiencias de otras personas, puedes ganar perspectivas valiosas sobre cómo enfrentar desafíos, superar obstáculos y encontrar un significado más profundo en tu propia vida. Información sobre cómo buscar inspiración:

Aprendizaje con ejemplos: Leer libros, ver charlas, documentales o entrevistas con personas que admiras puede proporcionar una visión inspiradora de sus jornadas. Escuchar cómo enfrentaron desafíos, superaron adversidades y encontraron un propósito puede ofrecer orientación en tu propia búsqueda.

Identificación con historias: Al conectarte con historias de otras personas, puedes identificarte con sus luchas y triunfos. Esto puede hacer que te sientas menos solo en tus propias experiencias y alentarte a perseguir tus objetivos con más determinación.

Aprendizaje con errores: Escuchar sobre los errores y fracasos de otras personas puede ser tan instructivo como aprender sobre sus éxitos. A través de esas historias, puedes ganar perspectivas sobre cómo evitar trampas comunes y abordar desafíos de manera más eficaz.

Apertura a nuevas perspectivas: Buscar inspiración también puede significar explorar historias de personas con experiencias muy diferentes de las tuyas. Esto te expone a diferentes perspectivas y puede ayudarte a reexaminar tus propias creencias y metas.

Motivación duradera: Las historias de otras personas pueden servir como una fuente constante de motivación. Cuando te enfrentas a obstáculos en tu propia caminata, puedes recordar cómo alguien superó desafíos similares y encontró éxito.

Aplicación práctica: A medida que te inspiras en historias de otras personas, busca maneras prácticas de aplicar sus perspectivas en tu propia vida. Pregúntate a ti mismo cómo puedes adaptar sus estrategias y lecciones para tus circunstancias únicas.

Buscar inspiración es una herramienta valiosa para encontrar claridad en tu jornada de descubrimiento de propósito. Al aprender de las experiencias de los demás, puedes ganar sabiduría, coraje y confianza para seguir hacia un futuro más significativo.

### Voluntariado y contribución

Participar en actividades de voluntariado y contribuir al bienestar de otras personas y la comunidad puede ser una manera poderosa de encontrar un propósito significativo en tu vida. Comprometerse en acciones que benefician a los demás no solo trae satisfacción personal, sino que también crea un impacto positivo en la sociedad. Cómo el voluntariado y la contribución pueden ayudar a descubrir un propósito significativo:

Sentido de realización: El voluntariado ofrece una oportunidad tangible de hacer la diferencia en la vida de otras personas. La sensación de realizar algo significativo y positivo para los demás puede traer una profunda sensación de realización y propósito.

Conexión social: Al participar en actividades de voluntariado, tienes la oportunidad de conocer personas que comparten valores similares y están comprometidas a causar un impacto positivo. Esto puede conducir a conexiones sociales significativas y relaciones enriquecedoras.

Foco fuera de ti mismo: Al concentrarte en ayudar a los demás, puedes obtener una nueva perspectiva sobre tus propias preocupaciones y desafíos. Esto puede reducir el estrés y la ansiedad, permitiéndote concentrarte en contribuir de manera significativa a la vida de los demás.

Desarrollo de habilidades: El voluntariado a menudo ofrece oportunidades para desarrollar nuevas habilidades o mejorar las existentes. Estas habilidades pueden ser valiosas tanto en tu vida personal como profesional, aumentando tu confianza y autoestima.

Sentido de comunidad: Participar de esfuerzos de voluntariado crea un sentido de comunidad y pertenencia. Te conviertes en parte de algo más grande que tú mismo y contribuyes a un ambiente más positivo y colaborativo.

Exploración de intereses: El voluntariado también puede ser una manera de explorar intereses y pasiones que quizás no hayas tenido la oportunidad de explorar anteriormente. Al participar en diferentes actividades, puedes descubrir nuevas áreas de interés que resuenan con tu propósito.

Alegría en servir: Contribuir al bienestar de los demás puede ser una fuente de alegría genuina. La sensación de ayudar a alguien en necesidad o de ser parte de un proyecto de impacto positivo puede crear momentos de felicidad duradera.

El voluntariado y la contribución son maneras concretas y gratificantes de encontrar un propósito significativo en tu vida. Al dedicarte a ayudar a los demás y hacer la diferencia, puedes experimentar una sensación duradera de realización y satisfacción.

## El poder de la gratitud: Reconociendo las bendiciones en medio de la adversidad

La práctica de la gratitud es una herramienta poderosa para transformar nuestra perspectiva, especialmente cuando enfrentamos adversidades. Reconocer las bendiciones y aspectos positivos de nuestra vida, incluso durante los momentos más difíciles, puede traer un cambio profundo en nuestra mentalidad y bienestar. Maneras de cultivar la gratitud:

### Mantenga un diario de gratitud

La práctica de mantener un diario de gratitud es una herramienta poderosa para cultivar la apreciación y el reconocimiento de las bendiciones en su vida, incluso en medio de desafíos y adversidades. Registrar diariamente las cosas por las que está agradecido puede tener un impacto positivo en su perspectiva y bienestar general. Estas son algunas maneras de mantener un diario de gratitud:

Foco en lo positivo: Mantener un diario de gratitud implica dirigir su atención a las cosas buenas en su vida. Esto ayuda a reducir el foco en las preocupaciones y las dificultades, permitiéndole ver la luz incluso en las situaciones más oscuras.

Práctica diaria: Reserve un momento todos los días para escribir en su diario de gratitud. Esto puede ser por la mañana, por la noche o en cualquier momento que funcione para usted. La consistencia es fundamental para cosechar los beneficios de esta práctica.

Gratitud por las pequeñas cosas: No subestime el poder de apreciar las pequeñas cosas. Al reconocer incluso los detalles más simples y cotidianos, usted entrena su mente para encontrar alegría en las experiencias diarias.

Amplitud de enfoque: Además de enumerar objetos materiales, considere incluir expresiones de amor, momentos de alegría, actos de bondad y conexiones significativas con los demás en su diario. La gratitud va más allá de las cosas tangibles.

Cambio de perspectiva: Al escribir sobre lo que está agradecido, está cultivando una mentalidad de abundancia en lugar de escasez. Esto puede cambiar su perspectiva y ayudarlo a concentrarse en lo que tiene en lugar de lo que le falta.

Celebración de las conquistas: Además de las experiencias diarias, incluya también sus conquistas y éxitos, sin importar cuán pequeños puedan parecer. Esto refuerza su sentido de realización y motivación.

Ritual reflexivo: Escribir en el diario de gratitud puede convertirse en un ritual reflexivo en el que toma un momento para reconocer los aspectos positivos de su vida. Este ritual puede contribuir a una sensación duradera de contentamiento.

Compartir opcional: Si se siente cómodo, compartir sus pensamientos de gratitud con amigos, familiares o seres queridos puede crear una atmósfera de positividad e inspiración mutua.

La práctica del diario de gratitud es una herramienta simple y eficaz para cultivar una mentalidad positiva y apreciativa. Al enfocarse en las bendiciones en su vida, puede mejorar su resiliencia emocional y encontrar fuerza incluso en momentos difíciles.

### Encontrar la gratitud en las pequeñas cosas

Cultivar la gratitud por las pequeñas cosas de la vida es un enfoque poderoso para aumentar tu apreciación por el viaje cotidiano. A menudo, es fácil concentrarse en las grandes realizaciones y olvidarse de reconocer las pequeñas alegrías que nos rodean. Aquí hay algunas maneras de encontrar gratitud en las pequeñas cosas:

Atención plena: La práctica de la atención plena (mindfulness) desempeña un papel fundamental en encontrar gratitud en las pequeñas cosas. Al estar completamente presente en el momento, puedes notar y apreciar los detalles que pueden pasar desapercibidos.

Sintoniza tus sentidos: Usa tus sentidos para conectarte con el momento presente. Observa los sonidos a tu alrededor, siente la textura de las cosas, aprecia los aromas y sabores. Estos detalles sensoriales pueden convertirse en fuentes de gratitud.

Alegría en las simplicidades: Aprende a encontrar alegría en las cosas más simples. Una puesta de sol, un abrazo cálido, una risa espontánea: estos son momentos que pueden traer sentimientos de gratitud y alegría.

Práctica regular: Incorpora la búsqueda de la gratitud en las pequeñas cosas como parte de tu rutina diaria. Tómate un momento para reflexionar sobre los momentos agradables que has experimentado y expresa tu gratitud por ellos.

Mantra de gratitud: Desarrolla un mantra de gratitud que puedas repetir en momentos cotidianos. Puede ser algo simple como "Estoy agradecido por la belleza que me rodea" o "Agradezco las pequeñas alegrías de la vida".

Desarrollo de la sensibilidad: A medida que practicas la búsqueda de la gratitud en las pequeñas cosas, te vuelves más sensible a las sutilezas de la vida. Esto puede mejorar tu capacidad de encontrar alegría y satisfacción en las experiencias diarias.

Presencia consciente: La búsqueda de la gratitud en las pequeñas cosas es una manera de hacerte más consciente y presente en tu vida. Esto puede ayudar a reducir el estrés, mejorar el enfoque y aumentar tu bienestar emocional.

Notar las conexiones: Al reconocer y apreciar las pequeñas cosas, puedes comenzar a darte cuenta de cómo todo está interconectado. Esto puede inspirar un sentido de maravilla y una apreciación más profunda por la complejidad de la vida.

## Reencuadra los desafíos

Reencuadrar los desafíos es una aproximación poderosa para cultivar un sentido de gratitud y resiliencia ante las adversidades. En lugar de enfocarte solo en las dificultades, esta práctica implica mirar las situaciones desafiantes desde una perspectiva más amplia y positiva. Aquí hay algunas formas de reencuadrar los desafíos:

Aprendizaje y crecimiento: En lugar de ver los desafíos como obstáculos que obstaculizan tu camino, considéralos como oportunidades de aprendizaje y crecimiento. Cada desafío enfrentado puede ser una oportunidad de adquirir nuevas habilidades, conocimientos y experiencias.

Nuevas perspectivas: Al reencuadrar los desafíos, puedes buscar diferentes perspectivas y lecciones que se pueden extraer de cada situación. Esto puede ampliar tu comprensión y ayudarte a desarrollar una mentalidad más flexible.

Resiliencia fortalecida: Superar desafíos con éxito puede aumentar tu resiliencia emocional y mental. Cada vez que enfrentas una dificultad y encuentras maneras de superarla, te vuelves más fuerte para enfrentar futuros desafíos.

Foco en las soluciones: Al reencuadrar los desafíos, diriges tu foco a las soluciones en lugar de los problemas. Esto puede alentarte a buscar enfoques creativos y constructivos para lidiar con las situaciones.

Celebra las conquistas: Al superar un desafío, celebra tus conquistas, incluso si son pequeñas. Reconoce tus esfuerzos y el coraje que demostraste para enfrentar la situación.

Desarrollo personal: Cada desafío enfrentado ofrece la oportunidad de desarrollar características personales valiosas, como resiliencia, paciencia, empatía y adaptabilidad.

Gratitud por la jornada: Al reencuadrar los desafíos, puedes sentir gratitud por la jornada que ellos proporcionan. Incluso en las situaciones más difíciles, hay algo que aprender y valorar.

Autodescubrimiento: Los desafíos a menudo nos llevan a descubrir aspectos ocultos de nosotros mismos. Al enfrentar situaciones difíciles, puedes encontrar fuerzas internas que ni siquiera sabías que poseías.

Reencuadrar los desafíos es una herramienta poderosa para desarrollar una mentalidad positiva y constructiva. Esto no solo promueve la gratitud, sino que también fortalece tu capacidad de enfrentar las dificultades con resiliencia y optimismo.

### Practica la compasión

La práctica de la gratitud no se limita solo a reconocer bienes materiales o circunstancias favorables. También se extiende a la valoración de las relaciones humanas y la expresión de compasión hacia los demás. Al cultivar la gratitud por la bondad que recibes de las personas que te rodean, no solo refuerzas los lazos emocionales, sino que también contribuyes a un ambiente más positivo y armonioso. Aquí hay algunas formas de practicar la compasión y fortalecer los lazos emocionales:

Reconoce la importancia de las relaciones: Las conexiones personales en nuestra vida son valiosas. Familiares, amigos, colegas e incluso extraños pueden desempeñar un papel significativo en nuestra jornada. Al practicar la gratitud por las relaciones, reconoces la importancia de esas conexiones y cómo enriquecen tu vida.

Expresa tu agradecimiento: No dudes en expresar tu gratitud por las acciones bondadosas de los demás. Un simple "gracias" puede tener un impacto significativo y fortalecer la relación. Mostrar aprecio por las pequeñas cosas que los demás hacen por ti crea un ambiente positivo.

Ahonda en la empatía: La práctica de la compasión está intrínsecamente ligada a la empatía. Al reconocer y valorar los esfuerzos y sentimientos de los demás, demuestras empatía y consideración genuinas por sus experiencias.

Enfócate en las interacciones positivas: Apreciar las interacciones positivas que tienes con los demás fortalece el vínculo entre tú y ellos.

Enfocarse en las cualidades y actitudes positivas de las personas crea una atmósfera de respeto mutuo y camaradería.

Comparte momentos agradables: Compartir momentos de alegría, celebraciones y logros con las personas que aprecias refuerza los lazos emocionales. Estos momentos compartidos contribuyen a la construcción de recuerdos positivos.

Respeto y generosidad: La práctica de la gratitud y la compasión también implica tratar a los demás con respeto y generosidad. Al actuar con bondad hacia los demás, promueves un ciclo de reciprocidad positiva.

Cultiva relaciones satisfactorias: Al valorar las relaciones personales y expresar gratitud por las contribuciones de las personas en tu vida, contribuyes al desarrollo de relaciones más satisfactorias y duraderas.

La práctica de la compasión y la gratitud por las relaciones personales enriquece tu vida emocional y crea una red de apoyo positiva. Al valorar a las personas que te rodean, contribuyes a un ambiente de respeto, empatía y conexión genuina, enriqueciendo tu propia jornada y la de los demás.

### Foco en el presente

La práctica de la gratitud está intrínsecamente ligada a la habilidad de vivir en el momento presente, de apreciar lo que está sucediendo a tu alrededor y de reconocer las bendiciones que tienes en tu vida. Al cultivar la atención plena y el foco en el presente, abres espacio para experimentar un profundo sentido de contentamiento y satisfacción. Aquí hay algunos temas sobre cómo la gratitud está relacionada con el foco en el presente:

Atención plena y la gratitud: La atención plena, también conocida como mindfulness, implica estar completamente presente en el momento actual. Cuando practicas la gratitud, estás dirigiendo tu atención a lo que está sucediendo ahora, en lugar de perderte en preocupaciones pasadas o futuras.

Saborear las pequeñas alegrías: Enfocarse en el presente te permite saborear las pequeñas alegrías que a menudo pasan desapercibidas. Puede ser el sabor de una comida deliciosa, el calor del sol en tu piel o la risa de un niño. Apreciar estos momentos simples trae un profundo sentido de gratitud.

Aceptación: La atención plena implica aceptar el momento presente exactamente como es, sin juicio o resistencia. Al practicar la gratitud, aceptas las bendiciones y desafíos de la vida con un corazón abierto, lo que puede conducir a una sensación de paz y equilibrio.

Reducción del estrés: El enfoque en el presente ayuda a reducir el estrés, ya que estás dirigiendo tu energía y atención al ahora, en lugar de preocuparte por el pasado o el futuro. Esto crea un espacio de calma mental donde la gratitud puede florecer.

Conexión con la realidad: Al enfocarte en el presente, te estás conectando con la realidad del momento. Esto puede ser particularmente poderoso en momentos desafiantes, ya que te permite encontrar aspectos por los que estar agradecido, incluso en medio de la adversidad.

Práctica de la gratitud en el presente: Una forma de integrar la gratitud en el momento presente es crear pausas regulares en tu rutina para concentrarte en tus bendiciones. Por ejemplo, al despertar por la mañana, reserva un momento para reflexionar sobre tres cosas por las que estás agradecido. Al hacer esto, estarás anclando tu mente en el presente y comenzando el día con una actitud positiva.

La alegría del aquí y ahora: Cuando aprendes a valorar el momento presente y a reconocer las cosas buenas que están sucediendo a tu alrededor, experimentas la alegría genuina del aquí y ahora. La gratitud se convierte en una manera de enriquecer tu experiencia cotidiana.

Cultivar la gratitud puede transformar la manera en que afrontas los desafíos y nutrir una mentalidad positiva en tu camino de recuperación. Reconocer las bendiciones, incluso en medio de la adversidad, es un paso poderoso hacia el crecimiento personal y el bienestar emocional.

**8**

# ABRAZAR NUEVAS POSIBILIDADES

*La verdadera belleza reside en la aceptación y el amor*
*incondicional que cultivamos por nosotros mismos.*

La autoestima y la imagen corporal desempeñan un papel crucial en nuestra salud mental y bienestar. Cómo nos vemos y cómo nos sentimos en relación a nosotros mismos afecta nuestra confianza, nuestras relaciones y nuestra capacidad de afrontar desafíos. En este capítulo, exploraremos maneras de descomponer la autocrítica, construir una imagen corporal positiva y cultivar la aceptación del cuerpo.

## Deconstruyendo la autocrítica: Desentrañando los patrones que dañan la autoestima

La autocrítica es una voz interior que a menudo nos juzga, nos crítica y nos disminuye. Esa autocrítica implacable puede tener un impacto dañino en nuestra autoestima y imagen corporal. Desentrañar esos patrones autocríticos es esencial para construir una relación más saludable con nosotros mismos. Algunas aproximaciones para descomponer la autocrítica son:

### Autoconciencia

La autoconciencia es una herramienta fundamental en el proceso de descomponer la autocrítica y desarrollar una autoestima más saludable. Implica la práctica de observar atentamente nuestros propios pensamientos, emociones y patrones mentales. Al cultivar la autoconciencia, podemos identificar cuándo surge la autocrítica, comprender sus causas subyacentes y comenzar a transformar esos patrones de pensamiento dañinos. Maneras de desarrollar la autoconciencia y lidiar con la autocrítica:

Observación sin juicio: Comienza dedicando momentos de tu día a la autoobservación. Esto implica prestar atención a tus pensamientos y sentimientos sin juicio. Solo observa, como un observador neutral.

Identificar patrones autocríticos: A medida que practiques la observación, comenzarás a identificar patrones recurrentes de autocrítica. Estos pueden manifestarse como pensamientos negativos sobre ti mismo, autorreproches o comparaciones desfavorables con los demás.

Reconocer los desencadenantes: Al prestar atención al contexto en el que surge la autocrítica, puedes identificar los desencadenantes emocionales o situaciones que la desencadenan. Esto ayuda a entender por qué reaccionas de manera autocrítica en ciertas circunstancias.

Anotaciones en un diario: Lleva un diario de autoconciencia. Anota momentos en los que te sentiste autocrítico y describe los pensamientos que surgieron. Esto te permitirá seguir los patrones a lo largo del tiempo e identificar áreas específicas para trabajar.

Meditación y atención plena: La práctica de la meditación y la atención plena puede fortalecer la autoconciencia. Al dedicar un tiempo a meditar y enfocar tu atención en el momento presente, te vuelves más consciente de los pensamientos que pasan por tu mente.

Preguntas reflexivas: Pregúntate a ti mismo regularmente sobre tus pensamientos y emociones. ¿Por qué te sientes así? ¿De dónde viene esa autocrítica? Estas preguntas pueden ayudarte a desentrañar las causas subyacentes.

Autoaceptación: Entiende que la autoconciencia no se trata de juzgarte a ti mismo, sino de entenderte a ti mismo. A medida que te vuelves más consciente de los patrones autocríticos, practica la autoaceptación y la autocompasión.

Desarrollar la autoconciencia requiere práctica constante y paciencia contigo mismo. A través de la observación atenta, la identificación de patrones y la reflexión, estarás en una mejor posición para reconocer cuándo surge la autocrítica e iniciar el proceso de transformarla en auto-compasión y autoestima positiva.

### Cuestionando la validez

Cuestionar la validez de las autocríticas es un paso crucial para desmantelar patrones autodestructivos y construir una autoimagen más positiva. Muchas veces, nuestros pensamientos autocríticos se basan en percepciones distorsionadas y no reflejan la realidad. Formas de cuestionar la validez de estos pensamientos y desarrollar una perspectiva más equilibrada:

Autoconciencia: El primer paso es estar consciente cuando los pensamientos autocríticos surgen. Reconoce cuando comienzas a criticarte y haz una pausa para cuestionar la validez de esos pensamientos.

Análisis de las evidencias: Pregúntate a ti mismo: "¿Hay evidencias concretas que apoyen esa autocrítica?" A veces, descubrirás que no existen hechos reales para sustentar tus pensamientos negativos.

Buscando perspectiva: Intenta ver la situación desde una perspectiva más objetiva. Imagina que un amigo o ser querido está pasando por la misma situación. ¿Juzgarías a esa persona de la misma manera que te estás juzgando?

Desafiando las distorsiones cognitivas: Muchas veces, nuestros pensamientos autocríticos están distorsionados por pensamientos automáticos negativos, como generalizaciones, polarizaciones o filtrado del positivo. Identifica estas distorsiones y sustitúyelas por pensamientos más realistas.

Auto empatía: Practica la autocompasión al cuestionar la validez de las autocríticas. Trátate con gentileza y comprensión, de la misma manera que tratarías a un amigo pasando por un momento difícil.

Autoafirmaciones positivas: Contrapone los pensamientos autocríticos con afirmaciones positivas y realistas. Por ejemplo, si piensas "no soy bueno en nada", desafía eso con "tengo habilidades únicas y estoy en constante crecimiento".

Buscando feedback externo: A veces, compartir tus pensamientos autocríticos con amigos de confianza o profesionales puede ayudarte a obtener una perspectiva más objetiva y constructiva.

Cuestionar la validez de las autocríticas requiere práctica constante. Con el tiempo, comenzarás a darte cuenta de que muchos de esos pensamientos negativos no son verdaderos y no definen quién eres. Al desafiar estas percepciones distorsionadas, estarás construyendo una base más sólida para una autoimagen positiva y una autoestima saludable.

### Practicando la autocompasión

La práctica de la autocompasión es un enfoque transformador para combatir la autocrítica y construir una autoimagen más positiva. En lugar de criticarte de manera severa, aprendes a tratarte a ti mismo con gentileza, compasión y aceptación. Cómo cultivar la autocompasión y nutrir una relación saludable contigo mismo:

Reconocimiento de la autocrítica: Cuando te das cuenta de que te estás criticando, haz una pausa consciente. Reconoce el pensamiento autocrítico y acepta que es una reacción natural, pero que tienes el poder de elegir una aproximación diferente.

Autenticidad y humanidad: Recuerda que todos somos humanos y, por lo tanto, susceptibles a cometer errores y enfrentar desafíos. Acepta tus imperfecciones como parte normal de la experiencia humana.

Autoconversación compasiva: Sustituye la autocrítica por palabras de autoconversación compasiva. Imagina lo que le dirías a un amigo querido que estuviera pasando por dificultades similares. Ofrécete a ti mismo las mismas palabras amables y apoyo.

Aceptación incondicional: Acéptate incondicionalmente, independientemente de tus fracasos o logros. La autocompasión no se basa en logros; es un reconocimiento de tu valor intrínseco como ser humano.

Tratarse con gentileza: Practica pequeños gestos de gentileza contigo mismo. Esto puede incluir tomarte un tiempo para relajarte, cuidar de tu cuerpo, escuchar tus necesidades emocionales y practicar actividades que te hagan sentir bien.

Practicando el perdón: Perdona a ti mismo por errores pasados y elecciones de las que puedas arrepentirte. Concientízate de que te mereces el mismo perdón que ofrecerías a otra persona.

Mindfulness en la autocompasión: Al practicar la autocompasión, sé presente en el momento. Reconoce tus sentimientos sin juicio y permítete sentir las emociones sin suprimirlas.

Cultivando la resiliencia emocional: La autocompasión fortalece tu resiliencia emocional, permitiéndote enfrentar desafíos de manera más equilibrada y constructiva.

Práctica continua: La autocompasión no es un cambio instantáneo, sino un viaje de autocuidado continuo. Cuanto más practiques, más natural se vuelve en tu vida diaria.

Entiende que la autocompasión no es un signo de debilidad, sino una demostración de fuerza emocional y autenticidad. Al practicar la autocompasión, estás desarrollando una base sólida para una autoestima saludable y una autoimagen positiva. Esto te permite moverte por el mundo con más confianza, aceptación y amor por ti mismo.

### Cambiando el diálogo interno

El diálogo interno juega un papel crucial en la formación de nuestra autoimagen y autoestima. La forma en que hablamos con nosotros mismos puede afectar profundamente nuestra percepción de nosotros mismos y nuestra capacidad de enfrentar desafíos. Al reemplazar los pensamientos autocríticos por afirmaciones más realistas y positivas, estás construyendo una base sólida para una autoimagen más saludable. Maneras de cómo cambiar el diálogo interno:

Identificar pensamientos autocríticos: Comienza a prestar atención a los pensamientos negativos que surgen en tu mente. Reconoce cuando te estás criticando y sé consciente de los patrones autocríticos recurrentes.

Desafiar la autocrítica: Una vez que hayas identificado los pensamientos autocríticos, cuestiona su validez. Pregúntate a ti mismo si esos pensamientos están basados en hechos concretos o si son solo percepciones distorsionadas.

Sustituir por afirmaciones positivas: Cuando percibas un pensamiento autocrítico, sustitúyelo por una afirmación positiva y realista. Elige palabras que reflejen tu valor, tus cualidades y tus esfuerzos continuos.

Enfocarse en el crecimiento: Al reemplazar pensamientos como "no soy lo suficientemente bueno", cambia a afirmaciones que enfatizan el crecimiento y el aprendizaje. Por ejemplo, "siempre estoy creciendo y aprendiendo" reconoce que estás en constante evolución.

Practicar la autocompasión: Integra la autocompasión en tus afirmaciones. Al agregar un toque de compasión y gentileza a tus palabras, creas un diálogo interno más amoroso y apoyador.

Visualizar el éxito: Al usar afirmaciones positivas, visualiza el éxito y la realización de las metas que estás buscando. Esto fortalece tu creencia en tus propias capacidades.

Repetir regularmente: Practica tus afirmaciones regularmente. Cuanto más las repitas, más se convertirán en parte integral de tu pensamiento habitual.

Ajustar a tu estilo: Adapta tus afirmaciones a tu estilo de comunicación. Elige palabras que resuenen contigo y que sean auténticas para tu voz interna.

Neutralizar lo negativo: Cuando un pensamiento autocrítico surja, no lo ignores. En su lugar, neutralízalo inmediatamente con una afirmación positiva. Esto ayuda a contrarrestar la negatividad.

Entiende que cambiar el diálogo interno es un proceso gradual. Es natural tener momentos de autocrítica, pero la práctica constante de reemplazar esos pensamientos por afirmaciones positivas puede hacer una diferencia significativa a lo largo del tiempo. Al fortalecer tu diálogo interno, estás construyendo una base sólida para una autoimagen positiva y una autoestima saludable.

## Abrazando la imperfección

La búsqueda de la perfección es un ideal inalcanzable que puede ser perjudicial para la autoestima y la autoimagen. En lugar de centrarse en la búsqueda de una perfección irrealista, abrazar la imperfección es un paso fundamental para construir una autoestima saludable y una autoimagen positiva. Son maneras de abrazar la imperfección y direccionar el foco para el crecimiento personal:

Reconociendo la naturaleza humana: Es importante recordar que la imperfección es una parte intrínseca de la condición humana. Todos cometemos errores, enfrentamos desafíos y tenemos áreas en las que podemos mejorar. Esto es normal y no debe ser motivo de autocrítica intensa.

Evitando el perfeccionismo: El perfeccionismo puede ser un obstáculo para la realización y la autoestima saludable. Al esforzarse excesivamente por la perfección, puedes sentirte constantemente insatisfecho y criticarte a ti mismo por no cumplir con estándares irreales.

Foco en el crecimiento y progreso: En lugar de buscar la perfección, concéntrate en el crecimiento personal y el progreso continuo. Ve los errores como oportunidades de aprendizaje y desarrollo. Cada desafío superado es un paso en dirección a tu desarrollo personal.

Celebrando las conquistas: Celebra tus logros, por menores que sean. Reconoce los esfuerzos que hiciste y los obstáculos que superaste. Esto fortalece tu autoconfianza e incentiva una visión más positiva de ti mismo.

Cultivando la autocompasión: Trátate con autocompasión ante las imperfecciones y errores. Consciente de que te mereces gentileza y aceptación, independientemente de tus fallas.

Aprendiendo de los errores: En lugar de castigarte por errores, véalos como oportunidades de aprendizaje. Reflexiona sobre lo que puedes aprender y cómo puedes hacer las cosas de manera diferente en el futuro.

Valorizando las experiencias: Cada experiencia, incluso las que no salieron como se planearon, contribuye a tu crecimiento y maduración. Valora las lecciones que extraes de cada situación.

Practicando la flexibilidad mental: Desarrolla una mente más flexible y adaptable. Cuando aceptas la imperfección, eres más capaz de ajustarte a nuevas circunstancias y lidiar con los desafíos con más resiliencia.

Cultivando la aceptación: Acéptese como es, con sus cualidades e imperfecciones. La aceptación es un paso fundamental para una autoimagen positiva y una relación saludable consigo mismo.

Al abrazar la imperfección y centrarse en el crecimiento personal, está construyendo una base sólida para una autoestima positiva y una autoimagen equilibrada. Recuerde que el viaje hacia el progreso y el autodescubrimiento es continuo y enriquecedor, lleno de oportunidades para aprender, crecer y convertirse en la mejor versión de sí mismo.

## Autenticidad sobre perfección

La búsqueda de la perfección a menudo nos lleva a ocultar nuestras verdaderas identidades y a esconder nuestras imperfecciones. Sin embargo, la autenticidad es un valor fundamental para construir una autoimagen positiva y una autoestima saludable. Son maneras de priorizar la autenticidad en lugar de la perfección:

Aceptando tu esencia: Ser auténtico significa abrazar tu verdadera esencia, con todas tus cualidades, defectos y peculiaridades. Al aceptar quién eres genuinamente, fortaleces tu autoestima y te sientes más conectado contigo mismo.

Valorando tu individualidad: Cada persona es única, y es esa individualidad la que la hace especial. En lugar de intentar encajar en moldes predefinidos de perfección, valora tus características únicas y reconoce que son parte de lo que te hace único.

Liberándote de las máscaras: La búsqueda de la perfección a menudo nos lleva a usar máscaras para esconder nuestras vulnerabilidades. Al permitirte ser auténtico, te liberas de la necesidad de fingir ser alguien que no eres, lo que resulta en un alivio emocional significativo.

Creando conexiones genuinas: Cuando eres auténtico, creas conexiones más genuinas con los demás. Las personas son naturalmente atraídas por aquellos que son verdaderos y reales, y esas conexiones pueden contribuir a una sensación de pertenencia y aceptación.

Redefiniendo el éxito: En lugar de medir el éxito por la perfección, redefine el éxito en términos de autenticidad y crecimiento personal. Esforzarse por ser la mejor versión de ti mismo, en lugar de una versión perfecta, es una meta más realista y saludable.

Aliviando la presión: La búsqueda de la perfección crea una presión insostenible. Al ser auténtico, liberas la presión de cumplir con expectativas irreales y te permites ser más gentil contigo mismo.

Foco en el bienestar interior: Prioriza tu bienestar interior en lugar de buscar la aprobación externa. Cuando te concentras en cómo te sientes en relación a ti mismo, te vuelves menos dependiente de la validación de los demás.

Alentando a los demás: Tu autenticidad puede inspirar a los demás a también abrazar su verdadera esencia. Al ser un ejemplo de autenticidad, puedes influir positivamente en las personas que te rodean.

Crecimiento continuo: Ser auténtico no significa dejar de crecer. Por el contrario, implica el crecimiento continuo a medida que te vuelves más conectado contigo mismo y más alineado con tus valores y pasiones.

Entiende que la autenticidad es una jornada, no un destino final. A medida que te esfuerzas por ser más auténtico, te liberas de las restricciones de la perfección y creas espacio para una autoestima más saludable, relaciones más significativas y una sensación general de contentamiento contigo mismo. Celebrar quién eres, con todas tus imperfecciones, es una clave para vivir una vida auténtica y gratificante.

## Aprendiendo de la autocrítica

Aunque la autocrítica puede ser perjudicial para nuestra autoestima y bienestar, también podemos usarla como una herramienta para el crecimiento personal y el autodesarrollo. Son formas de aprender de la autocrítica y transformarla en una oportunidad de autodescubrimiento:

Identificar patrones recurrentes: Al prestar atención a los tipos de autocríticas que surgen con frecuencia, puedes comenzar a identificar patrones de pensamiento que pueden indicar áreas en las que deseas crecer. Por ejemplo, si te críticas con frecuencia por no ser productivo lo suficiente, esto puede indicar un deseo de mejorar tu administración del tiempo.

Explorar desafíos personales: Las autocríticas pueden apuntar a desafíos personales que estás enfrentando. En lugar de desanimarte por esas críticas, míralas como pistas sobre áreas en las que puedes necesitar apoyo o desarrollo.

Definir metas de crecimiento: Al reflexionar sobre las autocríticas que surgen, puedes definir metas de crecimiento realistas y tangibles. Por ejemplo, si te críticas por no ser asertivo lo suficiente, puedes establecer la meta de practicar la comunicación asertiva en situaciones específicas.

Construyendo autoconocimiento: La autocrítica puede ofrecerte información sobre tus propias expectativas, creencias y valores. Al analizar estos aspectos, puedes construir un mayor autoconocimiento y entender mejor lo que motiva tus autocríticas.

Abordando creencias limitantes: Muchas autocríticas están basadas en creencias limitantes sobre nosotros mismos. Al confrontar esas creencias y cuestionarlas, puedes comenzar a desmantelar patrones autocríticos y construir una autoimagen más positiva.

Transformando en autorreflexión constructiva: En lugar de criticarte de manera negativa, transforma la autocrítica en autorreflexión constructiva. ¿En lugar de pensar "no soy lo suficientemente bueno", pregúntate a ti mismo "cómo puedo desarrollarme en esa área?". Ese cambio de enfoque puede dirigir tu mente hacia soluciones y oportunidades de crecimiento.

Aceptando los errores como parte del proceso: La autocrítica a menudo surge de errores o fallas percibidas. En lugar de recriminarse, acepte que los errores son naturales y forman parte del proceso de aprendizaje y crecimiento. Utilícelos como oportunidades para aprender y mejorar.

Practicando la autocompasión: Al aprender de la autocrítica, recuerde ser amable consigo mismo. Practique la autocompasión al reconocer que todos cometen errores y enfrentan desafíos. En lugar de culparse, trátese con la misma compasión que ofrecería a un amigo.

Enfocándose en el progreso, no en la perfección: Al usar la autocrítica como un medio de aprendizaje, su enfoque cambia del ideal de perfección al progreso constante. Vea cada desafío y error como una oportunidad para crecer y desarrollarse.

Lidiar con la autocrítica requiere paciencia y autocompasión. A través de la autoconciencia, el cuestionamiento, la autocompasión y el cambio del diálogo interno, puede gradualmente deconstruir los patrones de autocrítica y construir una autoestima más fuerte y saludable.

### Construyendo una autoimagen positiva: Prácticas para fortalecer la confianza en uno mismo

Una autoimagen positiva es fundamental para una autoestima saludable. Construir una visión positiva de uno mismo implica reconocer sus cualidades, habilidades y valor intrínseco. Algunas prácticas para fortalecer la confianza en uno mismo y construir una autoimagen positiva:

### Identificar sus cualidades

Reconocer y valorar sus propias cualidades, habilidades y logros es un paso fundamental para construir una autoimagen positiva y una autoestima saludable. A menudo, estamos tan centrados en nuestras imperfecciones que olvidamos apreciar lo bueno que tenemos en nosotros. Estas son algunas maneras de identificar sus cualidades:

Autoevaluación sincera: Tómese un tiempo para hacer una autoevaluación sincera. Pregúntese cuáles son sus principales cualidades, lo que hace bien y lo que los demás le elogian con frecuencia. Considere sus logros, habilidades naturales y características personales.

Reflexionar sobre sus logros: Reflexione sobre sus logros pasados, grandes y pequeños. Esto puede incluir objetivos académicos, profesionales, personales y relacionados con la salud. Reconozca los pasos que dio para alcanzarlos y cómo estos logros demuestran sus cualidades.

Pedir comentarios: Hable con amigos, familiares y colegas de confianza sobre cómo lo ven. Pregúnteles cuáles son sus cualidades más notables y cómo perciben sus habilidades. Esto puede proporcionarle información valiosa y una perspectiva externa.

Enumere sus cualidades: Haga una lista física o digital de sus cualidades, habilidades y logros. Sea específico y exhaustivo. Incluya tanto características personales, como empatía y determinación, como habilidades prácticas, como creatividad, comunicación o resolución de problemas.

Dales valor a las pequeñas cosas: No subestime las pequeñas cualidades que posee. Puede ser su capacidad de escuchar atentamente, su disposición para ayudar a los demás o incluso su habilidad para encontrar humor en las situaciones cotidianas.

Acepte los elogios: Cuando alguien lo elogie, acéptelo con gratitud en lugar de minimizarlo. Al recibir elogios de manera genuina, fortalece su autoestima y la confianza en sus cualidades.

Evite la autocrítica excesiva: La autocrítica excesiva puede oscurecer sus cualidades. Sea consciente de los pensamientos negativos y autocríticos que pueden surgir y haga un esfuerzo consciente para desafiarlos.

Entanda que cada persona es única y tiene una combinación única de cualidades. No existe una lista definitiva de cualidades que "debería" tener. Valórese por lo que es y reconozca que sus cualidades individuales contribuyen a su singularidad y valor como persona. Al identificar sus cualidades y aceptarse a sí mismo, estará dando pasos importantes hacia una autoimagen positiva y una mayor autoestima.

### Celebra tus logros

Celebrar tus logros, sin importar su tamaño, es una forma poderosa de fortalecer tu autoestima y confianza en ti mismo. A menudo, tendemos a minimizar nuestros logros o a compararlos con los de los demás, lo que puede disminuir nuestra percepción de nuestro propio valor. Sin embargo, cada victoria, por pequeña que sea, es un paso hacia tu crecimiento y progreso personal. Maneras de celebrar tus logros:

Reconocimiento interno: Comienza reconociendo internamente tus logros. Tómate un momento para apreciar el esfuerzo, el tiempo y la dedicación que invertiste para alcanzar tus objetivos, sin importar cuán pequeños o grandes sean.

Anota tus logros: Mantén un registro de tus logros en un diario o en un lugar donde puedas verlos fácilmente. Esto sirve como un recordatorio visual constante del progreso que has hecho a lo largo del tiempo.

Celebración simbólica: Celebra tus logros de manera simbólica. Puede ser encender una vela, escribir una carta de celebración para ti mismo o dar un paseo tranquilo para reflexionar sobre tus logros.

Comparte con los demás: Compartir tus logros con amigos, familiares o colegas de confianza puede ser una fuente de apoyo y motivación. Pueden alegrarse por ti y recordarte lo increíble que es lo que has logrado.

Ofrécete recompensas a ti mismo: Recompénsate de manera significativa después de alcanzar un objetivo. Puede ser algo simple, como ver una película que te gusta, comprar algo que deseas o reservar un tiempo para relajarte y cuidar de ti mismo.

Refleja sobre el progreso: Al mirar hacia atrás, reflexiona sobre el progreso que has hecho. Compara dónde estabas antes con dónde estás ahora y observa cómo tus acciones y esfuerzos contribuyeron a ese cambio positivo.

Cultiva una actitud de gratitud: Al celebrar tus logros, cultiva una actitud de gratitud. Reconoce las personas, los recursos y las circunstancias que te apoyaron a lo largo del camino.

Abraza los desafíos: Entiende que enfrentar desafíos y superar obstáculos también es una conquista digna de celebración. Cada vez que superas un desafío, estás creciendo y fortaleciendo tu resiliencia.

Celebra tus logros como un acto de amor propio y reconocimiento por tu propio valor. Cada paso en dirección a tus objetivos, por pequeño que sea, es una demostración de tu capacidad y determinación. Al cultivar el hábito de celebrar tus logros, nutres una autoestima saludable y construyes una base sólida para una autoimagen positiva.

### Alejarte de la comparación

La trampa de la comparación es un desafío común que puede afectar negativamente nuestra autoimagen y autoestima. Cuando nos comparamos con los demás, nos estamos colocando en una posición de desventaja, ya que tendemos a enfocarnos solo en los logros de los demás y ignorar nuestros propios éxitos. Estrategias para alejarse de la comparación y valorar tu viaje único:

Practica la conciencia: Sé consciente de los momentos en los que te atrapas comparando-te con los demás. Reconoce estos pensamientos sin juicio y permítete alejarte de ellos.

Recuerda las diferencias: Ten en cuenta que cada persona tiene una historia de vida única, con experiencias, desafíos y circunstancias diferentes. Compararse con los demás es injusto, ya que no toma en cuenta estas diferencias.

Foco interno: En lugar de mirar hacia afuera y comparar tus logros con los de los demás, enfócate en tu propia caminata. Concéntrate en tu crecimiento personal, en tus logros y en el progreso que estás haciendo.

Define tus propias métricas de éxito: En lugar de medir tu éxito en función de los logros de los demás, define tus propias métricas de éxito. Pregúntate a ti mismo qué es importante para ti y cómo puedes alcanzar tus propios objetivos y aspiraciones.

Celebra tus diferencias: Celebra las características, cualidades y logros que son únicas para ti. Reconoce que tu singularidad es lo que hace que tu experiencia sea valiosa y significativa.

Evita las redes sociales en exceso: Las redes sociales pueden intensificar la comparación, ya que a menudo las personas comparten solo los aspectos positivos de sus vidas. Si te sientes afectado por la comparación en las redes sociales, considera limitar el tiempo que pasas en ellas.

Practica la empatía: En lugar de envidiar los logros de los demás, practica la empatía. Reconoce que todos enfrentan desafíos y luchas, incluso si no son visibles externamente.

Cultiva la autenticidad: Concéntrate en ser auténtico y genuino en lugar de conformarte con patrones externos. Valora quién eres y las contribuciones únicas que aportas al mundo.

Construye una comunidad positiva: Rodéate de personas que te apoyen, valoren tu historia e incentiven tu crecimiento. Una comunidad positiva puede ayudarte a mantener una perspectiva saludable sobre tus logros.

Al alejarse de la comparación y valorar tu viaje único, estarás construyendo una base sólida para una autoimagen positiva y saludable. Concéntrate en tu propia historia, que es única y digna de respeto y celebración, independientemente de cómo se compare con la historia de los demás.

### Definir objetivos realistas

Definir objetivos realistas es esencial para construir una autoimagen positiva y fortalecer tu confianza en ti mismo. Objetivos alcanzables te permiten experimentar el progreso de manera tangible, lo que puede aumentar tu motivación y sentido de realización. Aquí hay algunas formas de definir objetivos realistas y trabajar para alcanzarlos:

Clarifica tus prioridades: Antes de definir un objetivo, evalúa tus prioridades y lo que realmente te importa. Tener claridad sobre lo que deseas alcanzar te ayudará a dirigir tu energía de manera efectiva.

Sé específico: Define tus objetivos de manera específica y medible. En lugar de un objetivo vago como "mejorar mi salud", define algo como "hacer ejercicio físico durante al menos 30 minutos, tres veces por semana".

Divídelos en pasos más pequeños: Divide tus objetivos en pasos más pequeños y manejables. Esto hará que el proceso sea más accesible y te ayudará a seguir tu progreso de manera más tangible.

Usa la estrategia SMART: Usa el acrónimo SMART para asegurarte de que tus objetivos sean específicos, medibles, alcanzables, relevantes y con fecha límite. Esto ayuda a evitar objetivos vagos o inalcanzables.

Considera el tiempo y los recursos: Evalúa cuánto tiempo y recursos puedes dedicar a alcanzar tu objetivo. Ten en cuenta tu agenda, compromisos existentes y cualquier restricción de tiempo o recursos.

Establece plazos realistas: Define plazos que sean realistas y alcanzables. Evita establecer plazos demasiado cortos que puedan causar estrés adicional, pero tampoco extiendas demasiado los plazos, ya que esto puede socavar tu motivación.

Sigue tu progreso: Mantén un registro de tu progreso a medida que trabajas hacia tu objetivo. Esto no solo te mantendrá motivado, sino que también te permitirá ver lo mucho que has avanzado.

Aprende de los desafíos: Enfrentar desafíos es parte de cualquier viaje hacia un objetivo. En lugar de desanimarte, ve los desafíos como oportunidades de aprendizaje y crecimiento.

Ajusta según sea necesario: Sé dispuesto a ajustar tus objetivos según sea necesario. A medida que ganes conocimientos e experiencia, puede ser necesario realizar ajustes para garantizar que tus objetivos sigan alineados con tus aspiraciones.

Celebra el progreso: A medida que alcanzas hitos y etapas en el camino hacia tu objetivo, celebra esos éxitos. La conmemoración del progreso contribuye a la construcción de tu confianza en ti mismo y tu autoestima.

Definir objetivos realistas y trabajar para alcanzarlos no solo contribuye a la realización personal, sino que también fortalece tu confianza en ti mismo a lo largo del tiempo. Recuerda que cada paso hacia tus objetivos es una conquista que merece ser celebrada.

### Practicar la autorreflexión positiva

La práctica de la autorreflexión positiva es una herramienta poderosa para fortalecer tu autoimagen y confianza en ti mismo. Tomarte un tiempo regularmente para reflexionar sobre tus logros, cualidades y momentos de confianza y orgullo puede ayudar a reforzar tu percepción positiva de ti mismo. Aquí hay algunas estrategias para incorporar la autorreflexión positiva en tu vida:

Crea un espacio tranquilo: Encuentra un lugar tranquilo y tranquilo donde puedas concentrarte en tus reflexiones sin distracciones. Puede ser un rincón acogedor en tu casa, un lugar al aire libre o cualquier espacio donde te sientas cómodo.

Establece un momento regular: Define un horario regular para la autorreflexión positiva. Puede ser diariamente, semanalmente o según tu preferencia. Crear una rutina ayuda a incorporar esta práctica de manera consistente.

Lista tus logros: Comienza haciendo una lista de tus logros, grandes y pequeños. Esto puede incluir logros académicos, profesionales, personales y cualquier cosa que te haya traído orgullo. Recuerda los desafíos que superaste para alcanzar esas conquistas.

Reconoce tus cualidades: Identifica tus cualidades, talentos y habilidades. Anota las características que valoras en ti mismo, como empatía, creatividad, perseverancia y otras cualidades que te hacen único.

Revive momentos de confianza: Rellena momentos en los que te sentiste confiado y orgulloso de tus acciones. Puede ser una presentación exitosa, una conversación difícil que condujiste o cualquier situación en la que hayas demostrado coraje.

Registra gratitud por ti mismo: Escribe cartas o notas de gratitud para ti mismo. Reconoce el valor intrínseco que posees y expresa tu aprecio por tu viaje personal.

Practica la compasión por ti mismo: Mientras reflexionas sobre tus logros, sé amable y compasivo contigo mismo. Evita caer en autocríticas y, en cambio, cultiva una actitud positiva de autoaceptación.

Mantén un diario de reflexión: Considera mantener un diario dedicado a la autorreflexión positiva. Escribir tus pensamientos, sentimientos e perspectivas puede ayudar a profundizar la práctica y seguir tu crecimiento a lo largo del tiempo.

Visualiza tu futuro positivo: Además de revisitar el pasado, visualiza el futuro con confianza y optimismo. Imagínate alcanzando tus objetivos y viviendo una vida plena y realizada.

Concientízate de que construir una autoimagen positiva es un proceso continuo que requiere paciencia y autenticidad. A medida que practiques estas estrategias, estarás creando una base sólida para la autoestima saludable y la confianza duradera en ti mismo.

## Aceptación del cuerpo: Cultivando el amor propio independientemente de las apariencias

La aceptación del cuerpo es un componente fundamental de la autoestima y la autoimagen positivas. Desafortunadamente, muchas personas luchan con la insatisfacción con su apariencia física. Cultivar el amor propio independientemente de las apariencias es crucial para una salud mental y emocional sólida. Enfoques para promover la aceptación del cuerpo:

### Desafié los estándares irrealistas

En un mundo donde los estándares de belleza a menudo son dictados por los medios de comunicación y las redes sociales, es fundamental desafiar estos estándares irreales y cultivar el amor propio independientemente de las apariencias. Aquí hay algunas estrategias para ayudarlo a enfrentar los estándares de belleza inalcanzables y construir una relación saludable con su propia imagen corporal:

Reconozca la diversidad de cuerpos: Recuerde que la diversidad de cuerpos es natural y hermosa. Cada persona es única y tiene una composición genética que determina su apariencia. Valore y celebre la variedad de formas y tamaños corporales.

Deconstruya los ideales de belleza irreales: Cuestione los ideales de belleza inalcanzables promovidos por los medios de comunicación. Reconozca que muchas imágenes que vemos están retocadas y manipuladas para cumplir con estándares inalcanzables. Separe la realidad de la representación idealizada.

Esté atento a los mensajes positivos: Busque contenido que promueva la positividad corporal y la autoaceptación. Siga a personas y medios de comunicación que celebran la diversidad y desafían los estándares de belleza perjudiciales.

Practica la gratitud por tu cuerpo: Diariamente, reserva un momento para practicar la gratitud por tu cuerpo. Reconoce todas las cosas increíbles que tu cuerpo te permite hacer, desde moverte y explorar hasta sentir emociones y experimentar la vida.

Evita la autocrítica destructiva: Cuando surjan pensamientos autocríticos, desafíelos. Pregúntese si esos pensamientos son realistas y saludables. Cultive la autocompasión y trátese con amabilidad, al igual que lo haría con un amigo.

Viste para sentirte bien: Elija ropa que te haga sentir cómodo y seguro, independientemente de lo que dicten las tendencias de la moda. La moda debe ser una expresión de quién eres, no una forma de encajar en los estándares.

Practica la aceptación gradual: Aceptar completamente tu cuerpo puede ser un proceso gradual. Comienza reconociendo partes de ti mismo que te gustan y trabaja gradualmente hacia una aceptación más amplia.

Cuida tu cuerpo con amor: Aliméntate de manera saludable, practica ejercicios físicos que te gusten y cuida tu cuerpo con amor. Prioriza el bienestar en lugar de buscar la conformidad con los estándares externos.

Busca apoyo: Si estás luchando por cultivar una relación positiva con tu imagen corporal, considera buscar apoyo profesional. La terapia o el asesoramiento pueden ser recursos valiosos para trabajar en cuestiones relacionadas con la imagen corporal.

Desafiar los estándares de belleza irreales es un acto de empoderamiento personal. Al cultivar el amor propio y aceptar tu cuerpo tal como es, te liberas de las expectativas perjudiciales y creas espacio para una autoestima saludable y positiva. Sé que eres más que tu apariencia externa y mereces respeto y amor, independientemente de las normas sociales.

### Cuidar de tu cuerpo

Cuidar de tu cuerpo es esencial para promover no solo una buena salud física, sino también para fortalecer tu autoestima y amor propio. El cuidado del cuerpo debe verse como un acto de amor propio y bienestar, no como una búsqueda obsesiva por la perfección. Son maneras de cuidar de tu cuerpo de manera saludable y compasiva:

Nutrición consciente: Alimentarse de manera saludable es una forma de nutrir tu cuerpo y proporcionarle los nutrientes necesarios para su funcionamiento adecuado. En lugar de adoptar dietas restrictivas o extremas, busca una alimentación equilibrada, rica en verduras, frutas, proteínas magras, carbohidratos complejos y grasas saludables.

Hidratación adecuada: Beber agua es fundamental para mantener tu cuerpo hidratado y funcionando correctamente. La hidratación también puede contribuir a la salud de la piel y de los órganos internos.

Ejercicio que te gusta: Practicar ejercicio físico regularmente trae una serie de beneficios, incluyendo el fortalecimiento muscular, mejora de la salud cardiovascular y liberación de endorfinas, que contribuyen al bienestar emocional. Elige actividades que te gusten y que se adapten a tu estilo de vida.

Respeta tus límites: Mientras te ejercitas, respeta los límites de tu cuerpo. No fuerces o practiques ejercicios intensos que causen dolor o incomodidad excesiva. El ejercicio debe ser una forma de sentirte bien, no una fuente de estrés.

Prioriza el descanso: El descanso adecuado es fundamental para la recuperación del cuerpo y el mantenimiento de la salud mental. Asegúrate de dormir lo suficiente todas las noches para despertarte rejuvenecido y lleno de energía.

Escucha tu cuerpo: Aprende a escuchar las señales de tu cuerpo. Si estás cansado, date permiso para descansar. Si tienes hambre, aliméntate. Sintoniza con las necesidades de tu cuerpo y respóndelas con gentileza.

Evita la autocrítica: Al cuidar de tu cuerpo, evita caer en la trampa de la autocrítica. En lugar de enfocarte en cómo tu cuerpo se compara con estándares externos, concéntrate en cómo te sientes. Prioriza la salud, el bienestar y el amor propio.

Aprecia las conquistas: Así como en la construcción de la autoestima, celebra las conquistas que alcanzas en relación al cuidado del cuerpo. Cada elección saludable que haces es un paso hacia tu bienestar.

Entiende que el cuidado del cuerpo es una práctica continua e individualizada. El objetivo es sentirte bien y saludable, respetando y valorando tu cuerpo como es. Al practicar el cuidado del cuerpo con amor y compasión, fortaleces tu relación contigo mismo y contribuyes a una vida más equilibrada y satisfactoria.

## Habla con gentileza a ti mismo

Cambiar la forma en que te hablas a ti mismo es un paso fundamental para construir una autoimagen positiva y fortalecer tu autoestima. En lugar de involucrarte en la autocrítica constante, es importante cultivar la autocompasión y hablar contigo mismo con gentileza y cariño.

Reconoce tus pensamientos: Sé atento a los pensamientos negativos y autocríticos que surgen. Al percibir estos pensamientos, puedes interrumpirlos y sustituirlos por afirmaciones más gentiles y positivas.

Trátate como a un amigo: Imagina que estás hablando con un amigo querido que está pasando por un momento desafiante. ¿Cómo le hablarías a esa persona? Aplica el mismo nivel de cariño y comprensión al hablar contigo mismo.

Cultiva la autocompasión: En lugar de juzgarte duramente por cometer errores o enfrentar dificultades, practica la autocompasión.

Reconoce que todos tienen momentos de falla y que eso no disminuye tu valor como persona.

Afirmaciones positivas: Crea afirmaciones positivas que reflejen tu autoimagen deseada. Por ejemplo, di a ti mismo: "Soy digno de amor y respeto", "Mis imperfecciones no me definen", "Soy suficiente exactamente como soy".

Desafía pensamientos distorsionados: Cuando pensamientos autocríticos surjan, cuestiona su validez. Pregúntate a ti mismo si esos pensamientos están basados en hechos reales o si son distorsiones negativas.

Practica la autocompasión en momentos de dificultad: Cuando enfrentes desafíos, en lugar de criticarte, ofrécete a ti mismo palabras de aliento y apoyo. Sabe que mereces compasión, así como cualquier otra persona.

Acepta tus imperfecciones: Aceptar tus imperfecciones es una parte esencial de la autocompasión. En lugar de esforzarte por ser perfecto, acéptate como una persona en constante evolución.

Respeta tu cuerpo: Trata tu cuerpo con respeto y apreciación. En lugar de enfocarte en las apariencias, concéntrate en cómo tu cuerpo te permite vivir, moverte y experimentar la vida.

Celebra tus esfuerzos: Celebra los esfuerzos que haces para tratarte con gentileza y amor propio. Cada paso hacia una autocompasión más fuerte es una victoria significativa.

Al hablarte con gentileza a ti mismo y cultivar la autocompasión, estás construyendo una relación más saludable y positiva contigo mismo. Esto contribuye no solo a una autoimagen positiva, sino también a una mayor resiliencia emocional y bienestar general. Recuerda que mereces todo el amor, cariño y respeto que ofrecerías a cualquier otra persona en tu vida.

## Celebra la función y la salud

Una parte crucial de la construcción de una autoimagen positiva y del cultivo del amor propio es aprender a valorar tu cuerpo por su función y salud, en lugar de solo enfocarte en la apariencia. Aquí hay algunas maneras de cambiar tu enfoque y celebrar tu cuerpo de manera más saludable:

Reconoce los logros de tu cuerpo: En lugar de enfocarte solo en la estética, reconoce las increíbles hazañas que tu cuerpo realiza todos los días. Te permite moverte, respirar, sentir y experimentar el mundo que te rodea.

Practica la gratitud por tu cuerpo: Reserva un tiempo para reflexionar sobre las cosas que tu cuerpo hace por ti. Agradece tu capacidad de ver, escuchar, tocar, saborear y oler. Estas son experiencias valiosas que tu cuerpo proporciona.

Celebra las habilidades de tu cuerpo: Valora las habilidades de tu cuerpo, ya sea bailar, correr, cocinar o cualquier otra actividad que te guste. Concéntrate en cómo estas habilidades enriquecen tu vida y te brindan alegría.

Aprecia la salud interna: Entiende que la salud va más allá de la apariencia externa. Valora el buen funcionamiento de tus órganos, sistemas y la energía que tu cuerpo tiene para enfrentar el día a día.

Practica el cuidado de la salud: Cuidar de tu cuerpo con prácticas saludables, como una alimentación equilibrada, ejercicio regular y sueño adecuado, es una forma de demostrar amor propio y gratitud por tu salud.

Desarrolla hábitos positivos: Concéntrate en desarrollar hábitos que promuevan el bienestar de tu cuerpo, en lugar de seguir tendencias que se concentran solo en la estética.

Evita la comparación: Evita comparar tu cuerpo con los estándares de belleza inalcanzables presentados por los medios. Sé consciente de que la diversidad de cuerpos es natural y hermosa, y no existe un solo estándar de belleza.

Practica la aceptación: Aceptar tu cuerpo tal como es, con todas sus características únicas, es un paso importante hacia el amor propio. Abraza tus características individuales y celebra tu singularidad.

Al adoptar una mentalidad de celebración de la función y la salud de tu cuerpo, desarrollas una relación más positiva y saludable con él. Esto no solo contribuye a una autoimagen positiva, sino también a un bienestar emocional y mental más equilibrado. Sepa que su cuerpo es una parte valiosa de quien es y merece ser valorado por todo lo que puede lograr.

### Practica la gratitud por el cuerpo

La práctica de la gratitud por el cuerpo es una forma poderosa de cultivar una actitud positiva hacia ti mismo y hacia tu propio cuerpo. Al reconocer y apreciar las muchas formas en que tu cuerpo te apoya y te permite vivir tu vida, construyes una base sólida para una autoimagen positiva y un amor propio saludable. Aquí hay algunas maneras de incorporar la gratitud por el cuerpo en tu vida diaria:

Práctica diaria de gratitud: Reserva un momento todos los días para expresar gratitud por tu cuerpo. Puede ser al despertarte por la mañana, antes de acostarte por la noche o en cualquier momento que elijas. Tómate un tiempo para reflexionar sobre lo que tu cuerpo ha logrado durante el día.

Reconoce tus logros diarios: Agradece a tu cuerpo por sus logros diarios, grandes o pequeños. Esto puede incluir desde la capacidad de levantarte de la cama hasta realizar tareas cotidianas.

Aprecia tu movilidad: Reconoce la capacidad de moverte, caminar, bailar y explorar el mundo que te rodea. A menudo, damos la movilidad por sentada, pero la gratitud por esta habilidad puede traer una perspectiva renovada.

Valora tu salud: Recuerda que la salud es un activo valioso. Agradece la salud de tu corazón, pulmones, sistema digestivo y otros sistemas que funcionan para mantenerte vivo y bien.

Siente el toque de alegría: Reconoce cómo tu cuerpo experimenta el tacto, ya sea al abrazar a alguien querido, sentir la textura de un objeto o disfrutar de una comida deliciosa.

Agradece por tu energía: La energía que tu cuerpo te proporciona para realizar tus actividades diarias es un regalo valioso. Agradece cada momento en que te sientes energizado y listo para enfrentar el día.

Cultiva una mentalidad positiva: A medida que practicas la gratitud por tu cuerpo, comienzas a cultivar una mentalidad positiva en relación a ti mismo. Esto puede influir positivamente en tu autoestima y autoimagen.

Sé gentil contigo mismo: Entiende que la gratitud no debe ser una presión adicional. Si no te sientes agradecido todos los días, está bien. Se trata de incorporar esta práctica de una manera gentil y sin juicio.

Cultivar una autoestima positiva y una autoimagen saludable es un proceso continuo. Esto requiere autocompasión, prácticas conscientes y un compromiso con la aceptación de quien eres, independientemente de las circunstancias externas.

# 9

# RESILIENCIA Y ADVERSIDAD

*Como los árboles que se doblan, pero no se rompen,*
*somos capaces de superar grandes tormentas.*

La vida está llena de altos y bajos, desafíos y triunfos. La resiliencia es la capacidad de enfrentar adversidades, superar obstáculos y emerger más fuerte que antes. En este capítulo, exploraremos el concepto de resiliencia, cómo transformar adversidades en crecimiento personal y cómo construir resiliencia emocional para lidiar con los contratiempos de la vida.

## Entendiendo la resiliencia: Superando desafíos y saliendo más fuerte

La resiliencia no se trata solo de superar obstáculos; es la habilidad de adaptarse y crecer a partir de experiencias difíciles. Cuando nos enfrentamos a adversidades, la resiliencia nos capacita a no solo sobrevivir, sino también a prosperar. Son formas de entender y cultivar la resiliencia:

### Aceptación del cambio

La vida es un flujo constante de cambios y transformaciones. La capacidad de aceptar y adaptarse a estos cambios es fundamental para desarrollar resiliencia. La aceptación del cambio no significa que tengas que gustarte todos los cambios o considerarlos siempre positivos, sino reconocer que son una parte inevitable de la experiencia humana. La importancia de la aceptación del cambio y cómo desarrollarla:

Reconociendo la naturaleza transitoria: Nada en la vida permanece estático. Las circunstancias, las personas e incluso tú mismo, están en constante evolución. Aceptar que todo está en flujo puede ayudarte a prepararte emocionalmente para los cambios.

Liberando el control excesivo: A menudo, luchamos contra el cambio porque nos saca de nuestra zona de confort y nos hace sentir que hemos perdido el control. Sin embargo, la verdadera fuerza proviene de la capacidad de adaptarnos y encontrar nuevas formas de enfrentar las situaciones.

Enfrentando lo desconocido: Los cambios a menudo traen lo desconocido, y eso puede ser aterrador. Al aceptar el cambio, estás abriendo la puerta a nuevas experiencias y oportunidades de crecimiento.

Aprendiendo de la adversidad: A menudo, el cambio viene acompañado de desafíos y adversidades. Al aceptar estos desafíos como parte del viaje, puedes encontrar formas de aprender de ellos y hacerte más resiliente.

Flexibilidad mental: La aceptación del cambio requiere flexibilidad mental. Significa estar dispuesto a reevaluar tus creencias, planes y perspectivas a medida que las circunstancias evolucionan.

Practicando el desapego: El apego rígido a las cosas como eran en el pasado puede causar sufrimiento cuando el cambio ocurre. Practicar el desapego y la adaptabilidad ayuda a reducir la resistencia al cambio.

Viviendo en el momento presente: La aceptación del cambio a menudo está ligada a la capacidad de vivir en el momento presente. Al concentrarte en el aquí y ahora, puedes lidiar mejor con los cambios a medida que surgen.

La aceptación del cambio no es una tarea fácil, especialmente cuando enfrentamos cambios significativos e inesperados. Sin embargo, desarrollar esta habilidad a lo largo del tiempo puede fortalecer tu resiliencia y capacidad de enfrentar los desafíos de la vida de forma más equilibrada. Recuerda que, así como las estaciones cambian y el ciclo de la vida continúa, tú también tienes la capacidad de adaptarte y crecer, independientemente de los cambios que surjan en tu camino.

### Fortalecer la mentalidad

Una de las claves para la resiliencia es adoptar una mentalidad de crecimiento, en la que ves los desafíos no como obstáculos insuperables, sino como oportunidades de aprendizaje y desarrollo personal. La mentalidad de crecimiento se basa en la creencia de que tus habilidades y capacidades pueden desarrollarse a lo largo del tiempo con esfuerzo, práctica y dedicación. Formas de fortalecer esta mentalidad:

Resignifica los desafíos: En lugar de ver los desafíos como problemas imposibles, véalos como oportunidades para desarrollar nuevas habilidades y superar limitaciones.

Esté abierto al aprendizaje: Enfrente cada desafío como una lección valiosa. Pregúntese qué puede aprender de la situación y cómo puede aplicar ese aprendizaje en el futuro.

Sea persistente: La mentalidad de crecimiento implica persistencia y resiliencia. En lugar de rendirte ante las dificultades, míralas como una oportunidad de seguir intentándolo y mejorando.

Adopte una actitud positiva: Mantenga una actitud positiva en relación con los desafíos, incluso cuando las cosas parezcan difíciles. Cree que eres capaz de superar las adversidades.

Celebre el esfuerzo: En lugar de centrarse solo en los resultados finales, celebre el esfuerzo y la dedicación que pone en enfrentar los desafíos. El progreso es una conquista por sí solo.

Explore nuevas aproximaciones: Esté dispuesto a probar diferentes aproximaciones para resolver problemas y superar obstáculos. Aprenda de los intentos y errores, ajustando sus estrategias según sea necesario.

Cultive la autocompasión: Sea consciente de que está bien no ser perfecto. La mentalidad de crecimiento implica aceptar sus fallas y errores como parte del proceso de aprendizaje.

Visualice el éxito: Imagínese superando los desafíos y alcanzando sus objetivos. Visualizar el éxito puede fortalecer su determinación y motivación.

Busque inspiración: Lea sobre personas que enfrentaron adversidades y superaron obstáculos. Sus historias pueden ofrecerle perspectivas e inspiración para su propia caminata.

Enfóquese en el progreso: En lugar de compararse con los demás, concéntrese en su propio progreso. Cada pequeña etapa en el camino hacia su objetivo es una victoria.

Desarrollar una mentalidad de crecimiento requiere práctica y perseverancia, pero los beneficios son significativos. Al adoptar esta aproximación, no solo se vuelve más resiliente ante los desafíos, sino que también experimenta un crecimiento personal continuo. Sepa que el viaje es tan valioso como el destino y que cada desafío enfrentado es una oportunidad de fortalecerse y evolucionar.

## Búsqueda de soluciones

Una de las principales características de la resiliencia es la capacidad de centrarse en la búsqueda de soluciones, en lugar de quedarse atrapado en los problemas. Cuando enfrenta adversidades con una mentalidad orientada a la resolución, está más propenso a superar obstáculos de manera eficaz y constructiva. Estrategias para desarrollar la habilidad de buscar soluciones durante momentos difíciles:

Mantenga la calma: Enfrentar desafíos puede ser estresante, pero mantener la calma es fundamental para encontrar soluciones. Respire hondo y dé a sí mismo un momento para calmarse antes de comenzar a lidiar con el problema.

Analice la situación: Antes de tomar medidas, entienda completamente la situación. Identifique los principales desafíos, obstáculos y factores que están contribuyendo al problema.

Divida en pasos más pequeños: Divida el problema en etapas más pequeñas y más manejables. Esto hace que la situación sea menos abrumadora y le permite centrarse en soluciones específicas para cada etapa.

Explore diferentes aproximaciones: Esté abierto a considerar diferentes maneras de lidiar con el desafío. No siempre existe una única solución correcta, y explorar varias opciones puede conducir a resultados mejores.

Pida ayuda: No dude en pedir ayuda y orientación a personas en las que confíe. A veces, una perspectiva externa puede traer nuevas ideas e perspectivas.

Utilice recursos disponibles: Identifique qué recursos tiene a su disposición para enfrentar el desafío. Esto puede incluir conocimiento, habilidades, tiempo, personas y herramientas.

Sea flexible: Esté dispuesto a ajustar sus aproximaciones a medida que obtiene más información. La flexibilidad es crucial para adaptarse a los cambios de circunstancias.

Aprenda de experiencias anteriores: Reflexione sobre situaciones similares que haya enfrentado en el pasado. ¿Qué funcionó? ¿Qué no funcionó? Use esas experiencias para orientar sus decisiones.

Mantenga el foco en las soluciones: Mientras trabaja para superar el problema, concéntrese en las acciones que lo llevarán en la dirección de la resolución. Evite quedar atrapado en los aspectos negativos de la situación.

Celebre las victorias: A medida que encuentre soluciones y supere los obstáculos, celebre cada victoria, por pequeña que sea. Esto reforzará su confianza para lidiar con futuros desafíos.

Recordar que la búsqueda de soluciones es una parte esencial de la resiliencia puede ayudarte a enfrentar las adversidades con un enfoque más positivo y eficaz. En lugar de sentirte derrotado por los problemas, te conviertes en un solucionador activo, capaz de superar obstáculos y alcanzar un resultado positivo. La resiliencia se construye con el tiempo, a medida que prácticas y perfeccionas estas habilidades de resolución de problemas.

### Redes de apoyo

En medio de las adversidades, una de las herramientas más valiosas que puedes tener es una red de apoyo sólida. Amigos, familia, mentores y colegas de confianza forman una red de apoyo emocional y práctico que desempeña un papel fundamental en tu capacidad de superar desafíos con resiliencia. Consideraciones importantes sobre cómo construir y aprovechar redes de apoyo:

Comunica tus necesidades: Es esencial comunicar a las personas cercanas a ti cuando estás enfrentando dificultades. Compartir tus sentimientos y desafíos puede abrir las puertas al apoyo emocional y práctico.

Identifica a las personas adecuadas: Busca personas en tu vida que hayan demostrado empatía, comprensión y apoyo en el pasado. Estas son las personas que probablemente estarán dispuestas a ayudar durante momentos difíciles.

Variedad en la red: Tener una variedad de personas en tu red de apoyo puede ser útil. Amigos, familiares, colegas de trabajo y mentores pueden ofrecer diferentes perspectivas y tipos de apoyo.

Reciprocidad: Recuerda que las redes de apoyo funcionan en ambas direcciones. Sé dispuesto a apoyar a los demás también cuando enfrenten desafíos.

Escuchar atentamente: Cuando recibes apoyo, valora la oportunidad de compartir tus sentimientos y preocupaciones. De la misma manera, sé listo para escuchar atentamente cuando alguien de tu red necesite apoyo.

Definir límites: Aunque es importante buscar apoyo, también es crucial definir límites saludables. Esto garantiza que no te sobrecargues o pongas presión indebida en tus relaciones.

Agradecer y reconocer: Muestra gratitud a las personas que están a tu lado durante las adversidades. Expresar tu apreciación refuerza los lazos y crea un ambiente de apoyo continuo.

Pedir ayuda con honestidad: Si estás enfrentando desafíos que están más allá de tu capacidad de manejar solo, no dudes en pedir ayuda. Esto no es un signo de debilidad, sino de coraje y autoconciencia.

Participar de comunidades de apoyo: Además de las conexiones personales, puedes buscar grupos o comunidades que compartan intereses o experiencias similares. Estos grupos pueden ofrecer un espacio seguro para compartir y obtener apoyo.

Valorar la diversidad de apoyo: Cada persona en tu red de apoyo puede ofrecer algo único. Algunas personas pueden brindar consejos prácticos, mientras que otras pueden brindar confort emocional. Valora la diversidad de contribuciones.

Ten en cuenta que las redes de apoyo son una vía de doble sentido. Mientras recibes apoyo durante momentos difíciles, también es importante estar dispuesto a apoyar a los demás cuando lo necesiten. Las conexiones que cultivas a lo largo del tiempo pueden convertirse en una fuente valiosa de resiliencia, permitiéndote enfrentar los desafíos con mayor confianza y determinación.

## Autocuidado

En tiempos de adversidad, el autocuidado se convierte en una herramienta esencial para fortalecer tu resiliencia emocional y física. Priorizar el autocuidado es un acto de amor propio que te capacita para enfrentar desafíos con más claridad mental, equilibrio emocional y fuerza física. Elementos clave del autocuidado que pueden contribuir significativamente a tu resiliencia:

Gestión del estrés: El estrés es una reacción natural a las adversidades, pero el manejo adecuado es crucial. Prácticas como la meditación, la respiración profunda, el yoga y el mindfulness pueden ayudar a reducir el estrés y la ansiedad.

Sueño adecuado: El sueño desempeña un papel fundamental en la resiliencia. Asegúrate de dormir lo suficiente para permitir que tu cuerpo y mente se recuperen adecuadamente.

Alimentación nutritiva: Una dieta balanceada y nutritiva puede proporcionar a tu cuerpo los nutrientes necesarios para enfrentar desafíos. Asegúrate de incluir una variedad de alimentos saludables en tus comidas.

Actividad física: El ejercicio regular no solo contribuye a tu salud física, sino que también tiene un impacto positivo en tu bienestar emocional. Encuentra formas de moverte que sean agradables para ti.

Actividades relajantes: Dedícate tiempo a actividades que te relajen y revitalicen. Esto puede incluir leer, escuchar música, practicar un hobby o pasar tiempo en la naturaleza.

Tiempo para ti mismo: Reserva momentos para cuidar de ti mismo, sin distracciones. Esto puede implicar simplemente descansar, practicar la meditación o hacer algo que genuinamente te guste.

Límites saludables: Establece límites claros para proteger tu energía emocional y física. Sepa cuándo decir "no" y cuándo buscar ayuda.

Búsqueda de ayuda profesional: Si estás enfrentando dificultades emocionales significativas, buscar ayuda de un profesional de salud mental es una parte importante del autocuidado.

Conexiones sociales: Mantén conexiones significativas con amigos, familiares y otras personas que te proporcionen apoyo emocional. El apoyo social es un componente clave de la resiliencia.

Prácticas de relajación: Explora prácticas de relajación, como la meditación, el mindfulness y la relajación progresiva, para calmar la mente y aliviar la tensión.

Tiempo libre: Reserva tiempo para hacer cosas que disfrutes, sin presión ni obligaciones. El ocio es una forma vital de recargar energías.

Gestión del tiempo: Organizar tu tiempo de manera eficaz puede ayudar a reducir el estrés y crear espacio para el autocuidado.

Aprender a decir "sí" para sí mismo: Practica poner tus propias necesidades en primer lugar de vez en cuando, sin sentirte culpable.

El autocuidado no es solo un lujo, sino una parte esencial de la construcción de la resiliencia. Cuando estás bien cuidado, eres más capaz de enfrentar los desafíos de manera eficaz y mantener una perspectiva positiva, incluso en tiempos difíciles. Entiende que, al cuidar de ti mismo, estás invirtiendo en tu propia capacidad de enfrentar la adversidad con coraje y fuerza.

## Transformando adversidades en crecimiento: Aprendizaje de momentos difíciles

Las adversidades no tienen por qué ser solo obstáculos a superar; también pueden ser oportunidades para el crecimiento personal y el desarrollo. Al abordar las adversidades con una mentalidad de aprendizaje, puedes transformar momentos difíciles en valiosas lecciones de vida:

### Reflexión y autoevaluación

La capacidad de transformar adversidades en crecimiento es una marca de resiliencia. Al enfrentar desafíos y momentos difíciles, la reflexión y la autoevaluación desempeñan un papel fundamental en el proceso de aprender y crecer a partir de las experiencias. Maneras de incorporar la reflexión y la autoevaluación para promover el crecimiento personal:

Reservar un tiempo para la reflexión: Después de pasar por una adversidad, tómate un tiempo para alejarte del calor del momento y reflexionar sobre lo que sucedió. Esto te permite ganar perspectiva y comprender mejor la situación.

Identificar las lecciones aprendidas: Pregúntate qué aprendiste de la experiencia. ¿Cuáles fueron las lecciones valiosas que puedes llevarte para la vida? Identificar estas lecciones ayuda a transformar la adversidad en un aprendizaje positivo.

Evaluar tus reacciones: Evalúa cómo reaccionaste a la adversidad. Esto incluye tus emociones, pensamientos y comportamientos. Identificar patrones de reacción puede ayudarte a entender mejor cómo lidiar con desafíos en el futuro.

Reconocer tu crecimiento: Considera cómo la adversidad te ayudó a crecer y a desarrollarte como persona. Reconoce las maneras en que te has vuelto más fuerte, más resiliente y más capaz de enfrentar desafíos.

Identificar recursos y apoyo: Reflexiona sobre los recursos y el apoyo que buscaste o encontraste durante la adversidad. Esto puede incluir amigos, familiares, profesionales de salud mental u otras fuentes de apoyo. Reconoce la importancia de estos recursos.

Visualizar estrategias alternativas: Pregúntate cómo podrías haber manejado la situación de manera diferente. Esto no es para culparte, sino para identificar estrategias alternativas que puedan ser útiles en el futuro.

Practicar la autocompasión: Sé amable contigo mismo al reflexionar sobre la adversidad. Evita criticarte por cómo manejaste la situación. En cambio, adopta una actitud de autocompasión y comprende que todos enfrentan desafíos.

Definir intenciones futuras: Basado en las lecciones aprendidas, define intenciones para el futuro. Pregúntate cómo te gustaría manejar desafíos similares a partir de ahora. Esto puede ayudar a orientar tus acciones y decisiones.

Integrar el crecimiento: Lleva el aprendizaje y el crecimiento adquiridos contigo. Integra estas lecciones en tu vida diaria y aplícalas siempre que enfrentes dificultades.

La reflexión y la autoevaluación no solo ayudan a extraer valor de las adversidades, sino que también contribuyen al desarrollo personal continuo. Al enfrentar los desafíos con una perspectiva de aprendizaje, te estás capacitando para convertirte en más resiliente y para encontrar significado y crecimiento en todas las experiencias de la vida.

### Identificar puntos fuertes

Las adversidades a menudo nos ponen a prueba, pero también nos brindan la oportunidad de descubrir y reconocer nuestras propias fortalezas y capacidades. Identificar estas fortalezas no solo aumenta nuestra autoestima, sino que también nos ayuda a enfrentar futuros desafíos con más confianza. Maneras de identificar y reconocer sus puntos fuertes durante adversidades:

Autoconciencia: Esté atento a sus propios pensamientos, emociones y acciones durante momentos difíciles. Observe cómo maneja el estrés, qué estrategias de afrontamiento utiliza y cómo se mantiene resiliente.

Reflexión posterior al desafío: Después de superar una adversidad, tome un tiempo para reflexionar sobre las acciones que tomó para enfrentarla. Considere las decisiones que tomó, las estrategias que funcionaron y cómo manejó emocionalmente la situación.

Resiliencia demostrada: Pregúntese qué aspectos de su resiliencia fueron notables durante momentos difíciles. Esto puede incluir su capacidad de adaptarse, persistir y recuperarse después de un revés.

Habilidades adquiridas: Identifique las habilidades que adquirió o aprendió durante las adversidades. Esto puede variar desde habilidades prácticas hasta habilidades emocionales, como la capacidad de manejar el estrés y la incertidumbre.

Apoyo ofrecido y recibido: Reconozca las maneras en que apoyó a sí mismo y a los demás durante los desafíos. Esto incluye tanto el apoyo práctico como el apoyo emocional que ofreció o recibió.

Coraje y persistencia: Recuerde las veces en que tuvo el coraje de enfrentar situaciones difíciles y la persistencia para continuar a pesar de las dificultades. Estas son demostraciones de su fuerza interior.

Flexibilidad y adaptación: Identifique los momentos en que fue capaz de adaptarse a circunstancias en constante cambio. La capacidad de adaptarse es una señal de resiliencia.

Empatía y compasión: Reconozca su capacidad de mostrar empatía y compasión por sí mismo y por los demás durante momentos desafiantes. Esta cualidad demuestra su conexión emocional y su capacidad de apoyar a los demás.

Aceptación y aprendizaje: Valore su capacidad de aceptar las adversidades como parte de la vida y aprender de esas experiencias. El aprendizaje continuo es una señal de crecimiento personal.

Al identificar sus puntos fuertes en medio de las adversidades, construye una imagen más sólida y positiva de sí mismo. Esto también lo capacita para enfrentar futuros desafíos con confianza, sabiendo que tiene los recursos internos para superar obstáculos y crecer a partir de las experiencias difíciles.

Aprendizaje con errores

Cometer errores es una parte inevitable de la vida, y muchas veces, nuestra reacción a esos errores puede influir significativamente en nuestro desarrollo personal y nuestra resiliencia. En lugar de culparse y sentirse derrotado por los errores cometidos, es fundamental adoptar una perspectiva de aprendizaje. Los errores no necesitan ser fuentes de vergüenza; pueden convertirse en oportunidades valiosas para el crecimiento y el perfeccionamiento personal. Son maneras de aprender de sus errores y usarlos como trampolines para el desarrollo:

Acepte la imperfección: Reconozca que todos cometen errores y que la imperfección es una parte natural de la experiencia humana. No sea demasiado duro consigo mismo; en cambio, enfrente sus errores como momentos de aprendizaje.

Reflexione sobre las lecciones: Después de cometer un error, reserve un tiempo para reflexionar sobre lo que sucedió. Pregúntese qué puede aprender de esta situación, cuáles fueron las consecuencias del error y cómo podría actuar de forma diferente en el futuro.

Identifique las lagunas en el conocimiento: A menudo, los errores ocurren debido a lagunas en nuestro conocimiento o habilidades. Identifique cualquier área en la que pueda necesitar más información o capacitación para evitar cometer el mismo error nuevamente.

Ajuste las estrategias futuras: Use sus errores como base para ajustar sus estrategias y enfoques futuros. Considere lo que podría hacer de manera diferente para evitar situaciones similares en el futuro.

Cultive la autocompasión: En lugar de castigarse por un error, practique la autocompasión. Sea consciente de que todos cometen errores, y usted merece gentileza y comprensión, así como cualquier otra persona.

Transforme lo negativo en positivo: Mire más allá del error y considere cómo puede transformar una situación negativa en algo positivo. Esto puede implicar la búsqueda de soluciones creativas o la transformación de un error en una oportunidad para demostrar su resiliencia.

Crecimiento personal: Comprenda que el crecimiento a menudo ocurre a través de la experiencia. Cometer errores y enfrentar las consecuencias de esos errores puede llevar a un mayor autoconocimiento y autodesarrollo.

Enfrente el miedo a errar: A veces, el miedo a cometer errores puede impedirnos asumir riesgos y buscar nuestros objetivos. Aprenda a abrazar el riesgo calculado y a enfrentar el miedo a errar, sabiendo que puede aprender valiosas lecciones en el camino.

Redefinir el significado del error: Redefine el significado del error en tu mente. En lugar de ser un fracaso, considéralo como un paso hacia el éxito, ya que cada error conlleva la oportunidad de aprender y crecer.

Recordar que los errores son oportunidades de aprendizaje puede ayudar a minimizar la autocrítica y la vergüenza que a menudo acompañan a los errores. Al adoptar una mentalidad de aprendizaje y crecimiento, puedes transformar los errores en catalizadores positivos para el desarrollo personal y la resiliencia.

## Cambio de perspectiva

La forma en que afrontamos las adversidades puede tener un impacto profundo en nuestra capacidad de lidiar con ellas y crecer a partir de ellas. En lugar de ver los momentos difíciles como obstáculos insuperables, es posible adoptar un cambio de perspectiva y mirar las adversidades como parte integral de la jornada humana. Este cambio de mentalidad puede abrir puertas a la sabiduría, el autoconocimiento y el crecimiento personal. Maneras de cambiar tu perspectiva en relación con las adversidades:

Aceptación de la naturaleza humana: Reconoce que enfrentar desafíos es una parte natural de la experiencia humana. Nadie está inmune a las dificultades y todos nosotros enfrentamos momentos difíciles en algún momento de nuestras vidas.

Oportunidad de autoconocimiento: Ve las adversidades como oportunidades para conocerte mejor. Cuando enfrentamos desafíos, somos a menudo llevados a examinar nuestras emociones, creencias y valores. Esto nos permite crecer y desarrollarnos como individuos.

Fortalecimiento de la resiliencia: Las adversidades ponen a prueba nuestra resiliencia y capacidad de adaptación. Al enfrentar estos desafíos de frente, podemos fortalecer nuestra resiliencia emocional y mental, haciéndonos más aptos para lidiar con futuras situaciones difíciles.

Aprendizaje continuo: Cada adversidad trae consigo una lección valiosa. Al encarar los desafíos como oportunidades de aprendizaje, puedes adquirir nuevas habilidades, conocimientos e perspectivas que pueden ser aplicados en otras áreas de tu vida.

Cambio de prioridades: En medio de las adversidades, a menudo re-evaluamos nuestras prioridades y valores. Esta reflexión puede ayudarnos a dirigir nuestras energías hacia lo que realmente importa y a abandonar lo que no contribuye a nuestro bienestar.

Crecimiento personal: Enfrentar adversidades exige que salgamos de nuestra zona de confort. Este proceso de superar obstáculos puede llevar al crecimiento personal y a la expansión de los límites de lo que creíamos posible.

Empatía y comprensión: Pasar por dificultades puede aumentar nuestra empatía y comprensión por los desafíos enfrentados por otras personas. Esto puede fortalecer nuestras conexiones con los demás y hacernos más compasivos.

Foco en las soluciones: Al cambiar la perspectiva, te concentras menos en los problemas en sí y más en las soluciones. Esto puede permitirte abordar los desafíos de manera más pragmática y proactiva.

Transformación de energía negativa: En lugar de dejarte consumir por la negatividad de las adversidades, transforma esa energía en motivación para superar los obstáculos y alcanzar tus objetivos.

Transformar adversidades en crecimiento requiere una mentalidad de apertura al aprendizaje y una disposición para explorar lo que cada desafío puede enseñar. Cada vez que enfrentas una adversidad de manera constructiva, estás pavimentando el camino para un yo más fuerte, sabio y resiliente.

## Construyendo resiliencia emocional: Estrategias para lidiar mejor con contratiempos

La resiliencia emocional es la capacidad de lidiar con los altibajos emocionales de la vida de manera saludable y constructiva. Desarrollar esta resiliencia emocional puede ayudarte a enfrentar los contratiempos con más confianza y equilibrio emocional:

### Desarrollo de la inteligencia emocional

El desarrollo de la inteligencia emocional es fundamental para lidiar de manera eficaz con la adversidad y construir resiliencia. La inteligencia emocional involucra la habilidad de reconocer, comprender y manejar tus propias emociones, así como las emociones de los demás. Al cultivar esta capacidad, puedes enfrentar los desafíos de forma más equilibrada y tomar decisiones conscientes en momentos de adversidad. Aspectos importantes del desarrollo de la inteligencia emocional:

Reconocimiento de las emociones: La primera etapa para desarrollar la inteligencia emocional es aprender a reconocer tus emociones. Esto involucra estar atento a tus sentimientos y ser capaz de identificar los diferentes matices emocionales que estás experimentando.

Compresión de las emociones: Comprender las emociones requiere explorar las causas subyacentes de tus sentimientos. Pregúntate a ti mismo por qué te sientes de una determinada manera y qué pensamientos, eventos o situaciones pueden estar influenciando tus emociones.

Aceptación y validez de las emociones: Todas las emociones son válidas, incluso las consideradas negativas, como tristeza, ira o miedo. La inteligencia emocional involucra aceptar tus emociones sin juicio y permitirte sentir lo que estás sintiendo.

Regulación emocional: Una parte esencial de la inteligencia emocional es la capacidad de regular tus emociones. Esto involucra encontrar maneras saludables de lidiar con emociones intensas, como practicar técnicas de relajación, meditación, ejercicios físicos o expresar tus sentimientos de manera constructiva.

Empatía: Desarrollar empatía, es decir, la capacidad de entender y compartir los sentimientos de los demás, también es parte integral de la inteligencia emocional. Esto te permite relacionarte mejor con los demás, creando lazos más fuertes y comprendiendo sus perspectivas.

Toma de decisiones conscientes: Cuando estás consciente de tus emociones y de las emociones de los demás, puedes tomar decisiones más conscientes en momentos de adversidad. Esto evita que tus emociones te dominen y te ayuda a elegir la mejor aproximación para enfrentar los desafíos.

Comunicación eficaz: La inteligencia emocional también está relacionada con la comunicación eficaz. Saber expresar tus emociones de manera clara y respetuosa, así como entender las emociones de los demás, puede mejorar significativamente la forma en que lidias con situaciones difíciles.

Desarrollo de la inteligencia emocional: Desarrollar la inteligencia emocional requiere práctica constante y autoconciencia. A medida que fortaleces esta habilidad, estarás más preparado para enfrentar adversidades con resiliencia, empatía y una aproximación constructiva. La inteligencia emocional no solo ayuda a mejorar tu capacidad de lidiar con los desafíos, sino que también contribuye a relaciones más saludables, tomas de decisiones más conscientes y una mayor sensación de bienestar emocional.

### Práctica de la respuesta positiva

La práctica de la respuesta positiva es una estrategia esencial para construir resiliencia ante adversidades. En lugar de reaccionar de manera impulsiva o negativa a los desafíos, esta aproximación implica dar un paso atrás, evaluar la situación de manera objetiva y elegir una respuesta más constructiva. Pasos para implementar la práctica de la respuesta positiva en tu vida:

Autoconciencia: El primer paso es estar consciente de tus reacciones y patrones de respuesta ante los desafíos. Observa cómo tiendes a reaccionar y qué emociones predominan en diferentes situaciones.

Da un paso atrás: Al enfrentarte a una adversidad, evita reaccionar inmediatamente. Date un momento para respirar y ganar perspectiva. Esto ayuda a evitar respuestas impulsivas basadas en emociones intensas.

Evalúa la situación: Analiza objetivamente la situación. ¿Cuáles son los hechos involucrados? ¿Cuáles son las diferentes maneras de interpretar la situación? ¿Cuáles son las posibles consecuencias de diferentes cursos de acción?

Elige una respuesta constructiva: En lugar de dejarte llevar por emociones negativas, elige una respuesta que sea constructiva y alineada con tus objetivos. Pregúntate a ti mismo: "¿Cuál es la mejor manera de lidiar con esto?" o "¿Cómo puedo transformar esta situación en una oportunidad de crecimiento?"

Practica la empatía: Al elegir una respuesta positiva, intenta entender la perspectiva de las otras personas involucradas en la situación. Esto ayuda a promover la comunicación eficaz y la construcción de soluciones colaborativas.

Mantén el foco en soluciones: Concéntrate en encontrar soluciones en lugar de concentrarte en el problema en sí. Pregúntate a ti mismo: "¿Qué puedo hacer para resolver o mejorar esta situación?" y toma medidas en esa dirección.

Aprende de experiencias anteriores: Reflexiona sobre cómo lidiaste con desafíos similares en el pasado. ¿Qué funcionó bien? ¿Qué podría mejorarse? Usa estas experiencias como aprendizaje para perfeccionar tu enfoque actual.

Cultiva la calma: Practicar técnicas de relajación, como respiración profunda o meditación, puede ayudar a cultivar la calma y la claridad mental necesarias para elegir una respuesta positiva.

La práctica de la respuesta positiva exige paciencia y autodisciplina. Aunque pueda ser desafiador al principio, con el tiempo y la práctica regular, desarrollarás la capacidad de responder de manera más constructiva a los desafíos. Esta aproximación no solo fortalece tu resiliencia, sino que también contribuye a mejores relaciones, tomas de decisión más conscientes y una sensación general de bienestar emocional.

### Fortalecimiento de la resiliencia interna

Fortalecer la resiliencia interna es un proceso fundamental para lidiar eficazmente con adversidades y desafíos. Esto involucra desarrollar la capacidad de enfrentar dificultades con confianza, adaptabilidad y autosuficiencia emocional. Al fortalecer tu resiliencia interna, te vuelves más capaz de enfrentar los altos y bajos de la vida de manera equilibrada y positiva. Estrategias para desarrollar esta resiliencia interna:

Autoconocimiento: Entender tus emociones, gatillos y patrones de respuesta es crucial para fortalecer la resiliencia interna. Esto te permitirá identificar áreas específicas que necesitan de más atención y autodesarrollo.

Construcción de la autoconfianza: Cultiva la confianza en tus habilidades y capacidades. Recuerda experiencias pasadas en las que superaste desafíos con éxito. Esto ayuda a construir una base sólida de autoconfianza.

Desarrollo de la autosuficiencia emocional: Trabaja en el desarrollo de la autosuficiencia emocional, lo que significa confiar en ti mismo para gestionar tus emociones y lidiar con los altos y bajos de la vida. Practica la autorregulación emocional y evita depender excesivamente de las respuestas emocionales de los demás.

Resiliencia mental: Cultiva una mentalidad resiliente, donde encaras desafíos como oportunidades de crecimiento y aprendizaje. Desarrolla la capacidad de adaptarte a los cambios y encontrar soluciones ante obstáculos.

Práctica del autocuidado: Prioriza el autocuidado para fortalecer tu resiliencia interna. Esto implica cuidar de tu salud física, mental y emocional. Practicar actividades relajantes, ejercicios, meditación y sueño adecuado contribuye a tu capacidad de lidiar con el estrés.

Desarrollo de redes de apoyo: Aunque el foco sea en la resiliencia interna, tener redes de apoyo sólidas, como amigos y familiares, sigue siendo importante. Compartir tus luchas y buscar consejos puede enriquecer tu perspectiva y proporcionar soporte emocional.

Aceptación de la incertidumbre: La vida está llena de incertidumbres, y desarrollar la resiliencia interna involucra aceptar que no siempre podemos controlar todas las situaciones. Aprende a lidiar con la incertidumbre de manera saludable y adaptativa.

Desarrollo de habilidades de toma de decisión: Mejora tus habilidades de toma de decisión para que puedas enfrentar elecciones difíciles de manera más confiada y asertiva. Esto reducirá la indecisión y el estrés asociado a ella.

Aprendizaje continuo: Mantén una actitud de aprendizaje continuo en tu vida. Busca adquirir nuevas habilidades, conocimientos y experiencias que contribuyan a tu resiliencia y crecimiento personal.

El fortalecimiento de la resiliencia interna es un proceso continuo que requiere dedicación y autotransformación. Cuanto más desarrolles esta capacidad, más preparado estarás para enfrentar los desafíos que la vida inevitablemente presenta.

### Cultivo de la flexibilidad mental

La flexibilidad mental es una habilidad esencial para lidiar con las complejidades de la vida y superar adversidades. Implica la capacidad de adaptarse, ajustarse y aceptar cambios de manera constructiva y positiva. Desarrollar esta habilidad permite que navegues por las incertidumbres y desafíos de manera más eficaz. Estrategias para cultivar la flexibilidad mental:

Abraza nuevas perspectivas: Sé dispuesto a ver las situaciones desde diferentes ángulos. Al adoptar una perspectiva más amplia, puedes encontrar soluciones innovadoras y enfoques alternativos para los desafíos.

Practica la tolerancia a la ambigüedad: La vida a menudo es ambigua e incierta. Desarrollar la tolerancia a la ambigüedad te ayuda a sentirte más cómodo en situaciones desconocidas y a lidiar con la ansiedad asociada a ellas.

Esté abierto a los cambios: En lugar de resistirte a los cambios, sé dispuesto a aceptarlos. Recuerda que el cambio es una constante en la vida y puede conducir a oportunidades de crecimiento y desarrollo.

Practica la atención plena: La práctica de la atención plena te ayuda a estar presente en el momento presente y a aceptar lo que está sucediendo sin juicio. Esto fortalece tu capacidad de adaptarte a situaciones en constante cambio.

Aprende de la adversidad: Enfrenta las adversidades como oportunidades de aprendizaje y crecimiento. Al ver los desafíos como experiencias de aprendizaje, puedes convertirte en más flexible en tu enfoque de la vida.

Desarrolla resiliencia emocional: La flexibilidad mental está relacionada con tu capacidad de lidiar con las emociones de manera saludable. Practica la regulación emocional para que puedas responder a las situaciones de manera equilibrada, en lugar de reaccionar impulsivamente.

Evita el perfeccionismo: El perfeccionismo puede crear rigidez en tu enfoque de la vida. Al alejarte del deseo de perfección, te vuelves más flexible y abierto a las imperfecciones naturales de la existencia.

Practica la adaptación: Provoca cambios intencionales en tu rutina, incluso si son pequeños, para desarrollar tu capacidad de adaptarte a diferentes circunstancias.

Acepta la incertidumbre: La incertidumbre es una parte inevitable de la vida. Desarrollar la flexibilidad mental implica aceptar que no siempre podemos tener todas las respuestas y que está bien.

La flexibilidad mental es una habilidad que se puede mejorar con el tiempo con práctica y compromiso. Cuanto más te esfuerces por cultivarla, más equipado estarás para enfrentar cambios y adversidades con resiliencia y una actitud positiva.

## Estrategias de manejo del estrés

En momentos de adversidad, el estrés puede convertirse en una presencia constante en nuestras vidas. Aprender a manejar el estrés de manera saludable es esencial para fortalecer la resiliencia emocional y enfrentar los desafíos con más tranquilidad. Estrategias de manejo del estrés efectivas:

Meditación: La meditación es una práctica que involucra el enfoque en la respiración y la atención plena. Ayuda a calmar la mente, reducir el estrés y promover un estado de relajación profundo.

Ejercicios de respiración: Las técnicas de respiración, como la respiración profunda, pueden ayudar a disminuir el estrés rápidamente. Estas técnicas se centran en respirar de forma lenta y profunda para calmar el sistema nervioso.

Actividades relajantes: Involucrarse en actividades relajantes, como escuchar música suave, practicar yoga, tomar un baño caliente o leer un libro, puede ayudar a reducir los niveles de estrés y promover un estado de tranquilidad.

Práctica de atención plena: La atención plena implica estar presente en el momento actual, sin juicio. Practicar la atención plena puede ayudar a reducir la ansiedad y el estrés, al enfocarse en la experiencia presente en lugar de preocupaciones futuras.

Ejercicio físico: La actividad física regular es una forma poderosa de reducir el estrés. La liberación de endorfinas durante el ejercicio ayuda a mejorar el estado de ánimo y a lidiar con el estrés de manera más saludable.

Habla con alguien: Compartir tus preocupaciones y sentimientos con un amigo de confianza, miembro de la familia o profesional de la salud mental puede ayudar a aliviar el estrés. A veces, solo hablar sobre lo que está sucediendo puede traer alivio.

Establece límites: Aprende a decir no cuando sea necesario y a establecer límites saludables en tu vida. Esto puede ayudar a reducir la sobrecarga de tareas y responsabilidades que pueden contribuir al estrés.

Practica el autocuidado: Reserva tiempo para cuidar de ti mismo. Haz actividades que te traigan alegría y relajación, como hobbies, lectura o simplemente descansar.

Dormir bien: La falta de sueño puede aumentar el estrés y afectar negativamente tu capacidad de lidiar con los desafíos. Prioriza el sueño adecuado para sentirte más equilibrado emocionalmente.

Evite la multitarea excesiva: Dividir su atención entre muchas tareas puede aumentar el estrés. Concéntrese en una tarea a la vez para mejorar la eficiencia y reducir la sensación de sobrecarga.

Experimente diferentes estrategias de manejo del estrés para descubrir cuáles funcionan mejor para usted. Sepa que el objetivo no es eliminar completamente el estrés, sino desarrollar habilidades para lidiar con él de manera saludable y efectiva. Integrar estas prácticas en su vida cotidiana puede contribuir significativamente a fortalecer su resiliencia emocional ante la adversidad.

## Comunicación efectiva

La comunicación desempeña un papel crucial en la construcción de la resiliencia emocional y en la forma en que afrontamos los desafíos. Tener habilidades de comunicación efectivas nos permite expresar nuestros sentimientos, necesidades y preocupaciones de manera saludable, al mismo tiempo que escuchamos y comprendemos a los demás. Aspectos importantes de la comunicación efectiva y cómo contribuyen a la resiliencia:

Expresión emocional: La resiliencia no implica reprimir las emociones, sino expresarlas de manera constructiva. Al practicar la expresión emocional adecuada, puedes liberar sentimientos acumulados, evitar la retención de estrés y mejorar el bienestar emocional.

Escucha activa: La capacidad de escuchar con empatía es fundamental para la comunicación efectiva. Al escuchar atentamente a los demás, demuestras respeto y comprensión, creando conexiones más profundas y fortaleciendo las relaciones.

Resolución de conflictos: La comunicación eficaz es esencial para resolver conflictos de manera constructiva. Aprender a expresar tus preocupaciones de forma calmada y no acusatoria, mientras también eres capaz de escuchar el punto de vista de los demás, ayuda a evitar escaladas de conflicto y a encontrar soluciones satisfactorias.

Comunicación asertiva: La asertividad implica expresar tus opiniones, sentimientos y necesidades de manera clara y respetuosa. Ser asertivo te permite defender tus intereses sin ser agresivo y, al mismo tiempo, mantener el respeto mutuo.

Empatía: La capacidad de ponerse en el lugar del otro y comprender sus perspectivas y sentimientos es fundamental para la comunicación efectiva. La empatía crea conexiones más profundas y ayuda a crear un ambiente de apoyo mutuo.

Comunicación no violenta: El enfoque de comunicación no violenta implica expresar tus sentimientos y necesidades de manera abierta y honesta, al mismo tiempo que evitas culpar o juzgar a los demás. Esto promueve la comprensión y ayuda a evitar malentendidos.

Claridad y precisión: Al comunicar tus preocupaciones y necesidades, sé claro y preciso en tus palabras. Evita ambigüedades que puedan conducir a malentendidos y conflictos.

Comunicación en momentos de estrés: En momentos de adversidad, es especialmente importante mantener la calma y la claridad al comunicarse. La comunicación efectiva puede ayudar a aliviar el estrés y resolver problemas de manera más eficiente.

Construcción de relaciones: La comunicación efectiva fortalece las relaciones al crear un ambiente de confianza y respeto. Las relaciones saludables son un factor importante en la construcción de la resiliencia emocional.

Comunicación interna: Además de la comunicación con los demás, es importante practicar la comunicación interna. Desarrollar un diálogo interno positivo y constructivo puede ayudar a enfrentar desafíos con mayor confianza y resiliencia.

Invertir en la mejora de tus habilidades de comunicación puede impactar significativamente tu capacidad de enfrentar la adversidad de manera eficaz. Comunicarse de manera abierta, empática y constructiva no solo fortalece tus relaciones interpersonales, sino que también contribuye a una resiliencia emocional más robusta ante los desafíos de la vida.

### Cultivo de la empatía

La empatía es una habilidad emocional fundamental para construir resiliencia y enfrentar la adversidad de manera más eficaz. Implica la capacidad de ponerse en el lugar del otro, entender sus sentimientos y perspectivas y responder con comprensión y compasión. Cultivar la empatía no solo fortalece las relaciones interpersonales, sino que también promueve un ambiente de apoyo mutuo, contribuyendo a la resiliencia emocional. Maneras de cultivar la empatía en tu vida:

Auto empatía: Comienza desarrollando empatía por ti mismo. Reconoce tus propios sentimientos, comprende tus necesidades y trátate con gentileza y compasión, incluso cuando enfrentas desafíos.

Escucha activa: Practica escuchar a los demás con atención genuina. Cuando alguien comparte sus preocupaciones o experiencias, demuestra interés y valida sus sentimientos. Esto fortalece las conexiones y crea un ambiente de apoyo.

Evita los juicios: Al interactuar con los demás, evita juicios precipitados. Recuerda que cada persona tiene su propia historia y contextos únicos que moldean sus experiencias.

Preguntas abiertas: Haz preguntas abiertas que incentiven a los demás a compartir más sobre sus sentimientos y pensamientos. Esto demuestra interés genuino y permite que comprendas mejor sus perspectivas.

Practica la empatía cognitiva y emocional: La empatía cognitiva implica entender los pensamientos y perspectivas de los demás, mientras que la empatía emocional implica comprender y conectarse con sus emociones. Ambas son importantes para construir relaciones empáticas.

Ponte en el lugar del otro: Imagina cómo te sentirías en la situación del otro. Esto ayuda a crear un sentido de conexión y comprensión.

Demuestra apoyo: Cuando alguien enfrenta desafíos, ofrécele apoyo genuino. Esto puede ser por medio de palabras de aliento, gestos de solidaridad o ofreciendo tu ayuda.

Practica la paciencia: No siempre es fácil entender completamente las experiencias de los demás. Practica la paciencia y sé dispuesto a escuchar, incluso si su perspectiva es diferente a la tuya.

Reconoce la diversidad: Reconoce y aprecia las diferencias entre las personas. La empatía implica aceptar la variedad de experiencias y perspectivas.

Aprende con la empatía: A medida que desarrollas empatía, también aprendes mucho sobre las emociones humanas y cómo relacionarte de manera más profunda. Esto enriquece tus habilidades de comunicación y resiliencia.

Cultivar la empatía no solo enriquece tus conexiones con los demás, sino que también fortalece tu capacidad de enfrentar la adversidad. Al crear un ambiente de comprensión y apoyo mutuo, construyes una red de apoyo emocional que contribuye a tu resiliencia emocional. La empatía no solo promueve relaciones saludables, sino que también te ayuda a enfrentar desafíos con más comprensión y compasión, tanto por ti mismo como por los demás.

La resiliencia no es solo una característica innata; es una habilidad que se puede desarrollar con el tiempo. Al comprender el concepto de resiliencia, aprender a transformar las adversidades en crecimiento personal y practicar estrategias para construir resiliencia emocional, estarás preparado para enfrentar los desafíos de la vida de manera más fuerte, confiada y adaptable.

# 10

# LA IMPORTANCIA DEL CUIDADO PERSONAL

*El cuidado personal es un regalo que nos damos
para florecer en nuestra mejor versión.*

El cuidado personal es una práctica fundamental para mantener el bienestar físico, emocional y mental a lo largo de la vida. Implica acciones intencionales y deliberadas que buscan cuidarse de manera integral, considerando todas las áreas de la vida. En este capítulo, exploraremos el significado del cuidado personal, cómo incorporarlo en su rutina diaria y cómo evitar el agotamiento a través de prácticas saludables.

## Definiendo el cuidado personal integral

El cuidado personal no se trata solo de cuidar el cuerpo físico, sino que involucra todos los aspectos de su salud y bienestar. Esto incluye la atención a las necesidades emocionales, mentales, espirituales y sociales. El cuidado personal integral reconoce que todas estas áreas están interconectadas y desempeñan un papel importante en su calidad de vida. Áreas clave a considerar al practicar el cuidado personal integral:

### Salud física

Cuidar de la salud física es un pilar fundamental del cuidado personal integral. Al priorizar el bienestar de su cuerpo, establece una base sólida para una vida saludable y activa. Aquí hay algunas formas de cuidar su salud física:

Una nutrición adecuada: Una dieta balanceada y nutritiva le proporciona a su cuerpo los nutrientes esenciales que necesita para funcionar de manera efectiva. Priorice una variedad de alimentos, que incluyen frutas, verduras, proteínas magras, granos integrales y grasas saludables. Evite el consumo excesivo de alimentos ultra procesados, ricos en azúcares añadidos, grasas saturadas y sodio.

Hidratación: La ingesta adecuada de agua es vital para mantener su cuerpo funcionando correctamente. El agua desempeña un papel esencial en la digestión, absorción de nutrientes, regulación de la temperatura corporal y eliminación de residuos. Manténgase hidratado durante todo el día bebiendo agua regularmente y ajustando su ingesta según las actividades físicas, el clima y sus necesidades individuales.

Ejercicios regulares: La práctica regular de ejercicio físico tiene una serie de beneficios para la salud. Elija actividades que le gusten y que se adapten a su estilo de vida, como caminar, correr, nadar, yoga, musculación o baile. El ejercicio ayuda a fortalecer los músculos, mejorar la flexibilidad, aumentar la resistencia cardiovascular y liberar endorfinas, que son hormonas del bienestar.

Sueño adecuado: El sueño es esencial para la recuperación y regeneración del cuerpo. Establezca una rutina de sueño constante, permitiéndose dormir de 7 a 9 horas por noche. Un sueño de calidad contribuye a la función cognitiva, el equilibrio hormonal, la reparación celular y la salud mental. Cree un ambiente propicio para dormir, con un colchón cómodo, temperatura adecuada y reducción de la exposición a la luz antes de dormir.

Gestión del estrés: El estrés crónico puede afectar negativamente la salud física. Practique técnicas de gestión del estrés, como meditación, atención plena, ejercicios de respiración y actividades relajantes. Encuentre formas saludables de lidiar con el estrés, reduciéndolo y promoviendo una sensación de calma y equilibrio.

Revisiones médicas: Programe consultas médicas regulares para controlar su salud física. Realice exámenes de rutina, como análisis de sangre, exámenes de presión arterial y exámenes de salud preventivos. Esto ayuda a identificar precozmente posibles problemas de salud y le permite tomar medidas preventivas.

Evitar comportamientos dañinos: Evite comportamientos dañinos para la salud, como el consumo excesivo de alcohol, el tabaquismo y el consumo de sustancias ilícitas. Estos hábitos pueden tener un impacto negativo en su salud física y aumentar el riesgo de enfermedades crónicas.

Al cuidar su salud física, está invirtiendo en su propio bienestar a largo plazo. Recuerde que pequeños cambios positivos en su estilo de vida pueden tener un gran impacto en su calidad de vida y en su capacidad de disfrutar de todas las dimensiones del cuidado personal integral.

## Salud emocional

La salud emocional desempeña un papel crucial en el bienestar general. Priorizar la salud mental implica cuidar de la mente de manera proactiva, desarrollando habilidades para lidiar con desafíos emocionales y cultivando una mente equilibrada. Maneras de cuidar de la salud emocional:

Técnicas de manejo del estrés: El estrés es una parte inevitable de la vida, pero cómo lo manejas puede marcar la diferencia. Practicar técnicas de manejo del estrés, como meditación, atención plena y ejercicios de respiración, ayuda a reducir la ansiedad y aumentar la sensación de calma. Estas prácticas pueden ayudarte a conectarte con el momento presente y disminuir la rumia mental.

Autoconocimiento: Aumentar la conciencia sobre tus propios sentimientos, emociones y patrones de pensamiento es esencial para la salud emocional. Sé atento a tus pensamientos y sentimientos y, cuando sea necesario, desafía los pensamientos negativos o distorsionados. Esto puede ayudar a evitar la amplificación de emociones negativas.

Expresión emocional: Encontrar maneras saludables de expresar tus emociones es fundamental para mantener la salud emocional. Habla sobre tus sentimientos con amigos de confianza o familiares, o considera mantener un diario para desahogar tus emociones. La expresión emocional puede ayudar a liberar sentimientos reprimidos y aliviar el peso emocional.

Buscar apoyo profesional: Si estás enfrentando desafíos emocionales complejos, buscar la ayuda de un terapeuta o psicólogo es una opción valiosa. Estos profesionales pueden ofrecer orientación, técnicas de afrontamiento y un espacio seguro para explorar cuestiones emocionales profundas. No dudes en buscar ayuda cuando sea necesario.

Cultivar relaciones saludables: Las relaciones sociales positivas tienen un impacto significativo en la salud emocional. Mantén contacto con amigos y familiares que ofrecen apoyo y comprensión. Tener personas con las que puedes compartir tus sentimientos puede proporcionar un sentido de conexión y pertenencia.

Establecer límites saludables: Definir límites saludables en tus interacciones sociales y compromisos es esencial para proteger la salud emocional. Aprende a decir "no" cuando sea necesario y reserva tiempo para ti mismo, para actividades relajantes y para recargar energías.

Promover el bienestar general: Ten en cuenta que tu salud emocional está interconectada con otras áreas del bienestar. Cuidar de la salud física, practicar actividades de ocio que te gusten y cultivar relaciones saludables también contribuye a tu salud emocional.

La salud emocional es un proceso continuo que requiere atención, práctica y autocuidado constante. Al adoptar prácticas saludables de manejo del estrés, desarrollar autoconocimiento y buscar apoyo cuando sea necesario, estarás construyendo una base sólida para una mente equilibrada y emocionalmente saludable.

### Salud mental

La salud mental es un aspecto fundamental del bienestar general. Priorizar la salud mental implica cuidar de la mente de manera proactiva, desarrollando estrategias para mantener una mente saludable y equilibrada. Detalles sobre cómo cuidar de la salud mental de manera integral:

Técnicas de manejo del estrés: El estrés es parte de la vida, pero puedes aprender a manejarlo de manera efectiva. Técnicas como meditación, atención plena y ejercicios de respiración ayudan a reducir la ansiedad y aumentar la resiliencia emocional. La práctica regular de estas técnicas puede ayudar a calmar la mente, mejorar la concentración y promover una sensación de paz interior.

Autoconocimiento y autorregulación: Conocer tus propios patrones de pensamiento, emociones y reacciones es fundamental para la salud mental. Sé atento a los pensamientos negativos o distorsionados y desafíalos con base en evidencias objetivas. La autorregulación implica la capacidad de controlar tus emociones y reacciones de manera consciente, evitando respuestas impulsivas.

Búsqueda de ayuda profesional: Si estás enfrentando desafíos emocionales más profundos, buscar ayuda de un terapeuta o psicólogo es una opción valiosa. Estos profesionales pueden ofrecer apoyo especializado, técnicas de afrontamiento y una perspectiva objetiva sobre tus preocupaciones. No dudes en buscar orientación cuando sea necesario.

Promoción del pensamiento positivo: Cultivar una mentalidad positiva puede tener un impacto significativo en la salud mental. Practica el enfoque en el presente, la gratitud y la visualización positiva. Al dirigir tu atención hacia aspectos positivos de la vida, puedes reducir los patrones de pensamiento negativos y cultivar una perspectiva optimista.

Establecimiento de rutina y estructura: Tener una rutina regular ayuda a mantener la estabilidad emocional. La falta de estructura puede aumentar la ansiedad y el estrés. Establece horarios para actividades, sueño, trabajo y ocio, creando una sensación de previsibilidad y control.

Incorporación de actividades de ocio: Actividades que traen placer y relajación son esenciales para la salud mental. Reserva tiempo para hobbies, intereses y momentos de ocio. Estas actividades pueden actuar como una pausa necesaria del estrés diario y promover el bienestar emocional.

Alimentación equilibrada y salud mental: La relación entre la alimentación y la salud mental es significativa. Prioriza una dieta equilibrada rica en nutrientes, como ácidos grasos omega-3, vitaminas del complejo

B y antioxidantes. Estos nutrientes están asociados al funcionamiento saludable del cerebro.

Limitación del uso de la tecnología: Aunque la tecnología es útil, el uso excesivo de dispositivos electrónicos puede afectar la salud mental. Establece límites para el tiempo que pasas en dispositivos y promueve momentos de desconexión para recargar la mente.

La salud mental requiere cuidados continuos y proactivos. Al adoptar prácticas de manejo del estrés, buscar apoyo cuando sea necesario y cultivar una mentalidad positiva, estarás fortaleciendo tu resiliencia emocional y promoviendo una mente sana y equilibrada.

### Salud espiritual

La salud espiritual es una parte esencial del autocuidado integral, ya que implica una conexión profunda con algo más grande que uno mismo. Aunque la espiritualidad es una experiencia altamente individual, cultivarla puede traer beneficios significativos para la salud mental y emocional. A continuación, se detallan algunas maneras de nutrir su salud espiritual:

Conexión con el significado y propósito: La dimensión espiritual implica la búsqueda de un sentido de significado y propósito en la vida. Esto puede lograrse a través de la reflexión sobre sus creencias, valores y objetivos. Cuando te conectas con un propósito mayor, estás más preparado para enfrentar los desafíos con una perspectiva positiva.

Prácticas de reflexión y meditación: La meditación y las prácticas de reflexión son formas poderosas de cultivar la salud espiritual. La meditación no solo calma la mente, sino que también ayuda a crear un espacio interno para la introspección y la conexión espiritual. Las prácticas de reflexión, como mantener un diario de gratitud o hacerse preguntas profundas, también pueden contribuir al crecimiento espiritual.

Conexión con la naturaleza: Muchas personas encuentran una conexión espiritual profunda al involucrarse con la naturaleza. Pasar tiempo al aire libre, observar la belleza natural y sentirse parte del mundo que te rodea puede traer una sensación de paz y armonía.

Cultivo de valores y ética: La dimensión espiritual también está relacionada con tus valores y ética. Identificar y vivir de acuerdo con valores significativos ayuda a crear una base sólida para tu salud espiritual. Esto puede implicar la práctica de la compasión, la generosidad y el respeto por todos los seres.

Desarrollo de la empatía y la compasión: Cultivar la espiritualidad a menudo implica desarrollar la empatía y la compasión por uno mismo y por los demás. La capacidad de conectarse con las experiencias y los sentimientos de los demás puede conducir a relaciones más saludables y a una perspectiva más compasiva ante las adversidades.

Rituales y prácticas espirituales: Los rituales y las prácticas espirituales pueden variar ampliamente de persona a persona. Esto puede incluir oraciones, rituales de gratitud, ceremonias de conexión o cualquier otra actividad que te ayude a sentirte conectado con la espiritualidad.

La dimensión espiritual es una parte valiosa de tu bienestar general. Al cultivar esta conexión con algo más grande, puedes encontrar un sentido de equilibrio, propósito y significado que fortalece tu resiliencia y capacidad de enfrentar desafíos con una perspectiva positiva.

## Relaciones sociales

Las relaciones sociales son pilares esenciales del autocuidado integral y del bienestar emocional. Cultivar relaciones saludables y significativas puede tener un impacto profundo en tu calidad de vida. A continuación, se detallan algunas maneras de nutrir tus relaciones sociales:

Apoyo emocional y conexión: Las relaciones saludables ofrecen un apoyo emocional vital en momentos de alegría y desafíos. Tener amigos, familiares y seres queridos con los que puedes compartir tus experiencias, sentimientos y preocupaciones proporciona una sensación de conexión y pertenencia.

Reducción del aislamiento y la soledad: La interacción social desempeña un papel importante en la reducción del aislamiento y la soledad. Mantenerte involucrado en actividades sociales y mantenerte en contacto con personas queridas ayuda a crear un sentido de comunidad y apoyo.

Actividades sociales e interacciones significativas: Participar en actividades sociales, encuentros y reuniones con amigos y familiares no solo fortalece los lazos, sino que también aporta alegría y diversión a tu vida. Involucrarte en conversaciones significativas y compartir experiencias enriquecedoras contribuye a un sentido de propósito.

Comunicación efectiva: Practicar la comunicación efectiva es fundamental para construir y mantener relaciones saludables. Esto implica escuchar atentamente, expresar tus sentimientos de manera respetuosa y estar dispuesto a resolver conflictos de manera constructiva.

Compartir experiencias y apoyo: Las relaciones saludables ofrecen un espacio seguro para compartir tus experiencias, alegrías y desafíos. Tener personas en las que puedes confiar para ofrecer apoyo y asesoramiento es crucial para tu bienestar emocional.

Diversidad de relaciones: Recuerda que tus relaciones sociales vienen en varias formas, como amigos, familiares, compañeros de trabajo y mentores. Cada tipo de relación ofrece diferentes formas de apoyo y enriquecimiento.

Establecimiento de límites saludables: Recuerda que establecer límites saludables en tus relaciones es esencial. Esto implica garantizar que tus propias necesidades también se satisfagan y que las relaciones se basen en el respeto mutuo.

Al nutrir tus relaciones sociales e invertir tiempo y energía en conexiones significativas, construyes un sistema de apoyo que puede ayudarte a fortalecer tu resiliencia emocional. Tener personas en las que puedes confiar para compartir tus alegrías y desafíos hace que tu jornada sea más gratificante y menos aislada.

## Desarrollo personal

El desarrollo personal es un componente fundamental del autocuidado integral, que le permite crecer, aprender y evolucionar como individuo. Al invertir en su crecimiento personal, no solo se enriquece, sino que también fortalece su capacidad para enfrentar desafíos y disfrutar de la vida al máximo. Detalles sobre cómo cultivar el desarrollo personal:

Definición de metas y desafíos: El desarrollo personal implica definir metas desafiantes que estén alineadas con sus intereses y valores. Al tener metas claras, crea un sentido de dirección y propósito en su vida, además de un incentivo para superarse.

Aprendizaje continuo: La búsqueda del aprendizaje continuo es uno de los pilares del desarrollo personal. Esto puede incluir la lectura de libros, la participación en cursos, la adquisición de nuevas habilidades y la exploración de temas que lo intrigan. El aprendizaje no solo amplía sus horizontes, sino que también mantiene su mente activa y curiosa.

Exploración de pasatiempos e intereses: Dedicar tiempo a pasatiempos e intereses que le brindan alegría y satisfacción es una manera valiosa de cuidarse. Esto puede incluir actividades como pintar, tocar un instrumento musical, cocinar, escribir o practicar deportes. La exploración de nuevos intereses enriquece su vida y ofrece una salida creativa.

Autoconocimiento: El desarrollo personal también implica el autoconocimiento. Tómese un tiempo para conocerse mejor, identificando sus valores, fortalezas, debilidades y áreas en las que desea crecer. El autoconocimiento lo ayuda a tomar decisiones alineadas con sus necesidades y aspiraciones.

Desafío positivo: Al buscar desafíos positivos, te colocas fuera de tu zona de confort y estimulas el crecimiento. Esto no solo expande sus habilidades, sino que también aumenta su confianza en su capacidad para superar obstáculos.

Establecimiento de prioridades: Priorice las actividades que contribuyen a su desarrollo personal. Aunque la vida puede estar ocupada, dedicar tiempo a este aspecto es crucial para su evolución continua.

Autodescubrimiento y realización: El desarrollo personal puede conducir a una mayor autodescubrimiento y realización. A medida que te desafías, aprendes y creces, experimentas una sensación de satisfacción personal y un aumento de la autoestima.

### Lazer y diversión

Incorporar el ocio y los momentos de diversión en su vida es esencial para promover un equilibrio saludable entre sus responsabilidades y su bienestar. El ocio no es solo una indulgencia, sino una parte vital del autocuidado integral. Maneras de priorizar el ocio y la diversión en su rutina:

Equilibrio y alivio del estrés: El ocio desempeña un papel importante en equilibrar las demandas de la vida cotidiana. Cuando te dedicas a actividades placenteras y relajantes, puedes aliviar el estrés acumulado y recargar tus energías, lo que contribuye a una mayor resiliencia ante los desafíos.

Exploración de pasatiempos: Sea cual sea su interés o pasión, dedicar tiempo a un pasatiempo que ama es una manera valiosa de incorporar el ocio en su vida. Puede ser cocinar, practicar deportes, jardinería, arte, música, o cualquier otra actividad que lo haga sentir feliz y realizado.

Desconexión digital: El ocio también implica desconectarse de las distracciones digitales y permitirse estar presente en el momento. Esto puede incluir paseos al aire libre, lectura de un libro físico o disfrutar de una conversación cara a cara con amigos y familiares.

Creación de recuerdos positivos: Al reservar tiempo para actividades divertidas y relajantes, crea recuerdos positivos que contribuyen a su felicidad a largo plazo. Estas experiencias pueden traer sonrisas a tu rostro cuando las recuerdes.

Momentos de recarga: El ocio ofrece momentos de recarga, permitiéndote alejarte de las preocupaciones del día a día. Esto revitaliza su mente y aumenta su motivación para enfrentar sus responsabilidades con más energía.

Fomento de la creatividad: Las actividades de ocio a menudo estimulan la creatividad, lo que es beneficioso para la mente y el bienestar emocional. Al participar en actividades creativas, puede encontrar una salida para expresarse y liberar emociones.

Alegría y satisfacción: La diversión y el ocio proporcionan una sensación de alegría y satisfacción, agregando un toque de positividad a su vida. Estos momentos pueden ser una pausa bienvenida en su rutina, ayudándolo a apreciar los pequeños placeres de la vida.

Incorporar el ocio y la diversión en tu vida no es solo una indulgencia, sino una necesidad para tu salud y bienestar general. Al priorizar el ocio, cuidas de tu mente, cuerpo y espíritu, promoviendo un estilo de vida equilibrado y feliz. Recuerda reservar tiempo regularmente para actividades que te traigan alegría y te permitan disfrutar de la belleza de la vida.

Al abrazar todas estas áreas del autocuidado integral, creas una base sólida para una vida equilibrada y saludable. Entiende que cada persona es única, así que adapta estas prácticas a tus necesidades individuales.

## Incorporando la rutina de autocuidado

Incorporar el autocuidado en su rutina diaria es una forma eficaz de garantizar que esté constantemente cuidando de todas las áreas de su bienestar. Al crear una rutina que incluya prácticas saludables de autocuidado, establece una base sólida para el mantenimiento de su equilibrio y bienestar a largo plazo. Estrategias para incorporar el autocuidado en su vida:

### Defina prioridades

Definir prioridades es un paso crucial al incorporar el autocuidado en su vida. Al identificar las áreas que son más significativas para usted, crea una base sólida para construir hábitos saludables que promuevan su bienestar integral. Cómo definir prioridades en el autocuidado y evaluar sus necesidades y objetivos:

Autoevaluación: Comience reflexionando sobre sus necesidades y objetivos personales. Pregúntese qué es importante para usted y lo que desea lograr en términos de salud física, emocional y mental. Considere los aspectos que le gustaría mejorar o fortalecer en su vida.

Áreas del autocuidado: El autocuidado abarca una amplia gama de áreas, incluyendo salud física, emocional, mental, espiritual, relacional y personal. Liste estas áreas y considere cuáles de ellas son más relevantes para sus necesidades y objetivos actuales.

Priorización clara: Una vez que haya identificado las áreas de autocuidado que son más significativas para usted, es hora de establecer prioridades claras. Pregúntese qué áreas son más urgentes o necesitan más atención en este momento. Esto le ayudará a enfocar sus esfuerzos y recursos en esas áreas específicas.

Necesidades y metas personales: Considere sus necesidades y metas personales al definir sus prioridades. Por ejemplo, si desea mejorar su salud física, puede priorizar la actividad física regular y una alimentación balanceada. Si está buscando mejorar su salud emocional, puede centrarse en técnicas de manejo del estrés y prácticas de autocuidado emocional.

Establecer prioridades claras en el autocuidado le permite concentrar su energía y esfuerzos en las áreas que más importan para usted. Esto ayuda a garantizar que esté dedicando tiempo y atención a los aspectos que contribuyen significativamente a su bienestar general y felicidad.

## Cree una rutina

Establecer una rutina de autocuidado es un paso esencial para garantizar que esté dedicando tiempo regularmente para cuidar de sí mismo. Al crear una estructura consistente en su vida, hace que sea más fácil incorporar hábitos saludables que promuevan su bienestar. Detalles sobre cómo crear una rutina de autocuidado eficaz:

Identifique momentos ideales: Comience identificando momentos del día en los que puede dedicar tiempo al autocuidado. Esto puede variar de persona a persona, dependiendo de su programación y preferencias. Algunos prefieren comenzar el día con prácticas de autocuidado, mientras que otros creen que es mejor reservar un tiempo por la noche.

Planee con anticipación: Programe su tiempo de autocuidado con anticipación. Reserve un período específico en su agenda para que tenga un compromiso consigo mismo. Esto ayuda a evitar que otros compromisos ocupen ese tiempo y muestra que valora su bienestar.

Variedad de actividades: Su rutina de autocuidado puede incluir una variedad de actividades, desde ejercicio físico hasta prácticas de relajación, lectura, meditación, yoga, tiempo al aire libre y mucho más. Experimente diferentes actividades para descubrir cuáles son las más eficaces para usted.

Equilibrio entre las áreas: Al crear su rutina de autocuidado, recuerde incluir prácticas que aborden varias áreas del bienestar, como salud física, emocional, mental y espiritual. Esto ayuda a mantener un equilibrio integral en su vida.

Defina recordatorios: Si es propenso a olvidar sus momentos de autocuidado, defina recordatorios en su teléfono o calendario. Estos recordatorios pueden ayudarle a mantenerse responsable de sus prácticas regulares.

Adáptese a los cambios: Su rutina de autocuidado puede necesitar ajustes a lo largo del tiempo debido a cambios en su programación o circunstancias. Esté abierto a hacer ajustes según sea necesario, pero siempre priorice el tiempo para cuidar de sí mismo.

La consistencia es la clave: La consistencia es fundamental para que la rutina de autocuidado sea eficaz. Incluso si hay días agitados, reserve un tiempo, incluso que sea breve, para practicar el autocuidado. Esto ayuda a mantener los beneficios a lo largo del tiempo.

Al crear una rutina de autocuidado, está creando un espacio dedicado a usted mismo, donde puede recargarse, relajarse y promover su bienestar. Esa rutina se convertirá en una parte esencial de su día, permitiéndole sentirse más equilibrado, saludable y revitalizado.

### Sé flexible

Aunque establecer una rutina de autocuidado es importante, es igualmente esencial ser flexible y adaptable. La vida a menudo presenta imprevistos, cambios de planes y situaciones que pueden interferir en tu rutina planificada. Maneras de cultivar flexibilidad en tu rutina de autocuidado:

Aceptando la naturaleza cambiante de la vida: Entiende que la vida es dinámica y no siempre seguirá un curso predecible. Habrá momentos en los que necesites ajustar tu rutina debido a compromisos inesperados, cambios de horarios o circunstancias imprevistas. En lugar de frustrarte con estas situaciones, míralas como oportunidades para practicar la adaptación.

Plan de contingencia: Ten un plan de contingencia en mente. Esto significa que puedes tener alternativas o versiones más cortas de tus prácticas de autocuidado que pueden encajarse cuando el tiempo es limitado. Por ejemplo, si planeabas una sesión de yoga de una hora, pero te encuentras con poco tiempo, puedes optar por algunos minutos de respiración profunda y estiramientos rápidos.

Aprovecha los pequeños momentos: Encuentra maneras de incorporar prácticas de autocuidado en momentos más cortos de tu día. Esto puede incluir algunos minutos de meditación antes de una reunión, una caminata corta durante el intervalo del almuerzo o incluso un momento para apreciar la naturaleza mientras esperas por algo.

Los ajustes no significan abandono: Es importante entender que hacer ajustes en tu rutina de autocuidado no significa que estás abandonando o descuidando tu salud. Por el contrario, es un reconocimiento de que la vida es variable y estás comprometido a encontrar maneras de continuar cuidándote a ti mismo, incluso cuando las circunstancias cambian.

Adáptate con amabilidad: Cuando necesites hacer ajustes en tu rutina, hazlo con amabilidad contigo mismo. Evita culparte por no seguir estrictamente el plan original. Sabe que la flexibilidad es una habilidad valiosa y que tu compromiso con el autocuidado permanece intacto, independientemente de los cambios que ocurran.

Cultivar la flexibilidad en tu rutina de autocuidado te permitirá ser más resiliente ante los cambios y desafíos de la vida. Al adaptarte con una mentalidad positiva, mantienes tu capacidad de cuidarte a ti mismo, independientemente de las circunstancias.

## Establece límites

Definir y mantener límites saludables es una parte crucial del autocuidado. Establecer estos límites te permite proteger tu salud física, emocional y mental, evitando la fatiga y el agotamiento. La importancia de establecer límites y cómo hacerlo:

El valor de los límites: Establecer límites saludables es una manera de demostrar respeto por ti mismo y tus necesidades. Al definir claramente lo que estás dispuesto a hacer y hasta dónde estás dispuesto a comprometerte, evitas sobrecargarte con obligaciones excesivas y actividades que no contribuyen a tu bienestar.

La importancia del "no": Aprender a decir "no" cuando sea necesario es una habilidad vital para el autocuidado. Decir "no" no significa que eres egoísta; significa que estás valorando tus propias necesidades y equilibrio. Cuando aceptas demasiados compromisos, puedes terminar agotando tus energías, perjudicando tu salud y reduciendo tu capacidad de cuidarte a ti mismo.

Identificando tus límites: Para establecer límites eficaces, necesitas identificar tus propias necesidades y capacidades. Evalúa cuánto tiempo y energía tienes disponible para actividades diversas, incluyendo trabajo, relaciones y autocuidado. Al conocer tus límites, puedes tomar decisiones más conscientes sobre cómo dirigir tu energía.

Priorizando el bienestar: Cuando estableces límites, estás poniendo tu bienestar en primer lugar. Evalúa si una actividad o compromiso es verdaderamente beneficioso para ti. Si algo interfiere significativamente en tu autocuidado o genera estrés excesivo, considera decir "no" o hacer ajustes para proteger tu equilibrio.

Comunicando-te de forma respetuosa: Comunicar tus límites de manera respetuosa y asertiva es esencial. Expresa tus límites de forma clara y directa, evitando la necesidad de justificar excesivamente tus elecciones. Ten en cuenta que es perfectamente válido rechazar una invitación o compromiso si eso interfiere con tu autocuidado.

Aprende a decir "sí" para ti mismo: Establecer límites es una manera de decir "sí" para tus propias necesidades. Al definir estos límites, estás creando espacio para cuidarte a ti mismo, cultivar el bienestar y prevenir la sobrecarga. Ten en cuenta que, al cuidarte a ti mismo, estarás mejor equipado para ofrecer apoyo y estar presente en las áreas importantes de tu vida.

Al establecer límites saludables, estás invirtiendo en tu propio bienestar y sosteniendo tu capacidad de cuidarte a ti mismo a largo plazo. Esto no solo fortalece tu salud física y emocional, sino que también contribuye a relaciones más equilibradas y una vida más gratificante.

### Practica la consistencia

La consistencia es fundamental para que el autocuidado se convierta en un hábito duradero y eficaz. Mantener una práctica regular de autocuidado, incluso cuando la vida se vuelve agitada, es esencial para garantizar que sigas cosechando los beneficios a largo plazo. Información sobre por qué la consistencia es crucial y cómo puedes practicarla:

La base de los hábitos saludables: La consistencia es la base para la formación de hábitos saludables. Cuando realizas prácticas de autocuidado regularmente, se convierten en parte integral de tu rutina y estilo de vida. Con el tiempo, estas prácticas se vuelven automáticas, lo que facilita la incorporación del autocuidado en tu día a día.

Manteniendo el equilibrio: La vida a menudo presenta desafíos y momentos ocupados, pero es durante estos períodos que el autocuidado se vuelve aún más esencial. La consistencia en el autocuidado ayuda a mantener el equilibrio, reduciendo los efectos negativos del estrés y la fatiga. Al continuar priorizando tu bienestar, estarás más preparado para enfrentar los desafíos que surjan.

Prevención de la fatiga: Cuando eres consistente en tus prácticas de autocuidado, estás previniendo la fatiga y el agotamiento. En lugar de esperar a que la fatiga te obligue a parar y cuidarte, la consistencia te permite recargar tus energías regularmente, manteniéndote en un estado de salud más positivo.

Compromiso contigo mismo: Al practicar la consistencia en el autocuidado, estás demostrando un compromiso contigo mismo y con tu salud. Incluso cuando la vida se vuelve agitada, reservar un tiempo para cuidarte refuerza el mensaje de que tu bienestar es una prioridad no negociable. Ese compromiso continuo fortalece tu autoestima y autovaloración.

Recuerda que la consistencia es un proceso y que puede haber momentos en los que te resbales. Lo importante es volver a la práctica de autocuidado sin culparte. A medida que practiques la consistencia, verás que el autocuidado se convertirá en una parte natural y esencial de tu vida, contribuyendo a tu salud y felicidad continuas.

## Experimenta diferentes actividades

La diversidad de actividades de autocuidado te permite descubrir qué prácticas resuenan más con tus necesidades e preferencias individuales. Experimentar diferentes actividades es una manera de encontrar aquellas que te aportan más beneficios, placer y alivio en tu jornada de cuidado personal. Cómo explorar diferentes actividades de autocuidado:

El descubrimiento del autocuidado personal: Cada individuo es único, y lo que funciona como autocuidado para una persona puede no ser la elección ideal para otra. Al experimentar una variedad de actividades, te estás dando la oportunidad de descubrir qué prácticas resuenan contigo en los niveles físico, emocional y mental.

Variación según las necesidades: Las necesidades de autocuidado pueden variar a lo largo del tiempo y de las circunstancias. Lo que es beneficioso en un día puede no ser la mejor opción en otro. Experimentar diferentes actividades te permite adaptar tu autocuidado a tus necesidades y a lo que está sucediendo en tu vida.

Prácticas físicas y mentales: Las actividades de autocuidado varían ampliamente, abarcando desde actividades físicas hasta prácticas mentales y emocionales. Puedes explorar actividades como caminar, correr, nadar, yoga, meditación, pintura, escritura, lectura, escuchar música, entre otras. La clave es elegir lo que se alinea con tu estado actual y necesidades.

Equilibrio entre esfuerzo y relajación: Al experimentar diferentes actividades de autocuidado, considera la variedad de experiencias que brindan. Algunas actividades pueden ser más enérgicas y estimulantes, mientras que otras pueden ser relajantes y tranquilas. Encontrar un equilibrio entre estos tipos de actividades puede ser beneficioso para atender a diferentes aspectos de tus necesidades.

Experimentación continua: El autocuidado no es estático; es un proceso en constante evolución. A medida que pasas por diferentes etapas de la vida, tus preferencias y necesidades de autocuidado también pueden cambiar. Por lo tanto, sé abierto a la experimentación continua. Esto puede implicar revisitar actividades que no practicabas hace algún tiempo, así como explorar nuevas prácticas que te llaman la atención.

Recuerda que el autocuidado es una jornada individual, y la exploración de diferentes actividades de autocuidado te permite crear una caja de herramientas personalizada para cuidar de tu salud física, mental, emocional y espiritual.

### Adaptación a lo largo del tiempo

El autocuidado es un proceso dinámico que evoluciona a medida que pasas por diferentes etapas de la vida, enfrentas nuevos desafíos y experimentas cambios en tus circunstancias. Adaptar tus prácticas de autocuidado a lo largo del tiempo es fundamental para garantizar que estés cuidándote de manera eficaz y relevante. Maneras de adaptarse al autocuidado a lo largo del tiempo:

La importancia de la evaluación continua: Evaluar regularmente tus prácticas de autocuidado es esencial para garantizar que sigan satisfaciendo tus necesidades. Lo que funciona para ti en un momento de la vida puede no ser tan eficaz en otro. La vida está en constante cambio, y tus prioridades y responsabilidades pueden modificarse con el tiempo.

Identificar cambios y necesidades: Esté atento a los cambios en tu vida, tanto positivos como desafiantes. Ya sea un cambio de trabajo, una nueva relación, la llegada de un hijo, la jubilación o cualquier otra transición, estos eventos pueden impactar tus necesidades de autocuidado. Identifica cómo estos cambios pueden estar afectándote y ajusta tus prácticas en consecuencia.

Flexibilidad y adaptación: Ser flexible con tus prácticas de autocuidado es crucial. Si te das cuenta de que una actividad o enfoque ya no te proporciona los mismos beneficios, sé dispuesto a hacer ajustes. Esto puede implicar la introducción de nuevas prácticas, la modificación de las prácticas existentes o incluso la eliminación de aquellas que ya no te están sirviendo.

El papel de la autoconciencia: La autoconciencia es fundamental para percibir cuándo es hora de hacer ajustes en tus prácticas de autocuidado. Presta atención a tus emociones, niveles de estrés, energía y bienestar general. Estos signos pueden indicar si tus prácticas actuales están siendo eficaces o si es necesario hacer cambios.

Apoyo externo: Hablar con amigos, familiares o profesionales de la salud mental puede ayudarte a obtener una perspectiva externa sobre tus prácticas de autocuidado. Pueden ofrecerte perspectivas sobre áreas que quizás no hayas considerado o sugerencias para ajustes que pueden ser beneficiosos.

Mantén la apertura: Sé abierto a experimentar nuevos enfoques de autocuidado a medida que evolucionas. Lo que puede parecer fuera de tu zona de confort inicialmente puede ser exactamente lo que necesitas en una nueva fase de la vida. Permítete explorar y crecer con tus prácticas.

La evolución continua del autocuidado: Recordar que el autocuidado es un proceso en evolución puede aliviar la presión de encontrar una fórmula perfecta. La capacidad de adaptarse y ajustar tus prácticas de autocuidado demuestra un compromiso continuo con tu salud y bienestar.

## Evitando el agotamiento

La falta de autocuidado puede conducir al agotamiento físico y emocional, afectando negativamente su salud y calidad de vida. Reconocer los signos de sobrecarga es crucial para prevenir el agotamiento. Maneras de evitar el agotamiento y cuidarse mejor:

### Esté atento a las señales

La vida moderna a menudo nos exige mucho, y es fácil caer en la trampa del agotamiento. Reconocer las señales de que te estás acercando o ya estás en un estado de agotamiento es crucial para evitar consecuencias más graves para tu salud física, mental y emocional. Esté atento a las señales de sobrecarga:

Fatiga constante: Uno de los primeros signos de que puede estar sobrecargado es la fatiga constante. Si te sientes agotado incluso después de una buena noche de sueño o sientes que no tienes energía para realizar tareas simples, es una señal de que tu cuerpo está pidiendo descanso.

Irritabilidad y cambios de humor: La sobrecarga también puede manifestarse a través de la irritabilidad, las explosiones emocionales o los cambios de humor. Si te das cuenta de que estás reaccionando de manera exagerada a situaciones que normalmente no te afectarían tanto, es una señal de que tu capacidad de lidiar con el estrés está comprometida.

Dificultad para concentrarse y tomar decisiones: Cuando estamos sobrecargados, nuestra capacidad de concentración y toma de decisiones puede verse comprometida. Si te encuentras luchando para concentrarte en el trabajo o en las actividades cotidianas y tomando decisiones impulsivas, esto puede indicar un nivel de estrés perjudicial.

Falta de motivación e interés: La sobrecarga también puede llevar a la pérdida de motivación e interés en las cosas que normalmente te dan alegría. Si te sientes apático con respecto a las actividades que solían entusiasmarte, es importante prestar atención a esa señal.

Problemas de sueño y salud física: El agotamiento puede afectar tu sueño, lo que puede provocar problemas como insomnio o sueño fragmentado. Además, el agotamiento prolongado puede tener un impacto negativo en tu salud física, aumentando la susceptibilidad a las enfermedades y disminuyendo la función inmunológica.

Respete sus límites: La clave para evitar el agotamiento es respetar sus propios límites. Sepa cuándo es hora de desacelerar, decir no a compromisos adicionales y priorizar el autocuidado. Ignorar las señales de sobrecarga puede resultar en agotamiento, burnout y problemas de salud más graves.

La importancia del autocuidado regular: La práctica regular del autocuidado es una forma eficaz de prevenir el agotamiento. Al reservar tiempo para cuidar de ti mismo, renuevas tus energías y construyes resiliencia para lidiar con los desafíos de la vida. Ten en cuenta que cuidar de ti mismo no es egoísmo, sino una inversión en tu propia salud y bienestar.

Esté atento a las señales que su cuerpo y mente le están enviando y no dude en hacer ajustes en su rutina para aliviar la sobrecarga. Si es necesario, busque ayuda profesional, como terapia o asesoramiento, para aprender estrategias eficaces de manejo del estrés y prevenir problemas más graves relacionados con la sobrecarga.

### Tome descansos regulares

En un mundo cada vez más acelerado y lleno de demandas, es esencial reservar momentos regulares a lo largo del día para tomar descansos y recargar sus energías. Los descansos no son solo una indulgencia; son una necesidad para mantener su bienestar físico, mental y emocional. La importancia de tomar descansos regulares incluye:

Renovación de energía: Tomar descansos a lo largo del día le permite renovar su energía física, mental y emocional. Incluso un descanso corto puede ayudar a revitalizar su mente y recargar su cuerpo, haciéndolo más alerta y productivo.

Mejora del enfoque y la productividad: Cuando está constantemente concentrado en una tarea, es fácil quedarse con la mente cansada y perder la claridad. Tomar descansos regulares mejora su enfoque y concentración, permitiéndole volver a sus actividades con una mente más clara y productiva.

Reducción del estrés: El estrés continuo sin descansos puede conducir a la acumulación de tensión y ansiedad. Tomar momentos para relajarse y respirar profundamente durante el día ayuda a reducir el estrés y promueve una sensación de calma.

Prevención de la fatiga mental: La fatiga mental ocurre cuando su mente se sobrecarga y se agota. Tomar descansos regulares ayuda a prevenir la fatiga mental, permitiendo que su mente descanse y se recupere antes de enfrentar nuevas tareas.

Recuerde que los descansos no tienen que ser largos para ser eficaces. Encuentre un ritmo que funcione para usted y su estilo de trabajo. Reservar momentos para descansos regulares demuestra autocompasión y un compromiso con su salud y bienestar general. Es una práctica simple, pero poderosa, que puede tener un impacto positivo significativo en su calidad de vida.

### Practica la autorreflexión

La práctica de la autorreflexión es una herramienta valiosa para mantener un equilibrio saludable entre tus responsabilidades y tus necesidades personales. Implica tomar un tiempo regularmente para conectarte contigo mismo, evaluar cómo te sientes y asegurarte de que estás priorizando tu propio bienestar. Formas de practicar la autorreflexión para un autocuidado sostenible:

Conexión contigo mismo: La autorreflexión es un momento de pausa en medio de la agitación de la vida cotidiana. Es un espacio donde puedes reconectarte contigo mismo, explorar tus sentimientos y pensamientos, y ganar una comprensión más profunda de tus propias necesidades y deseos.

Evaluación del equilibrio: Durante la autorreflexión, puedes evaluar cómo estás equilibrando tus responsabilidades con tus necesidades personales. Pregúntate a ti mismo: "¿Me estoy cuidando adecuadamente? ¿Estoy reservando tiempo para actividades que me traen alegría y relajación?" Esto te ayuda a identificar áreas donde puedes estar sobrecargándote y donde puedes ajustar tu enfoque.

Señales de alerta: La autorreflexión también te permite reconocer los signos de alerta de que algo está desequilibrado. Si te sientes constantemente estresado, agotado, irritado o emocionalmente sobrecargado, estos pueden ser signos de que es hora de ajustar tu enfoque y dedicar más tiempo al autocuidado.

Definición de prioridades: La autorreflexión te ayuda a definir prioridades claras. Al evaluar tus responsabilidades y tus necesidades personales, puedes identificar lo que es más importante para tu bienestar y enfocarte en esos aspectos.

La autorreflexión no es solo una actividad ocasional, sino un compromiso continuo contigo mismo. Al reservar tiempo para autor reflexionar regularmente, estás invirtiendo en tu salud física, emocional y mental. Esto te permite mantener un equilibrio saludable en tu vida y hacer ajustes según sea necesario para un autocuidado sostenible y eficaz.

## Pide ayuda

Pedir ayuda es un acto de coraje y autocompasión, y es esencial para mantener un autocuidado eficaz y sostenible. Muchas veces, la sobrecarga o el agotamiento pueden llevarnos a creer que necesitamos lidiar con todos solos, pero eso no es cierto. Al solicitar apoyo, fortaleces tu red de apoyo y permites que otros compartan el peso de tus responsabilidades. Maneras de pedir ayuda de forma saludable y eficaz:

Reconociendo la necesidad de ayuda: Es importante estar consciente de los signos de que te sientes sobre estimulado o incapaz de lidiar con tus responsabilidades solo. Esto puede incluir sentimientos de agotamiento constante, irritabilidad, dificultad para concentrarse y falta de motivación. Si notas estos signos, es un indicio de que es hora de pedir ayuda.

Destacando tu red de apoyo: Tu red de apoyo incluye amigos, familiares, colegas y profesionales de la salud. Estas personas están ahí para apoyarte y pueden ofrecerte perspectivas, consejos y asistencia práctica. No dudes en recurrir a ellos cuando necesites ayuda.

Quebrando el estigma: Pedir ayuda no es señal de debilidad. De hecho, es un signo de autoconciencia y respeto por ti mismo. El autocuidado implica reconocer tus propios límites y tomar medidas para mantener tu bienestar. Abrazar la idea de pedir ayuda ayudará a romper el estigma asociado a la necesidad de apoyo.

La fuerza en la vulnerabilidad: Pedir ayuda es un acto de vulnerabilidad, pero también es un acto de coraje. Esto demuestra que estás dispuesto a reconocer tus necesidades y a alcanzar los recursos disponibles para atender esas necesidades. Acoger el apoyo de otros fortalece tus relaciones y promueve un autocuidado más eficaz y equilibrado. Sé que no estás solo y que hay personas dispuestas a extender la mano cuando lo necesites.

## Aprende a decir no

La capacidad de decir no es fundamental para tu autocuidado y bienestar. Aunque es natural querer ayudar y complacer a los demás, aceptar tareas y compromisos en exceso puede conducir al agotamiento y al estrés. Aprender a decir no de forma asertiva y respetuosa es una forma poderosa de proteger tu tiempo, energía y salud mental. Aquí hay algunas maneras de desarrollar esta habilidad:

Reconociendo la importancia de decir no: Decir "no" no significa ser egoísta o grosero. Por el contrario, es una forma de honrar tus propios límites y necesidades. Cuando aceptas demasiado, puedes comprometer tu bienestar y eficacia en otras áreas de la vida.

Evaluando compromisos: Antes de aceptar nuevas tareas o compromisos, tómate un momento para evaluar tu carga actual. Pregúntate si realmente tienes el tiempo y la energía necesarios para dedicarte a esta nueva responsabilidad.

Comunicando con claridad: Al decir no, sé claro y directo. No necesitas dar excusas elaboradas o justificarte en exceso. Una respuesta simple y honesta, como "En este momento, no tengo la capacidad de asumir más tareas", es suficiente.

Ofreciendo alternativas: Si es posible, ofrece alternativas o sugerencias. Por ejemplo, podrías decir: "No puedo ayudarte con esto ahora, pero tal vez podamos encontrar a otra persona que pueda" o "Estoy un poco abrumado en este momento, pero puedo ayudar después de esa fecha".

Defendiendo tu tiempo y energía: Entiende que es perfectamente aceptable priorizar tu propio bienestar. Decir "no" no es un signo de debilidad, sino de autoconciencia y autocompasión.

Practicando el no con gratitud: A veces, decir no es una forma de preservar tu capacidad de dar lo mejor de ti cuando realmente importa. Al decir no a cosas que no están alineadas con tus prioridades, estás liberando espacio y energía para las cosas que realmente importan.

Aprendiendo de la experiencia: Ten en cuenta que aprender a decir no es un proceso continuo. Puede ser desafiante al principio, especialmente si estás acostumbrado a decir que sí automáticamente. Con el tiempo, sin embargo, esta habilidad se volverá más natural y te traerá beneficios duraderos.

Cultivando relaciones saludables: Decir no también implica establecer límites saludables en tus relaciones. Las personas que valoran tu bienestar respetarán tus decisiones y entenderán cuando necesites decir que no.

Sé que decir no es un acto de autocuidado y una forma de proteger tu salud mental y emocional. Al establecer límites y equilibrar tus responsabilidades, te estás capacitando para vivir una vida más equilibrada y satisfactoria.

### Ajusta tus expectativas

Las expectativas son una parte natural de la vida, pero cuando no se gestionan adecuadamente, pueden conducir a sentimientos de presión, estrés y agotamiento. Ajustar tus expectativas a un nivel realista es una estrategia esencial para proteger tu bienestar emocional y mantener un sentido de equilibrio. Aquí hay algunas maneras de practicar el ajuste de expectativas:

Reconociendo la importancia del ajuste: Las expectativas irreales pueden crear un ciclo de insatisfacción y frustración. La aceptación de que no todo puede lograrse o controlarse de manera perfecta es un paso crucial para la reducción del estrés y la sobrecarga.

Definiendo prioridades: Al ajustar tus expectativas, es importante identificar tus prioridades. Pregúntate cuáles son las metas más importantes y alcanzables en este momento. Concéntrate en lo que es esencial para ti y que puede lograrse con los recursos y el tiempo disponibles.

Evitando el perfeccionismo: El perfeccionismo es una trampa común que puede llevar a expectativas irrealmente altas. Reconoce que buscar la perfección es a menudo inalcanzable y puede causar más estrés que beneficios. En lugar de eso, busca la excelencia dentro de un marco realista.

Practicando la autocompasión: Sé amable contigo mismo cuando las cosas no salgan como lo planeado. Recuerda que todos enfrentan desafíos y momentos en los que las cosas no salen según lo esperado. En lugar de criticarte, practica la autocompasión y reconoce tu esfuerzo.

Estableciendo metas realistas: Al definir metas, asegúrate de que sean alcanzables dentro de las circunstancias actuales. Las metas realistas tienen en cuenta tus recursos, tiempo y capacidad. Dividir objetivos más grandes en etapas más pequeñas también puede hacerlos más alcanzables.

Practicando la flexibilidad: La vida es impredecible y no siempre ocurre como lo planeamos. Esté dispuesto a ajustar tus expectativas a medida que las situaciones cambian. La flexibilidad te permite adaptarte a los cambios y evitar frustraciones innecesarias.

Celebra tus logros: Al ajustar tus expectativas, también es importante reconocer y celebrar tus logros, por pequeños que sean. Apreciar el progreso que haces hacia tus metas ayuda a mantener una perspectiva positiva.

Buscar ayuda y apoyo: Si te sientes abrumado o luchas por ajustar tus expectativas, considera buscar ayuda de amigos, familiares o profesionales de la salud mental. Una perspectiva externa puede ayudarte a evaluar tus expectativas de manera más objetiva.

Al practicar el ajuste de expectativas, estás construyendo una base sólida para una vida equilibrada y saludable. Al definir metas realistas, practicar la autocompasión y adoptar un enfoque flexible, puedes reducir el estrés y la sobrecarga, permitiéndote concentrarte en lo que es más importante para tu bienestar.

### Haz lo que te hace bien

Una parte fundamental del autocuidado es priorizar las actividades que traen alegría, relajación y satisfacción personal. Hacer lo que te hace bien no es solo un lujo, sino una necesidad para mantener un equilibrio saludable en la vida. Aquí hay algunas formas de elegir y dedicar tiempo a actividades que contribuyen a tu bienestar:

Identificar actividades que te hacen bien: Comienza identificando las actividades que realmente te traen alegría y satisfacción. Piensa en pasatiempos, intereses o hobbies que te gustan, así como en interacciones sociales que te ponen animado y energizado.

Crear espacio para el ocio: El ocio desempeña un papel fundamental en reducir el estrés y mejorar el bienestar. Reserva un tiempo regular en tu agenda para dedicarte a actividades recreativas, como ver una película, leer un libro, practicar un deporte o cualquier cosa que te parezca divertida.

Explorar nuevos intereses: Experimentar nuevas actividades puede ser emocionante y enriquecedor. Sé abierto a explorar intereses que siempre has querido probar. Esto puede incluir aprender a tocar un instrumento, cocinar una nueva receta o participar en actividades artísticas.

Valorizar la interacción social: Las relaciones sociales positivas tienen un impacto significativo en nuestro bienestar. Reserva tiempo para estar con amigos, familiares o colegas que comparten intereses similares. Participar de actividades sociales puede ayudar a fortalecer los lazos y crear recuerdos felices.

Encontrar equilibrio: Encontrar un equilibrio entre obligaciones y actividades placenteras es esencial. Aunque es importante cumplir con las responsabilidades, también es vital reservar tiempo para ti mismo. El equilibrio ayuda a prevenir la sobrecarga y el agotamiento.

Adoptar un espíritu lúdico: Mantén un espíritu lúdico al dedicarte a actividades que te hacen bien. Reír, jugar y divertirse son formas poderosas de aliviar el estrés y mejorar el estado de ánimo.

Practicar la presencia plena: Al involucrarte en actividades que te traen alegría, practica la presencia plena. Esté completamente presente en el momento, absorbiendo los detalles y saboreando la experiencia.

Ajustar el foco: A veces, nos involucramos tanto en nuestras obligaciones que olvidamos dedicarnos a lo que nos hace bien. Ten en cuenta que reservar un tiempo para lo que te trae alegría es esencial para un bienestar saludable.

El autocuidado es una práctica continua que involucra atención constante a tus necesidades físicas, emocionales y mentales. Al practicar el autocuidado integral e incorporar hábitos saludables en tu rutina, creas una base sólida para el bienestar duradero. Además, estar atento a los signos de agotamiento y prevenir la sobrecarga es esencial para garantizar que estés cuidándote de manera efectiva. Consciente de que invertir en tu propio bienestar es una inversión valiosa en tu calidad de vida y felicidad.

11

# ENCONTRANDO SIGNIFICADO Y ALEGRÍA EN LA VIDA COTIDIANA

*Cada momento, incluso el más simple, tiene el potencial
de llenar nuestra vida de significado y alegría.*

En un mundo agitado y lleno de responsabilidades, es fácil perderse en la rutina y olvidarse de buscar momentos de significado y alegría. Sin embargo, encontrar sentido en su vida cotidiana y cultivar alegría es esencial para promover un bienestar duradero y una sensación de realización. En este capítulo, exploraremos prácticas y estrategias para incorporar el significado y la alegría en su vida diaria, permitiéndole vivir con más propósito y satisfacción.

## Practicando la atención plena: Cultivando la felicidad en el momento presente

La atención plena, también conocida como mindfulness, es una práctica que implica estar totalmente presente en el momento actual. Esto significa dedicar atención consciente a cada acción, pensamiento o sensación, sin juicio. La atención plena puede ser una herramienta poderosa para encontrar significado y alegría en su vida cotidiana. Son maneras de practicar la atención plena:

### Atención a la respiración

La práctica de atención a la respiración es una de las formas más simples y poderosas de entrar en contacto con el momento presente y calmar la mente agitada. Al reservar algunos minutos de su día para concentrarse en su respiración, puede cultivar una sensación de calma, claridad mental y presencia. Pasos para practicar la atención a la respiración:

Elija un lugar tranquilo: encuentre un espacio donde pueda estar cómodo y no será interrumpido. Puede ser un rincón tranquilo de su casa, un lugar al aire libre o cualquier ambiente que proporcione serenidad.

Postura cómoda: siéntese o acuéstese en una posición que sea cómoda para usted. Mantenga la columna erguida, permitiendo que el aire fluya libremente.

Cierre los ojos: cierre suavemente los ojos para minimizar las distracciones visuales. Esto también ayuda a dirigir su atención hacia adentro.

Dirija la atención a la respiración: comience a dirigir su atención a su respiración. Observe la sensación de aire entrando y saliendo de sus fosas nasales o el movimiento de su abdomen mientras respira.

Observe sin juicio: permítase observar la respiración sin juzgar o intentar cambiar nada. Si su mente comienza a divagar, traiga suavemente su atención de vuelta a la respiración.

Ancore en la respiración: use la respiración como un punto de anclaje. Siempre que note que su mente se ha alejado para pensar, preocuparse o distraerse, regrese a la sensación de su respiración.

Acepte la naturaleza de la mente: es normal que la mente divague. En lugar de frustrarse, reconozca que esto es parte de la experiencia. Simplemente traiga suavemente su atención de vuelta a la respiración.

Practique durante unos minutos: comience con solo unos minutos y, a medida que se familiarice con la práctica, puede extender el tiempo. Incluso practicar durante cinco a diez minutos puede traer beneficios significativos.

La práctica de la atención a la respiración no se trata de forzar a la mente a quedarse sin pensamientos. Se trata de cultivar una relación más consciente y amable con su experiencia interna. A medida que practique regularmente, podrá notar que la mente comienza a calmarse naturalmente, permitiéndole estar más presente y alerta en su vida cotidiana.

## Comer con conciencia

En nuestra vida agitada, muchas veces comemos de forma apresurada, distraída y automática. La práctica de comer con conciencia es una forma poderosa de traer la atención plena a una actividad cotidiana, como la alimentación. Esto no solo nos ayuda a apreciar verdaderamente la comida, sino también a cultivar una relación más saludable con nuestra alimentación. Pasos para practicar la alimentación consciente:

Elige un momento tranquilo: Elige una comida o refrigerio para practicar la alimentación consciente. Encuentra un lugar tranquilo donde puedas comer sin distracciones, como dispositivos electrónicos o televisión.

Observa tu comida: Antes de empezar a comer, reserva un momento para observar tu comida. Observa los colores, texturas y arreglo de los alimentos en el plato. Siente una sensación de gratitud por tener una comida delante de ti.

Mastica lentamente: Mientras comes, mastica cada mordida lentamente y con atención. Siente la textura y el sabor de los alimentos a medida que se desfasen en tu boca. Esto no solo mejora la digestión, sino que también permite que aprecies plenamente lo que estás comiendo.

Percibe las sensaciones físicas: Presta atención a las sensaciones físicas a medida que comes. Siente la sensación de los alimentos siendo engullidos, el movimiento de tu mandíbula y la sensación de saciedad a medida que comes.

Disfruta de los sabores: Concéntrate en los sabores de los alimentos. Percibe los diferentes gustos, dulzura, salinidad, acidez y amargura. Siente la riqueza de cada sabor y apréciatelo plenamente.

Evita el juicio: Practica la alimentación consciente sin juzgar. No etiquetes los alimentos como "buenos" o "malos". En su lugar, observa tus reacciones y preferencias sin críticas.

Siente la gratitud: Mientras comes, siente gratitud por cada alimento que está nutriendo tu cuerpo y proporcionando energía. Cultiva una actitud de apreciación por la comida y por la oportunidad de alimentarte.

Estar presente: Si tu mente empieza a divagar para pensamientos o preocupaciones, gentilmente trae tu atención de vuelta a la comida. Esté completamente presente en el acto de comer.

La práctica de comer con conciencia no solo transforma una actividad diaria en un momento significativo, sino que también ayuda a desarrollar una relación más saludable con la comida y la nutrición. A medida que te vuelves más consciente de tus hábitos alimenticios y sensaciones físicas, puedes tomar decisiones alimentarias más conscientes y alineadas con tus necesidades. Además, la alimentación consciente puede aumentar tu apreciación por la comida y por la vida en general, mientras nutre tanto el cuerpo como la mente.

### Atención a los sentidos

La práctica de atención a los sentidos es una manera eficaz de reconectarse con el momento presente, alejándose de las distracciones mentales y sumergiéndose en las experiencias sensoriales que nos rodean. Nuestra vida cotidiana está repleta de estímulos sensoriales, pero muchas veces pasamos por ellos sin realmente notar. Maneras de practicar la atención a los sentidos y cultivar una conexión más profunda con el mundo a tu alrededor:

Observación de los sonidos: Encuentra un lugar tranquilo donde puedas sentarte o estar de pie. Cierra los ojos y empieza a observar los sonidos a tu alrededor. Escucha atentamente los sonidos más cercanos y los más distantes. Sintoniza-te en los detalles sonoros, como diferentes tonos y ritmos. Al hacer esto, estás trayendo tu atención al presente momento, dejando de lado preocupaciones pasadas o futuras.

Explorando colores y formas: Mira a tu alrededor con una actitud de curiosidad. Observa los colores, formas y patrones a tu alrededor. Percebe cómo la luz interactúa con los objetos, creando sombras y realces.

Al observar los colores vivos, los detalles sutiles y las diferentes texturas, estás anclando tu atención en lo que está sucediendo en este exacto momento.

Sintonizando-te con el tacto: Selecciona un objeto cercano a ti y tócalo con atención plena. Siente su textura, temperatura y forma. Concéntrate en cómo es la sensación de tocar el objeto, explorando-lo con las puntas de los dedos. Esa práctica ayuda a dirigir tu mente para las sensaciones físicas presentes, alejándola de las preocupaciones mentales.

Percepción olfativa: Presta atención a los olores a tu alrededor. Inspira profundamente e identifica los diferentes aromas que percibes. Quizás sea el aroma de flores, comida, tierra mojada o incluso el aire fresco. Esa práctica no solo conecta a ti al momento presente, sino que también puede evocar memorias y sensaciones agradables.

Desacelerar y apreciar: A medida que practicas la atención a los sentidos, recuerda disminuir el ritmo y realmente apreciar cada experiencia. Siéntete libre de explorar diferentes sentidos en momentos diferentes. Por ejemplo, puedes empezar observando los sonidos que te rodean y luego pasar a la observación de los colores y las formas. La idea es estar totalmente presente en cada experiencia sensorial.

Sin juicio: Practica la atención a los sentidos sin juzgar. No etiquetes los sonidos como "buenos" o "malos", los colores como "agradables" o "desagradables", o las sensaciones como "correctas" o "incorrectas". Simplemente observa y siente, sin la necesidad de juzgar o evaluar.

La práctica de atención a los sentidos es una herramienta poderosa para salir del piloto automático y cultivar una conexión más profunda con el momento presente. A medida que te sintonizas con las sensaciones que te rodean, estás cultivando un nuevo sentido de apreciación por la vida y el mundo que te rodea. Además, esta práctica puede ayudar a reducir el estrés, la ansiedad y la rumia mental, creando un espacio para que te sientas más tranquilo y centrado.

### Atención plena en las actividades diarias

Una de las maravillas de la atención plena es su capacidad de transformar tareas aparentemente comunes en momentos significativos y enriquecedores. Al practicar la atención plena en las actividades diarias, puedes experimentar una nueva profundidad de conexión con el presente, independientemente de lo que estés haciendo. Aquí hay algunas maneras de traer la atención plena a tus tareas cotidianas:

Caminar con presencia: Incluso durante actividades simples como caminar, es posible cultivar la atención plena. Siente el contacto de tus pies con el suelo con cada paso. Observa cómo se mueve tu cuerpo y la manera en que tu respiración se sincroniza con el movimiento. Sé consciente de tus alrededores, absorbiendo las visiones y los sonidos a tu alrededor.

Baño con gratitud: El baño puede ser un momento relajante y revitalizante cuando lo abordas con atención plena. Siente el agua corriendo por tu cuerpo, percibe la temperatura y el toque del agua en tu piel. Respira profundamente y sé presente en ese momento de autocuidado. Deja que el agua lleve consigo cualquier tensión o preocupación.

Comidas conscientes: Convertir las comidas en una práctica consciente puede mejorar tu relación con la comida y aumentar tu apreciación por los sabores. Antes de empezar a comer, tómate un momento para observar la apariencia y el olor de tu comida. Mientras comes, mastica lentamente, saboreando cada bocado. Sé consciente de la sensación de saciedad que la comida trae a tu cuerpo.

Momentos de espera: Incluso los momentos de espera, como esperar en una fila o esperar a alguien, pueden convertirse en oportunidades para la atención plena. Observa tu respiración durante esos momentos. Siente el flujo de aire entrando y saliendo de tus pulmones. Esto puede ayudarte a mantener tu mente calmada y relajada.

Crea espacios mentales: Al traer la atención plena a las actividades diarias, estás creando espacios mentales para la tranquilidad y el contentamiento. Deja de lado el hábito de perderte en pensamientos sobre el pasado o el futuro. Al enfocar tu atención en las tareas en manos, estás entrenando tu mente para estar más presente y comprometida.

La práctica de la atención plena en las actividades diarias puede transformar tu rutina en una serie de momentos enriquecedores. Con cada tarea que realizas con atención plena, estás cultivando la habilidad de estar más consciente, más conectado contigo mismo y más presente en el mundo que te rodea. Independientemente de lo que estés haciendo, recuerda que la vida está sucediendo aquí y ahora, y es en esos momentos que puedes encontrar significado y alegría verdaderos.

### Desarrolla la gratitud

La gratitud es una práctica transformadora que puede abrir los ojos a la abundancia presente en nuestras vidas. Cuando practicas la gratitud con regularidad, comienzas a percibir y apreciar las pequeñas y grandes bendiciones que te rodean. Aquí hay algunas maneras de desarrollar la gratitud y cultivar la alegría en tu día a día:

Momento de gratitud diario: Elige un momento de tu día para conectarte con la gratitud. Puede ser por la mañana, al despertar, o por la noche, antes de dormir. Reserva unos minutos para reflexionar sobre lo que eres agradecido. Esto puede ayudarte a establecer un tono positivo para tu día o a concluir el día con una sensación de contentamiento.

Lista de gratitud: Mantén un diario de gratitud donde registres regularmente las cosas por las que eres agradecido. Puede ser un cuaderno físico o una nota en tu dispositivo electrónico. Anota al menos tres cosas que aprecias en tu vida, sea algo simple, como una sonrisa amable, o algo más significativo, como una conquista personal.

Gratitud por el presente: Practica la gratitud por las cosas presentes en el momento. Mientras realizas tus actividades diarias, detente para observar y agradecer. Esto puede ser la comida nutritiva que estás comiendo, el aire fresco que estás respirando o la belleza de la naturaleza que te rodea.

Cultiva la apreciación: A medida que practicas la gratitud, también cultivas un profundo sentido de apreciación. La gratitud te permite ver la belleza en las pequeñas cosas y valorar las conexiones humanas, los momentos de alegría e incluso los desafíos que te ayudan a crecer.

Comparte la gratitud: Expresar gratitud no solo internamente, sino también externamente, puede fortalecer las conexiones con los demás. Dile "gracias" a alguien que hizo algo amable por ti. Muestra aprecio por aquellos que te apoyan y forman parte de tu vida.

Amplia la perspectiva: A medida que practicas la gratitud, puedes notar que tu perspectiva comienza a expandirse. Empiezas a ver más allá de las dificultades momentáneas y te centras en las cosas positivas que llenan tu vida.

La gratitud es una herramienta poderosa para la atención plena, ya que dirige tu atención a lo que está presente y positivo en el momento. Al reconocer las bendiciones en tu vida, naturalmente experimentas una sensación de alegría y satisfacción. Ten en cuenta que la práctica de la gratitud no requiere grandes gestos; es el reconocimiento sincero de lo que ya tienes lo que hace toda la diferencia.

Practicar la atención plena es un regalo que te das a ti mismo. Cada momento de conciencia plena es una oportunidad para reconectarte contigo mismo y con el mundo que te rodea. A medida que te adentras en esta práctica, te darás cuenta de que la felicidad no reside en algún lugar lejano, sino justo en el momento presente. La atención plena nos ayuda a acoger cada momento con un corazón abierto, cultivando una profunda apreciación por lo que es verdaderamente importante en nuestras vidas.

## Buscando actividades placenteras: Redescubriendo intereses que traen alegría

La búsqueda de la alegría está intrínsecamente ligada a encontrar y dedicar tiempo a actividades que nos traen placer genuino y satisfacción. A menudo, en el torbellino de las responsabilidades del día a día, descuidamos estos intereses que pueden ser fuentes valiosas de felicidad. Al redescubrir e incorporar actividades placenteras en su vida, usted agrega colores vibrantes a sus días y crea momentos que son verdaderamente significativos. Maneras de buscar actividades placenteras:

### Reconectando con pasatiempos

Recordar y reconectarse con pasatiempos e intereses que trajeron alegría en el pasado es una forma poderosa de reavivar su espíritu y crear momentos de felicidad genuina. Muchas veces, a medida que envejecemos y asumimos más responsabilidades, esos intereses pueden haber sido dejados de lado. Sin embargo, traer esas pasiones de vuelta a su vida puede traer no solo alegría, sino también un sentido profundo de realización personal. Aquí hay algunas formas de reconectarse con sus pasatiempos e intereses antiguos:

Reflexionar sobre sus pasiones pasadas: Tómese un tiempo para reflexionar sobre los pasatiempos e intereses que le trajeron alegría y satisfacción en el pasado. Puede haber sido la sensación de tocar un instrumento musical, la alegría de pintar un cuadro, la creatividad en la cocina, la expresión en la escritura, la libertad en la danza o la paz de explorar la naturaleza. Recuerde las experiencias positivas y emocionantes que tuvo mientras se involucraba en esas actividades.

Priorizar el tiempo para pasatiempos: A veces, la vida agitada puede llevarnos a creer que no tenemos tiempo para nuestros pasatiempos. Sin embargo, es importante priorizar estas actividades que le traen alegría y realización. Reserve un tiempo específico en su agenda para dedicarse a su pasatiempo elegido. Esto puede ser algunas horas por semana o incluso algunos minutos todos los días. Crear un espacio para sus pasiones muestra que usted valora su propia felicidad.

Adaptándose al cambio: A veces, sus intereses pueden haber cambiado un poco desde la última vez que se involucró en un pasatiempo específico. Esté abierto a abrazar esos cambios. Tal vez desee explorar diferentes aspectos del mismo pasatiempo o experimentar algo completamente nuevo. La adaptación le permite mantener el entusiasmo y la sensación de descubrimiento.

Creando un espacio inspirador: Cree un espacio en su casa o en otro lugar donde pueda dedicarse a su pasatiempo. Tener un ambiente dedicado puede ayudar a crear un estado mental propicio a la creatividad y a la inmersión en la actividad. Si está volviendo a la música, por ejemplo, cree un espacio donde pueda tocar sin distracciones.

Compartiendo con otros: Compartir sus pasatiempos e intereses con amigos y familiares puede ser una experiencia enriquecedora. Esto no solo le permite conectarse con los demás por medio de intereses comunes, sino que también puede motivarlo a mantenerse involucrado. Además, puede considerar participar de grupos o comunidades en línea relacionadas con su pasatiempo para conocer a otras personas que comparten su pasión.

Reconectarse con pasatiempos es una manera de rejuvenecer su espíritu y traer una dosis de alegría genuina para su vida diaria. Además de proporcionar momentos de satisfacción, estas actividades pueden ayudar a aliviar el estrés, mejorar el humor y promover un sentido de realización personal. Por lo tanto, reserve un tiempo para perderse en las pasiones del pasado y descubra cómo pueden iluminar su presente.

## Explorando nuevas pasiones

La vida está llena de oportunidades para aprender, crecer y experimentar cosas nuevas. Cuando nos abrimos para explorar nuevas actividades e intereses, nos estamos dando la oportunidad de descubrir nuevas fuentes de alegría, desafiar nuestros límites y nutrir nuestra curiosidad innata. La exploración de nuevas pasiones no solo amplía nuestros horizontes, sino que también nos ayuda a encontrar un frescor renovado en nuestras vidas. Aquí hay algunas maneras de aventurarse en nuevas actividades e intereses:

Cultivando la curiosidad: Esté atento a las cosas que despiertan su curiosidad. Pregúntese a sí mismo qué siempre quiso aprender o experimentar. Puede ser algo que vio en un documental, escuchó hablar en una conversación o simplemente sintió una centella de interés. Déjese guiar por esa curiosidad y considere sumergirse en nuevas áreas.

Quebrando barreras del miedo: A veces, la idea de experimentar algo nuevo puede ser intimidante. El miedo a lo desconocido puede impedirnos dar el primer paso. Sin embargo, recuerde que la exploración de nuevas pasiones es sobre permitirse crecer y experimentar. No se preocupe por la perfección o con el resultado final; concéntrese en disfrutar del proceso.

Definición de metas de exploración: Establecer metas para explorar nuevas pasiones puede ser una manera eficaz de motivarse. Determine lo que desea lograr en relación con esa nueva actividad. Puede ser algo tan simple como tomar algunas clases de pintura o finalmente completar una ruta de senderismo desafiante. Establecer metas tangibles puede dar dirección a su proceso de exploración.

Aprendizaje constante: Al explorar una nueva pasión, esté dispuesto a aprender y crecer a lo largo del camino. Si está comenzando algo completamente nuevo, puede haber un período de aprendizaje y adaptación. Esto es normal y parte del camino. Celebre cada pequeño progreso y disfrute de la sensación de descubrimiento.

Compartiendo experiencias: Compartir su viaje de exploración con amigos, familiares o colegas puede ser una experiencia enriquecedora. Ellos pueden ofrecer apoyo, aliento e incluso unirse a usted en sus nuevas aventuras. Además, escuchar las experiencias de otras personas que ya están involucradas en la actividad puede ser inspirador.

Manteniendo una mente abierta: Tenga en cuenta que la exploración de nuevas pasiones puede conducir a sorpresas inesperadas. Puede descubrir habilidades o intereses que nunca imaginó tener. Esté abierto a todas las posibilidades y permita que su corazón e intuición lo guíen.

Explorar nuevas pasiones es una forma emocionante de agregar color y vitalidad a su vida. A través de la experimentación y la disposición para salir de su zona de confort, puede encontrar nuevas fuentes de alegría, satisfacción y realización. Comprenda que el viaje de exploración es tan valioso como el destino, así que disfrute de cada momento de este viaje de autodescubrimiento.

## Tiempo de ocio planificado

En nuestra vida agitada, es fácil caer en la trampa de dedicar todo nuestro tiempo a las obligaciones y responsabilidades, dejando poco espacio para el placer y la alegría. Sin embargo, es fundamental reconocer la importancia del tiempo de ocio planificado como una forma de nutrir nuestra alma, reponer nuestras energías y encontrar equilibrio. Al reservar momentos específicos para participar en actividades que nos traen alegría, estamos demostrando un compromiso activo con nuestro bienestar emocional y mental. Maneras de incorporar el tiempo de ocio planificado en su vida:

Programe con anticipación: Al igual que programaría compromisos laborales o reuniones importantes, reserve un tiempo en su agenda para actividades de ocio. Puede ser una hora todas las noches para leer un libro, una tarde de sábado para explorar la naturaleza o unos minutos todas las mañanas para meditar. Al programar con anticipación, está priorizando su propio bienestar.

Elija actividades que le traigan alegría: El tiempo de ocio planificado debe estar lleno de actividades que le traigan alegría y relajación. Pregúntese: "¿Qué me hace feliz?" Puede ser un pasatiempo que amas, una actividad creativa, un deporte que te gusta o incluso no hacer nada, solo apreciando la calma del momento.

Desconéctese de las distracciones: Al participar en su tiempo de ocio planificado, intente desconectarse de las distracciones tecnológicas y las preocupaciones del día a día. Reserve ese momento como un espacio sagrado para usted para reconectarse consigo mismo y disfrutar del presente.

Variedad y exploración: Aunque es genial tener actividades favoritas para el tiempo de ocio, también es beneficioso variar sus elecciones. Experimente cosas nuevas y explore diferentes intereses para mantener la experiencia fresca y emocionante.

Practica el presente: Mientras disfruta de su tiempo de ocio planificado, practique la atención plena al estar totalmente presente en la actividad. Deje de lado las preocupaciones y las distracciones y concéntrese en la experiencia. Esto amplifica los beneficios de su tiempo de ocio, permitiéndole aprovechar al máximo cada momento.

Compromiso consigo mismo: Sea consciente de que reservar tiempo de ocio planificado no es un lujo, sino una necesidad. Es un acto de autocuidado que fortalece su salud mental, emocional y física. Al comprometerse con esta práctica, está priorizando su propia felicidad y bienestar.

Flexibilidad y adaptación: La vida puede ser impredecible, y no siempre será posible seguir un cronograma estricto. Si algo surge que interfiere en su tiempo de ocio planificado, sea flexible y ajuste según sea necesario. El objetivo es crear un equilibrio saludable entre obligaciones y placer, y esto puede requerir alguna adaptación.

Entiende que el tiempo de ocio planificado no es un lujo egoísta, sino una parte esencial de cuidar de sí mismo. Al reservar tiempo para participar en actividades que le traen alegría y relajación, está invirtiendo en su propio bienestar y construyendo una vida más equilibrada y gratificante.

### Socialización positiva

Las conexiones que compartimos con amigos y familiares desempeñan un papel significativo en nuestra felicidad y bienestar. La socialización positiva implica pasar tiempo con personas que comparten nuestros intereses y valores, multiplicando la alegría y creando recuerdos que duran toda la vida. Al organizar encuentros sociales que involucran actividades placenteras, no solo fortalece sus lazos, sino que también construye una red de apoyo emocional que contribuye a su salud mental y emocional. Maneras de disfrutar de la socialización positiva:

Encuentros con propósito: Cuando planifique encuentros sociales, considere actividades que todos puedan disfrutar y que estén alineadas con los intereses y valores del grupo. Esto puede incluir actividades al aire libre, como picnics o caminatas, o actividades más relajantes, como sesiones de cine en casa.

Actividades lúdicas: Introduzca juegos de mesa, cartas u otras actividades lúdicas en sus encuentros sociales. Estos juegos no solo proporcionan diversión y risas, sino que también estimulan la interacción y la conexión entre los participantes.

Exploración creativa: Incorpore elementos creativos en sus encuentros, como noches de arte y manualidades, sesiones de pintura o incluso una noche de cocina. Estas actividades no solo despiertan la creatividad, sino que también proporcionan oportunidades para compartir experiencias únicas.

Experiencias culturales: Explore actividades que ofrezcan una experiencia cultural única, como cenar en un restaurante étnico o asistir a un espectáculo en vivo. Estas experiencias enriquecen el encuentro y proporcionan una conversación interesante.

Momentos de reflexión: Además de las actividades animadas, reserve un tiempo para momentos de reflexión más profunda. Puede ser un bateo sobre metas, aspiraciones o simplemente compartir historias de vida. Estos momentos íntimos pueden fortalecer los vínculos y profundizar las conexiones.

Creación de recuerdos duraderos: La socialización positiva crea oportunidades para crear recuerdos duraderos y significativos. Las risas compartidas, las conversaciones profundas y los momentos de conexión se convierten en las historias que llevarás contigo a lo largo del tiempo.

Práctica de la escucha activa: Durante los encuentros, practica la escucha activa, mostrando un interés genuino en las experiencias y los sentimientos de los demás. Esto crea un espacio seguro para compartir y fortalece las relaciones.

Al incorporar la socialización positiva en tu vida, estarás enriqueciendo tus relaciones y creando una red de apoyo emocional que contribuye a tu felicidad y bienestar. Las conexiones que cultivas durante estos momentos de alegría e interacción pueden ser una fuente inestimable de apoyo en los momentos difíciles y una fuente constante de alegría a lo largo de la vida.

### Mantenga un diario de alegría

En medio de la agitada vida cotidiana, a menudo dejamos pasar los momentos de alegría y satisfacción que experimentamos. Mantener un diario de alegría es una práctica poderosa que nos permite capturar y celebrar esos momentos especiales, cultivando un sentido continuo de gratitud y aprecio por la vida. Un diario de alegría no solo nos ayuda a reconocer las cosas que nos hacen felices, sino que también sirve como un refugio de inspiración y consuelo en los momentos en que enfrentamos desafíos. Maneras de incorporar un diario de alegría en su vida:

Comience con un diario especial: Elija un diario o cuaderno que reserve exclusivamente para sus entradas de alegría. Puede ser tan simple o elaborado como desee, reflejando su personalidad y estilo.

Capturando los momentos: Tómese un tiempo todos los días para reflexionar sobre las actividades, momentos o experiencias que le trajeron alegría. Esto puede variar desde una conversación agradable con un amigo hasta la contemplación de una puesta de sol.

Detalles vívidos: Al registrar esos momentos de alegría, sea específico en sus detalles. Describa las sensaciones, emociones y pensamientos que acompañan a cada experiencia. Esto le permite revivir esos momentos cuando lea sus entradas.

Exprese gratitud: Además de describir los momentos, también exprese gratitud por ellos. Reconozca el impacto positivo que estas experiencias tienen en su vida y practique la gratitud por haberlas vivido.

Revisite y reviva: Periódicamente, hojee su diario de alegría y recuerde los momentos que registró. Esta práctica no solo trae a colación sentimientos positivos, sino que también reaviva la alegría que sintió originalmente.

Inspirémonos en tiempos difíciles: Cuando enfrenta desafíos o momentos difíciles, su diario de alegría se convierte en un refugio de inspiración. Leer sus entradas pasadas puede recordarle que existen momentos de luz, incluso en los tiempos más sombríos.

Comparta con otros: Si lo desea, comparta sus entradas de alegría con amigos cercanos o familiares. Esto no solo fortalece las conexiones, sino que también puede inspirar a otros a cultivar su propia práctica de gratitud.

Cree un ritual diario: Incorpore la escritura en su día creando un ritual diario para registrar un momento de alegría. Puede ser por la mañana al despertar o por la noche antes de acostarse.

Al buscar actividades placenteras, está esencialmente invirtiendo en su propio bienestar emocional. Estos momentos de alegría pueden funcionar como anclas, recordándole que la vida está repleta de experiencias positivas. Al hacer de estas actividades una parte regular de su vida, está cultivando un ambiente que nutre su felicidad y contribuye a una sensación duradera de satisfacción.

## Creando un ambiente positivo: Rodeándote de elementos que inspiran positividad

El ambiente que te rodea juega un papel importante en tu perspectiva y bienestar. Crear un ambiente positivo que refleje tus valores e inspire positividad puede aumentar tu sentido de significado y alegría. Formas de crear un ambiente que contribuya a tu bienestar:

## Organización y limpieza

El ambiente que nos rodea juega un papel significativo en nuestra salud emocional y mental. Un espacio organizado y limpio no solo contribuye a un sentido de tranquilidad, sino que también puede mejorar nuestro humor, productividad y bienestar general. Crear un ambiente positivo es una forma tangible de invertir en nuestro propio cuidado y felicidad. Maneras de incorporar la organización y limpieza en tu vida para crear un ambiente que sea un refugio de positividad:

Limpieza regular: Programa momentos regulares para limpiar y ordenar tu casa o espacio de trabajo. Esto no solo mejora la apariencia, sino que también ayuda a crear una sensación de orden y calma.

Desapego y simplificación: Al organizar, considera lo que realmente necesitas y usas. Desapegarse de artículos no utilizados o innecesarios no solo libera espacio, sino que también libera energía emocional.

Crea zonas funcionales: Organiza tu espacio de acuerdo con la funcionalidad. Crea áreas específicas para diferentes actividades, como trabajo, relajación y creatividad. Esto ayuda a mantener la claridad y el propósito en cada espacio.

Toques personales: Agrega elementos personales que te hagan sentir bien en tu ambiente. Esto puede ser a través de colores, decoraciones, fotos de momentos felices u objetos que tengan significado especial.

Luz y ventilación: Mantén tu ambiente bien iluminado y ventilado. La luz natural y el aire fresco tienen un impacto positivo en nuestro humor y salud.

Reduce la desorganización: La desorganización puede causar sensaciones de estrés y desorganización. Reserva un tiempo para organizar papeles, materiales y objetos, asegurando que cada cosa tenga un lugar designado.

Crea espacios de descanso: Dedica áreas específicas para el descanso y la relajación, donde puedas retirarte para recargar y rejuvenecer.

Agrupamiento y organización visual: Mantén objetos similares agrupados para crear una sensación de orden visual. Usa cajas, estantes y organizadores para mantener todo organizado.

Cuida de las plantas: Si tienes plantas, cuídalas. Las plantas no solo añaden belleza al ambiente, sino que también pueden mejorar la calidad del aire y traer una sensación de vida al espacio.

Celebre el proceso: La organización y la limpieza no tienen que ser tareas arduas. Enfréntalas como oportunidades de autocuidado y celebra el progreso que haces. Pon tu música favorita mientras organizas o tómate un momento para admirar tu espacio después de la limpieza.

Investir tiempo en la organización y limpieza de tu ambiente es una manera tangible de nutrir tu propia felicidad y bienestar. A medida que creas un ambiente que refleja positividad y armonía, estás proporcionándote un espacio donde la alegría puede florecer y prosperar.

## Elementos inspiradores

La manera en que decoramos nuestro espacio puede tener un impacto profundo en nuestra disposición emocional y mental. Elementos inspiradores no solo hacen que nuestro ambiente sea visualmente atractivo, sino que también pueden estimular la creatividad, evocar sentimientos positivos y traer una sensación de alegría. Al agregar toques de inspiración a tu ambiente, estás cultivando un espacio donde puedes sentirte motivado y revigorado. Maneras de incorporar elementos inspiradores en tu ambiente:

Obras de arte y fotografías: Elige obras de arte o fotografías que resuenen contigo emocionalmente. Puede ser una pintura colorida, una imagen de la naturaleza o una foto de un momento especial. Estas piezas visuales pueden servir como recordatorios constantes de cosas que amas y valoras.

Citas motivadoras: Coloca citas inspiradoras o palabras de sabiduría en lugares visibles. Estos mensajes pueden servir como recordatorios poderosos de tus objetivos, valores y aspiraciones.

Plantas y elementos naturales: Introduce plantas y elementos naturales en tu espacio. Las plantas no solo agregan un toque de belleza, sino que también traen una sensación de calma y conexión con la naturaleza.

Espacio creativo: Crea un espacio dedicado a la creatividad. Esto puede ser un rincón para escribir, pintar, dibujar, hacer artesanito o cualquier otra actividad que estimule tu expresión creativa.

Objetos con significado: Coloca objetos que tengan un significado especial para ti. Esto puede incluir recuerdos de viajes, regalos de seres queridos o artículos que representen tus pasiones e intereses.

Colores y texturas: Elige colores y texturas que evoquen sentimientos de alegría y bienestar. Colores vibrantes y tonos suaves pueden tener un impacto positivo en tu estado de ánimo.

Organización inspirada: Mantén tu espacio organizado de una manera que te inspire. Utiliza organizadores, estantes y cajas decorativas para mantener todo ordenado y accesible.

Espacio para reflexión: Crea un pequeño espacio para la reflexión y la meditación. Puede ser un rincón tranquilo con almohadas, velas y elementos que promuevan la tranquilidad.

Redefiniendo el espacio: A veces, basta con cambiar la disposición de los muebles o añadir nuevos elementos decorativos para revitalizar el ambiente y aportar nueva energía.

Ritual diario: Crea un ritual diario para apreciar los elementos inspiradores en tu espacio. Puede ser un momento de silencio para contemplar el arte, leer una cita o simplemente admirar la belleza que te rodea.

Al llenar tu espacio con elementos que inspiren y eleven tu espíritu, estás creando un refugio de alegría y positividad. Tu espacio se convierte en algo más que un lugar físico: se convierte en un santuario que refleja tu esencia y apoya tu bienestar emocional.

## Colores e iluminación

La elección de los colores y la calidad de la iluminación en un ambiente pueden tener un impacto significativo en su estado de ánimo y en su bienestar general. Estos elementos no solo decoran el espacio, sino que también tienen la capacidad de crear una atmósfera que afecta sus emociones, energía y sensación de comodidad. Al considerar colores e iluminación, puede crear un ambiente que promueva la positividad y la armonía. Detalles sobre cómo estos factores pueden influir en su espacio:

Psicología de los colores: Los colores tienen la capacidad de evocar emociones y sentimientos específicos. Por ejemplo, los tonos de azul pueden transmitir calma y tranquilidad, mientras que los tonos de amarillo pueden representar alegría y optimismo.

Elección consciente: Al seleccionar los colores para su ambiente, piense en el clima emocional que desea crear. Los colores más suaves y los tonos pastel pueden traer una sensación de serenidad, mientras que los colores vibrantes pueden agregar energía y vitalidad.

Combinaciones armoniosas: Al combinar colores, considere la armonía y el equilibrio. Los colores complementarios, análogos o monocromáticos pueden crear una sensación de cohesión y comodidad visual.

Iluminación con luz natural: La luz natural es una de las formas más saludables y beneficiosas de iluminación. Ayuda a regular el reloj biológico, mejora el humor y trae una sensación de conexión con el entorno externo.

Iluminación artificial: Elija la iluminación artificial con cuidado. La iluminación general puede crear una atmósfera acogedora, mientras que la iluminación direccional puede resaltar elementos específicos del espacio.

Temperatura de color: La temperatura de color de la iluminación también es importante. Las luces más cálidas, similares a la luz del sol de la mañana, pueden crear una atmósfera relajante, mientras que las luces más frías pueden estimular la concentración.

Reflejando su personalidad: Elija colores e iluminación que reflejen su personalidad y estilo de vida. Esto lo ayudará a sentirse más conectado al ambiente.

Creación de ambientes: Tenga en cuenta que diferentes ambientes pueden requerir diferentes enfoques. Un espacio de relajación puede beneficiarse de colores e iluminación suaves, mientras que un área de trabajo puede necesitar iluminación más brillante para promover la productividad.

Al considerar colores e iluminación en su ambiente, tenga en cuenta no solo el aspecto estético, sino también cómo estos elementos pueden influir positivamente en su experiencia diaria. Crear un espacio equilibrado, que resuene con usted y promueva sentimientos de comodidad y alegría, es un paso importante para cultivar un ambiente que contribuya a su bienestar emocional y mental.

## Reduzca el exceso

Una manera eficaz de promover un ambiente positivo y propicio al bienestar es reducir el exceso de artículos y objetos que pueden causar desorden y distracción. Al hacer esto, no solo crea un espacio físico más organizado, sino que también libera espacio mental para concentrarse en lo que es verdaderamente importante y significativo. Consideraciones para ayudarlo a reducir el exceso en su vida:

Evalúe lo que es necesario: Dedique algún tiempo a evaluar los artículos en su espacio. Pregúntese sobre la utilidad y el valor de cada objeto. Deshágase de cosas que ya no contribuyen a su vida o que solo están ocupando espacio.

Desapegue con intención: Al decidir si deshacerse de algo, hágalo con intención. Pregúntese si el artículo aún tiene utilidad o si le trae alegría a su vida. La aproximación del método KonMari, por ejemplo, implica mantener solo aquello que "despierta alegría".

Organización funcional: Organice sus pertenencias de forma funcional. Esto significa asignar un lugar específico para cada cosa y mantener artículos similares juntos. Tener un sistema organizado facilita la ubicación de las cosas y mantiene el espacio ordenado.

Reduzca el consumismo: Evite acumular más cosas de las que realmente necesita. Practique el consumo consciente, evaluando si un artículo es realmente necesario antes de comprarlo.

Promueva el espacio positivo: Al reducir el exceso, crea un ambiente que permite que sus prioridades e intereses genuinos se destaquen. Deshágase de distracciones visuales innecesarias para que pueda concentrarse en las actividades que traen alegría y significado.

Menos es más: Recuerde que menos puede ser más. Un espacio menos lleno de cosas puede resultar en mayor claridad mental, tranquilidad y una sensación de espacio abierto.

Reevalúe regularmente: La reducción del exceso es un proceso continuo. Regularmente, reserve tiempo para reevaluar sus posesiones y hacer ajustes según sea necesario. Esto lo ayudará a mantener su espacio organizado y alineado con sus necesidades y objetivos actuales.

La reducción del exceso no se trata solo de crear un espacio más organizado, sino también de cultivar una mentalidad de simplicidad y enfoque. Al liberarse de artículos innecesarios, usted abre espacio para las cosas que realmente importan, promoviendo un ambiente que apoya su bienestar emocional, mental y espiritual.

### Espacios relajantes

Tener espacios dedicados a la relajación y la reflexión en su casa es fundamental para cultivar momentos de tranquilidad en medio de la agitación del día a día. Estos espacios proporcionan refugios donde puedes desconectarte, recargar energías y reconectarte contigo mismo. Cómo crear espacios relajantes en su casa:

Elija un lugar tranquilo: Identifique un lugar en su casa donde pueda crear un espacio relajante. Puede ser un rincón silencioso del dormitorio, una terraza soleada o incluso un pequeño espacio en una sala de estar.

Decoración acogedora: Decore el espacio con elementos que transmitan comodidad y calidez. Agregue almohadas suaves, mantas acogedoras y muebles cómodos para crear una atmósfera acogedora.

Iluminación suave: Opte por una iluminación suave e indirecta en este espacio. Lámparas de pie, los downlights o las velas pueden crear una atmósfera serena. La iluminación suave ayuda a crear un ambiente relajante.

Incorpore la naturaleza: Si es posible, coloque el espacio cerca de una ventana con vista a la naturaleza. La presencia de plantas también puede traer una sensación de tranquilidad y conexión con la naturaleza.

Elementos de reflexión: Agregue elementos que incentiven la reflexión y la práctica de la atención plena, como una almohada de meditación, un pequeño altar con objetos significativos o un área para leer.

Tecnología limitada: Mantenga la tecnología fuera de este espacio. Evite la presencia de dispositivos electrónicos que puedan distraerlo. Este es un lugar para desconectarse y concentrarse en sí mismo.

Rutina de relajación: Incorpore este espacio en su rutina diaria de relajación. Reserve unos minutos todos los días para meditar, leer, escribir o simplemente sentarse en paz. Esto ayuda a crear una asociación positiva con el espacio.

Personalización: Personalice el espacio según sus preferencias e intereses. Agregue elementos que se conecten con usted y que lo ayuden a sentirse cómodo.

Sin presión: Recuerde que este espacio es para que se desconecte y se relaje, no para sentirse presionado a hacer algo específico. Déjelo que sea un lugar de libertad y alivio.

Crear espacios relajantes en su casa es una forma eficaz de cuidar de su bienestar emocional y mental. Estos rincones especiales proporcionan un descanso de la agitación de la vida y ofrecen momentos de calma y serenidad.

## Música y sonidos agradables

La música y los sonidos tienen el poder de crear una atmósfera única en cualquier ambiente. Al elegir cuidadosamente los tipos de música y sonidos que incorpora a su espacio, puede transformarlo en un refugio de serenidad y alegría. Cómo aprovechar la música y los sonidos agradables para mejorar su ambiente:

Elija el ritmo y el tono adecuados: La música tiene una variedad de ritmos y tonos, cada uno capaz de evocar diferentes emociones. Elija músicas que coincidan con la atmósfera que desea crear. Por ejemplo, las músicas suaves y melódicas pueden promover la calma, mientras que las músicas más animadas pueden traer energía.

Cree listas de reproducción relajantes: Cree listas de reproducción con músicas que tengan un efecto relajante en usted. Puede ser música clásica, músicas instrumentales, sonidos de la naturaleza o músicas que le remitan a recuerdos felices. Toque estas listas de reproducción cuando esté en su espacio de relajación.

Sonidos de la naturaleza: Además de la música, los sonidos naturales, como el canto de los pájaros, el sonido de las olas del mar o el murmullo de un arroyo, pueden crear una sensación de conexión con la naturaleza y promover la relajación.

Momentos de meditación sonora: Use música o sonidos relajantes como telón de fondo para prácticas de meditación o momentos de atención plena. La música suave puede ayudar a calmar la mente y crear un ambiente propicio para la relajación profunda.

Sonidos que elevan el ánimo: Además de los sonidos relajantes, considere incorporar músicas que eleven su ánimo y promuevan sentimientos de felicidad y alegría. Músicas con ritmos contagiosos o letras inspiradoras pueden transformar su espacio en un lugar de positividad.

Personalización: La elección de la música y los sonidos es personal. Seleccione aquello que resuena con usted y que le trae emociones positivas. Tenga en cuenta que la intención es crear un ambiente que sea un reflejo de sus preferencias y que promueva el bienestar.

Equilibrio y moderación: Mantenga un equilibrio entre los momentos con música y aquellos de silencio. A veces, el silencio también es necesario para relajarse completamente y escuchar los propios pensamientos.

Adaptación a las situaciones: Adapte la selección de música según la actividad que esté realizando. La música animada puede ser ideal para realizar tareas, mientras que la música tranquila es más adecuada para relajarse.

Incorporar música y sonidos agradables a su ambiente es una forma eficaz de influir positivamente en su estado de ánimo y crear una atmósfera que contribuya a su bienestar emocional. Crea una banda sonora para tu vida que esté llena de armonía y alegría.

Encontrar significado y alegría en el día a día es un compromiso continuo consigo mismo. Practicar la atención plena, buscar actividades placenteras y crear un ambiente positivo son formas poderosas de nutrir su alma y cultivar una sensación duradera de bienestar. Al adoptar estas prácticas en su vida, crea un espacio donde la felicidad es una elección consciente y donde cada momento puede ser vivido con significado y alegría. Recuerda que es posible encontrar belleza y satisfacción en las pequeñas cosas y que cada día ofrece la oportunidad de crear momentos significativos.

**12**

# LA JORNADA
# DE LA AUTORREFLEXIÓN

*La autorreflexión nos guía por el laberinto de nuestras emociones,
revelando perspectivas profundas sobre quiénes somos.*

La jornada de la autorreflexión es una experiencia de crecimiento personal y autoconocimiento. En este capítulo, exploraremos la importancia de superar recaídas y reconocer que la jornada de crecimiento personal es un proceso continuo.

## Superando recaídas: Estrategias para lidiar con momentos difíciles sin rendirse

A lo largo de la jornada de la autorreflexión y del crecimiento personal, es natural enfrentar desafíos y recaídas. Lo importante es no rendirse y encontrar maneras de superar esos obstáculos. Son estrategias para lidiar con momentos difíciles:

### Practica la compasión por ti mismo

Enfrentar recaídas es una parte natural de la experiencia de crecimiento personal y autorreflexión. En lugar de culparte o sentirte desanimado cuando ocurran, es fundamental adoptar un enfoque de autocompasión. La autocompasión implica tratarte a ti mismo con la misma gentileza, comprensión y empatía que le ofrecerías a un amigo querido. Son maneras de practicar la autocompasión durante momentos de recaída:

Reconoce la humanidad compartida: Entiende que todos los seres humanos enfrentan desafíos y momentos difíciles en sus vidas. La recaída no es un signo de debilidad, sino una experiencia compartida por todos.

Desarma la autocrítica: Evita caer en la trampa de la autocrítica y la auto depreciación. En lugar de culparte, recuerda que nadie es perfecto, y todos cometen errores.

Trátate con gentileza: Cuando sientas que estás siendo duro contigo mismo, párate y piensa: "¿Cómo trataría a un amigo que estuviera pasando por eso?" Ofrécete a ti mismo palabras gentiles y alentadoras.

Practica la autocompasión en palabras: Habla contigo mismo de una manera que sea gentil e incentivadora. Evita usar lenguaje negativo o autocrítico.

Acepta tus emociones: En lugar de intentar suprimir o negar tus emociones durante una recaída, permítete sentir lo que estás sintiendo. Reconoce que es normal tener sentimientos de frustración o decepción.

Recuerda tu progreso: Recuerda las conquistas y los progresos que has hecho hasta ahora en tu jornada. Esto puede ayudar a poner la recaída en perspectiva y recordarte que eres capaz de superar desafíos.

Cultiva una perspectiva de aprendizaje: Enfrenta cada recaída como una oportunidad de aprendizaje. Pregúntate a ti mismo qué puedes aprender de la situación y cómo puedes aplicar ese aprendizaje en el futuro.

Visualiza el apoyo de un amigo: Imagina que un amigo cercano está pasando por la misma situación. ¿Cómo le ofrecerías apoyo y aliento a ese amigo? Aplica esas mismas actitudes a ti mismo.

Respira y practica el autocuidado: En momentos de recaída, practica técnicas de respiración profunda y otras actividades de autocuidado que te traigan confort y alivio.

Permítete empezar de nuevo: Sabe que cada día es una nueva oportunidad para empezar de nuevo. Una recaída no define tu trayectoria de crecimiento personal, y puedes continuar construyendo hacia tus objetivos.

La autocompasión es una habilidad que puede ser desarrollada con el tiempo. Cuanto más la practiques, más natural se vuelve en momentos desafiantes. Al tratarte a ti mismo con gentileza y compasión, construyes una base sólida de resiliencia emocional, que te ayuda a enfrentar recaídas con una mentalidad positiva y constructiva.

### Analizar la situación

Cuando se enfrenta a una recaída o un momento difícil en su camino de autorreflexión y crecimiento personal, es valioso tomarse un tiempo para analizar la situación en profundidad. Analizar la situación implica reflexionar sobre lo que llevó a la recaída, identificando los desencadenantes, las emociones y las circunstancias que contribuyeron al acontecimiento. Este análisis puede proporcionarle información valiosa sobre sus vulnerabilidades y permitirle desarrollar estrategias para evitar estos patrones en el futuro. Etapas a considerar al analizar la situación:

Autoconciencia profunda: Reserve un tiempo para alejarse de la situación inmediata y permítase reflexionar con calma y honestidad. Esto implica explorar sus emociones, pensamientos y comportamientos que estuvieron involucrados en la recaída.

Identificación de desencadenantes: Pregúntese cuáles fueron los desencadenantes que desencadenaron la recaída. Un desencadenante puede ser una situación estresante, una emoción intensa, un ambiente desafiante o incluso una interacción social específica. Reconocer estos desencadenantes es el primer paso para evitar situaciones similares en el futuro.

Exploración de las emociones: Analice las emociones que estaba sintiendo antes y durante la recaída. Puede haber sido ansiedad, tristeza, ira u otras emociones. Comprender cómo estas emociones influyeron en sus acciones puede ayudarlo a desarrollar estrategias de afrontamiento más saludables.

Circunstancias relevantes: Considere las circunstancias que rodeaban la recaída. Esto puede incluir factores externos, como eventos estresantes, o factores internos, como niveles de energía, salud física o relaciones.

Identificar estas circunstancias puede ayudarlo a estar más consciente de cuándo pueden afectar su bienestar.

Patrones conductuales: Analice sus comportamientos y acciones que llevaron a la recaída. Pregúntese si hubo patrones anteriores de comportamiento que contribuyeron a la situación. Identificar estos patrones puede ayudarlo a tomar medidas proactivas para interrumpirlos en el futuro.

Reflexión imparcial: Trate de observar la situación de manera imparcial, como si estuviera observando a un amigo. Esto puede ayudar a evitar el auto juicio excesivo y permitirle ver la situación de forma más objetiva.

Lecciones y estrategias: Después de identificar los desencadenantes, las emociones y los patrones, piense en qué lecciones puede aprender de la situación. Considere qué estrategias de afrontamiento pueden ser útiles para evitar recaídas similares en el futuro. Esto puede implicar el desarrollo de nuevas habilidades de afrontamiento, la búsqueda de apoyo o la creación de un plan de acción para situaciones desafiantes.

Tenga en cuenta que el análisis de la situación no se trata de culparse, sino de obtener información valiosa para su crecimiento personal. Al comprender mejor las dinámicas que contribuyeron a la recaída, está mejor equipado para tomar medidas proactivas para evitar situaciones similares en el futuro y continuar avanzando en su camino de autorreflexión y bienestar.

### Aprender de las recaídas

Aunque las recaídas pueden ser desalentadoras, es fundamental entender que cada una de ellas conlleva un potencial valioso de aprendizaje. Cada vez que se enfrenta a una recaída en su camino de autorreflexión y crecimiento personal, tiene la oportunidad de obtener información profunda sobre sí mismo y desarrollar estrategias más eficaces para el futuro. Aprender de las recaídas es un enfoque constructivo que puede impulsar su crecimiento y fortalecimiento emocional. Maneras de aprovechar al máximo esta oportunidad de aprendizaje:

Autoexploración: En lugar de centrarse solo en la recaída en sí, reserve un tiempo para explorar las razones subyacentes que la llevaron a ocurrir. Pregúntese qué emociones, pensamientos o situaciones desencadenaron la recaída. Esta exploración puede ayudar a descubrir patrones y vulnerabilidades.

Identificación de patrones: Al analizar varias recaídas, puede comenzar a identificar patrones recurrentes. Esto puede incluir desencadenantes comunes, emociones específicas o circunstancias similares. Identificar estos patrones lo capacita para estar más consciente y adoptar medidas preventivas.

Desarrollo de estrategias: Con base en las lecciones aprendidas de las recaídas, comience a desarrollar estrategias de afrontamiento más eficaces. Esto puede implicar aprender nuevas habilidades para lidiar con el estrés, crear un plan de acción para situaciones desafiantes o buscar apoyo cuando sea necesario.

Resiliencia y autocompasión: Aprender de las recaídas puede aumentar su resiliencia emocional. A medida que desarrolla la capacidad de recuperarse después de un revés, también está practicando la autocompasión. Recuerde que todos enfrentan desafíos, y tratarse con gentileza y comprensión es esencial.

Cultivo de cambios graduales: Al analizar los patrones y desencadenantes que llevaron a la recaída, puede comenzar a implementar cambios graduales en su vida. Esto puede implicar ajustar su rutina, adoptar nuevas prácticas de autocuidado o tomar medidas para reducir la exposición a desencadenantes específicos.

Evaluación del progreso: Aprender de las recaídas también le permite evaluar su progreso a lo largo del tiempo. Al observar cómo evolucionan sus respuestas y reacciones, puede ver evidencias tangibles de crecimiento y desarrollo personal.

Aceptación y progreso continuo: Acepte que las recaídas son parte del camino de crecimiento personal. En lugar de sentirse derrotado, vea cada recaída como una oportunidad para avanzar. El progreso es continuo, y cada vez que aprende y se adapta, se acerca a sus objetivos.

Tome conciencia de que aprender de las recaídas requiere paciencia y autocompasión. Se trata de capacitarse para tomar medidas más conscientes y positivas en el futuro, en lugar de quedarse atrapado en el pasado. Cada recaída es una oportunidad para crecer, y este enfoque de aprendizaje puede enriquecer su viaje de autorreflexión y bienestar emocional.

### Pide apoyo

En momentos de dificultad y recaída, buscar apoyo de personas en las que confíes puede ser un paso fundamental para afrontar los desafíos y superarlos. Amigos, familiares y profesionales de salud mental pueden ofrecer un espacio seguro para expresar tus emociones, compartir tus preocupaciones y recibir el apoyo necesario. Estas son algunas maneras de buscar y recibir apoyo durante estos momentos:

Comunicación abierta: No tengas miedo de compartir lo que estás pasando con las personas cercanas a ti. Hablar sobre tus luchas puede aliviar la presión emocional y proporcionar una salida para tus sentimientos.

Elegir confidentes: Identifica personas en tu vida que sean solidarias y empáticas. Elige individuos que puedan escuchar sin juicio y ofrecer palabras de consuelo.

Profesionales de salud mental: Si estás enfrentando desafíos emocionales más intensos, considerar la búsqueda de apoyo profesional de un terapeuta, psicólogo o psiquiatra puede ser extremadamente beneficioso. Ellos tienen la experiencia y las herramientas para ayudarte a navegar por momentos difíciles.

Grupos de apoyo: Participar en grupos de apoyo puede ofrecer una red de personas que enfrentan desafíos similares. Esto proporciona un sentido de pertenencia, comprensión y intercambio de experiencias.

Escucha activa: Cuando te abres a recibir apoyo, permite que te escuchen y comprendan. La escucha activa es una parte vital de la conexión emocional y ayuda a fortalecer los lazos con los demás.

Perspectivas externas: A veces, amigos y familiares pueden ofrecer perspectivas que no hayas considerado. Sus observaciones y consejos pueden ayudarte a ver situaciones de manera diferente.

Aprendizaje compartido: Al compartir tus luchas, puedes descubrir que no estás solo en tus experiencias. Esto puede ser reconfortante y recordarte que otras personas también enfrentan desafíos similares.

Respeta tu espacio: Encontrar apoyo no significa que tengas que compartir todo con todos. Respeta tus límites y elige las personas con las que te sientes más cómodo compartiendo.

Expresión emocional: El apoyo también implica permitirte expresar tus emociones. Hablar sobre lo que estás sintiendo puede aliviar la tensión emocional y ofrecer una sensación de alivio.

Autovalidación: Recuerda que, incluso al buscar apoyo externo, tu validación interna es crucial. Tu experiencia y sentimientos son válidos, independientemente de cómo los demás respondan.

Buscar apoyo durante momentos difíciles es una demostración de coraje y autocompasión. Conectarse con los demás puede ayudarte a sentirte menos aislado y más fortalecido para afrontar los desafíos que surgen en tu camino de autorreflexión y crecimiento personal.

## Reconexión con tus objetivos

A lo largo del camino de crecimiento personal, es natural encontrar momentos en los que tu motivación y enfoque pueden desviarse. En estas situaciones, reconectarte con tus objetivos iniciales puede ser una forma poderosa de reavivar tu motivación y dirigir tus esfuerzos de vuelta a lo que es importante para ti. Estas son algunas maneras de reconectarte con tus objetivos:

Reflexionar sobre tus motivos: Tómate un tiempo para recordar los motivos por los que decidiste embarcarte en esta trayectoria de crecimiento personal. Esto puede incluir mejorar tu salud mental, desarrollar relaciones más saludables o alcanzar un sentido más profundo de propósito.

Visualización creativa: Cierra los ojos e imagínate alcanzando tus objetivos. Visualiza cómo será tu vida cuando alcances lo que deseas. Esta técnica puede ayudar a crear una imagen mental positiva y motivadora.

Anotar tus objetivos: Escribir tus objetivos en un papel puede hacerlos más tangibles y concretos. Coloca ese papel en un lugar donde puedas verlo regularmente como un recordatorio constante.

Dividir objetivos en pasos más pequeños: Si tus objetivos parecen muy distantes o desafiantes, divídelos en etapas más pequeñas y más alcanzables. Cada paso completado será un progreso hacia el objetivo final.

Desarrollar un mantra: Crea una afirmación positiva que resuene con tus objetivos. Repite ese mantra regularmente para mantener tus objetivos presentes en tu mente.

Crear un tablero de visión: Haz un tablero de visión visual que represente tus objetivos y aspiraciones. Coloca imágenes, palabras y citas que te inspiren a continuar avanzando.

Establecer metas pequeñas y medibles: Define metas específicas y medibles relacionadas con tus objetivos. A medida que las alcanzas, sentirás un sentido de realización y progreso.

Recuerda los beneficios: Piensa en los beneficios que obtendrás al alcanzar tus objetivos. Esto puede incluir más autoconfianza, mayor bienestar emocional o relaciones más profundas.

Evalúa tu progreso: Regularmente, evalúa el progreso que has hecho en dirección a tus objetivos. Esto puede ayudarte a ver lo lejos que has llegado y motivarte a continuar avanzando.

Flexibilidad y adaptación: Ten en cuenta que tus objetivos pueden evolucionar a medida que creces y aprendes. Si es necesario, ajústalos para reflejar mejor tus aspiraciones actuales.

Al reconectarte con tus objetivos, estás reafirmando tu compromiso contigo mismo y con tu camino de crecimiento personal. Esto puede ser una fuente poderosa de motivación, ayudándote a superar desafíos y a seguir avanzando, incluso cuando el camino se vuelve más difícil.

## Toma pequeñas acciones positivas

Durante momentos de recaída o dificultades en tu camino de crecimiento personal, es esencial recordar que pequeñas acciones positivas pueden tener un impacto significativo en tu recuperación y resiliencia. Incluso cuando las cosas parecen difíciles, comprometerte con acciones de autocuidado y hábitos saludables puede ayudarte gradualmente a retomar el camino del bienestar. Son maneras de tomar pequeñas acciones positivas:

Practica el autocuidado: Incluso si parece difícil, dedícate un tiempo para cuidarte. Esto puede incluir tomar un baño relajante, dar un paseo tranquilo o meditar por unos minutos.

Reconoce tus logros: Recuerda los logros que ya has alcanzado en tu historia. Incluso si parece que has dado un paso atrás, tus realizaciones anteriores siguen siendo válidas y dignas de reconocimiento.

Establece objetivos pequeños: Establece metas pequeñas y alcanzables que puedas realizar, incluso durante momentos difíciles. Esto puede crear un sentido de logro y progreso.

Enfócate en el presente: En lugar de preocuparte por el pasado o el futuro, concéntrate en vivir el momento presente. Practicar la atención plena puede ayudarte a sentirte más centrado y tranquilo.

Aliméntate de forma saludable: Prioriza alimentos nutritivos que contribuyan a tu energía y bienestar general. Comer bien puede tener un impacto positivo en tu estado de ánimo y niveles de energía.

Habla con alguien: Comparte tus sentimientos y preocupaciones con un amigo de confianza, miembro de la familia o profesional de salud mental. A veces, compartir lo que estás pasando puede aliviar el peso emocional.

Realiza actividades que te gustan: Engáñate en actividades que normalmente te traen alegría y satisfacción. Esto puede ser leer, escuchar música, hacer arte o cualquier otra cosa que te guste.

Practica la gratitud: Tómate un momento para reflexionar sobre las cosas por las que estás agradecido. Esto puede ayudarte a enfocarte en las cosas positivas en tu vida, incluso durante momentos desafiantes.

Establece una rutina: Mantener una rutina regular puede proporcionar una sensación de estructura y normalidad, incluso cuando estás enfrentando dificultades.

Celebra pequeñas victorias: Reconoce y celebra cada pequeña acción positiva que tomas. Esto puede fortalecer tu confianza y motivarte a seguir avanzando.

Sé que cada pequeña acción positiva que tomas es un paso hacia tu recuperación y bienestar. No subestimes el poder de estas acciones para crear cambios positivos en tu vida, incluso cuando estás enfrentando recaídas o momentos difíciles. El camino de crecimiento personal está construido sobre la resiliencia y la capacidad de seguir avanzando, un paso a la vez.

Es fundamental entender que enfrentar recaídas es parte del proceso de crecimiento y cambio. En lugar de ser obstáculos insuperables, estos momentos pueden fortalecerte y proporcionarte oportunidades para mejorar tus habilidades de afrontamiento y autoconocimiento. Ten en cuenta que la jornada de crecimiento personal es un camino lleno de curvas, pero cada curva representa una oportunidad de aprender y crecer.

## El viaje continuo: Entendiendo que el crecimiento personal es un proceso constante

El crecimiento personal es un viaje continuo, y la autorreflexión es una herramienta que lo acompañará a lo largo del camino. Es importante reconocer que la jornada de crecimiento personal no tiene un final definitivo, sino que es un proceso que evoluciona a lo largo del tiempo. Aquí hay algunas perspectivas a considerar:

### Acepta la fluidez

La vida es una caminata dinámica y en constante evolución. Al igual que las estaciones cambian y los ríos fluyen, nuestra propia historia personal está permeada por la fluidez y la transformación. Al abrazar la naturaleza fluida de la vida, puedes cultivar un enfoque más flexible en relación con tu crecimiento personal. Aquí hay algunas formas de aceptar la fluidez y adaptarse a los cambios en tu viaje:

Ábrete al cambio: Reconoce que los cambios son naturales e inevitables. En lugar de resistir, adopta una mentalidad de curiosidad y apertura a los cambios que puedan surgir.

Reevaluación constante: Periódicamente, tómate un tiempo para reevaluar tus objetivos, intereses y necesidades. Lo que era importante para ti en un punto de tu vida puede no serlo en otro.

Flexibilidad en las metas: Esté dispuesto a ajustar tus metas a medida que tu trayectoria avanza. Definir metas realistas y flexibles te permite adaptarte a los cambios de circunstancias.

Practicando la aceptación: En lugar de resistir situaciones que están fuera de tu control, practica la aceptación. Esto no significa que no puedas buscar mejoras, sino que estás dispuesto a lidiar con las circunstancias de forma más equilibrada.

Aprendizaje con el cambio: Cada cambio en tu viaje trae oportunidades de aprendizaje. Al enfrentar nuevos desafíos o transiciones, pregúntate qué puedes aprender de la situación.

Cultivo de la resiliencia: Aceptar la fluidez requiere resiliencia emocional. Desarrolla habilidades para lidiar con las incertidumbres y los desafíos, para que puedas adaptarte más fácilmente.

Vive el momento presente: Centrarse en el presente ayuda a abrazar la fluidez de la vida. Practicar la atención plena te ayuda a estar más presente y a apreciar cada momento, independientemente de las circunstancias.

Encuentra oportunidades en los cambios: Ve los cambios como oportunidades de crecimiento. Incluso cuando un cambio puede parecer desafiante, puede conducir a nuevas experiencias y perspectivas.

Apoyo en tiempos de cambio: Busca apoyo de amigos, familiares o profesionales de la salud mental durante períodos de cambio. Pueden ofrecerte perspectivas y apoyo emocional durante transiciones difíciles.

Cultiva la autocompasión: Sé gentil contigo mismo al enfrentar cambios. Recuerda que estás haciendo lo mejor que puedes y mereces un trato compasivo.

Aceptar la fluidez de la vida es un paso importante para navegar por los cambios y desafíos en tu viaje de crecimiento personal. Al adoptar una mentalidad de adaptación y aprendizaje continuo, puedes enfrentar los cambios con más confianza y resiliencia. Cada cambio, por menor que sea, es una oportunidad de crecimiento y autodescubrimiento.

## Aprende de los desafíos

Los desafíos que encuentras a lo largo de tu camino de crecimiento personal son mucho más que simples obstáculos a superar. Son oportunidades valiosas para el crecimiento, el aprendizaje y autoperfeccionamiento. En lugar de evitarlos o temerlos, considera los desafíos como trampolín para tu desarrollo. Aquí hay algunas maneras de aprender de los desafíos y transformarlos en oportunidades:

Redefine tu perspectiva: En lugar de ver los desafíos como adversarios, míralo como maestros. Cada desafío trae lecciones e perspectivas que te pueden ayudar a crecer.

Desarrolla resiliencia: Enfrentar desafíos ayuda a construir tu resiliencia emocional. La resiliencia te permite recuperarte más rápidamente de las adversidades y seguir avanzando.

Desarrolla habilidades de afrontamiento: Cada desafío requiere que desarrolles maneras saludables de enfrentarlo. A medida que enfrentas los desafíos, aprendes a lidiar con el estrés, la ansiedad y las emociones negativas.

Autoconocimiento: Los desafíos a menudo revelan aspectos de ti mismo que pueden no ser tan evidentes en tiempos de comodidad. Al enfrentar desafíos, ganas un entendimiento más profundo de tus fortalezas y áreas para crecimiento.

Transformación personal: A través del enfrentamiento de desafíos, puedes experimentar una transformación personal significativa. Estas experiencias moldean quién eres y cómo abordas la vida.

Aprende a adaptarte: Los desafíos a menudo exigen que te adaptes a nuevas situaciones y circunstancias. Aprender a adaptarse es una habilidad valiosa en todos los aspectos de la vida.

Construye confianza: A medida que superas desafíos, tu confianza aumenta. Cada vez que enfrentas y superas un desafío, te pruebas a ti mismo que eres capaz de lidiar con situaciones difíciles.

Establece metas más altas: Superar un desafío puede impulsarte a definir metas más altas y ambiciosas. La realización de un desafío puede darte la confianza necesaria para aventurarte en nuevas áreas.

Celebra pequeñas victorias: Al enfrentar desafíos, celebra cada pequeña victoria a lo largo del camino. Esto ayuda a mantener tu motivación y a reconocer el progreso que estás haciendo.

Cultiva la persistencia: Los desafíos pueden probar tu determinación y perseverancia. Cultivar la persistencia te ayuda a continuar incluso cuando los obstáculos parecen insuperables.

Recordando que los desafíos son oportunidades de crecimiento, puedes enfrentarlos con una mentalidad más positiva y proactiva. En lugar de temer lo desconocido, acéptalo como una oportunidad de aprender, crecer y convertirte en una mejor versión de ti mismo. Cada desafío que superas te acerca más a tus objetivos y contribuye a tu crecimiento personal continuo.

## Cultiva la paciencia

El camino de crecimiento personal es un sendero que se extiende ante ti, lleno de posibilidades, desafíos y aprendizajes. Cultivar la paciencia en esta jornada es esencial, ya que el crecimiento personal no ocurre de la noche a la mañana. Es un proceso gradual que requiere tiempo, esfuerzo y dedicación continua. Aquí hay algunas maneras de cultivar la paciencia mientras avanzas en tu trayectoria de autodescubrimiento y desarrollo:

Define expectativas realistas: Es importante definir expectativas realistas para el proceso de crecimiento personal. Reconoce que los cambios significativos llevan tiempo y que los resultados no son inmediatos.

Celebra pequeñas victorias: A lo largo del camino, celebra cada pequeña victoria, por menor que sea. Reconocer y celebrar tus logros ayuda a mantener tu motivación y a recordarte de que estás progresando.

Aprecia el proceso: En lugar de concentrarte solo en los resultados finales, aprende a apreciar el proceso de crecimiento. Cada etapa, cada aprendizaje y cada desafío forman parte de la jornada.

Aprende de la impaciencia: Cuando la impaciencia surja, tómala como una oportunidad de aprendizaje. Pregúntate a ti mismo por qué te sientes impaciente y cómo puedes trabajar en ello. Esto ayuda a desarrollar la autoconciencia.

Practica la atención plena: La práctica de la atención plena puede ayudar a cultivar la paciencia. La atención plena te ayuda a vivir en el momento presente y a aceptar las cosas como son, sin la prisa de resultados inmediatos.

Comprende la naturaleza del crecimiento: Así como una planta crece gradualmente, tu crecimiento personal también es un proceso continuo. Entiende que cada paso que das está contribuyendo a tu desarrollo.

Visualiza el progreso: Tómate un tiempo para visualizar el progreso que deseas alcanzar. Esto puede ayudarte a mantenerte enfocado y motivado, incluso cuando los resultados no son inmediatos.

Aprende a lidiar con la frustración: La impaciencia a menudo lleva a la frustración. Aprende a lidiar con la frustración de manera saludable, en lugar de dejarla perjudicar tu progreso.

Desarrolla la autocompasión: Sé gentil contigo mismo a lo largo de la jornada. Reconoce que es normal sentirte impaciente, pero también recuerda que estás haciendo lo mejor que puedes.

Celebra el proceso: En lugar de esperar hasta alcanzar tus metas finales para sentirte realizado, celebra cada etapa del proceso. La historia en sí está repleta de momentos de aprendizaje y crecimiento.

Cultivar la paciencia es una habilidad que beneficia todas las áreas de tu vida. Hazte consciente de que cada paso que das, incluso si es un paso pequeño, te acerca a tus objetivos. La paciencia no solo ayuda a soportar los desafíos, sino que también te permite aprovechar al máximo cada momento de tu camino de crecimiento personal.

## Celebra el progreso continuo

En el camino de crecimiento personal y autodescubrimiento, es fundamental celebrar el progreso continuo que realizas, en lugar de solo concentrarte en las metas finales. Cada día en que te dedicas a la autorreflexión, al autocuidado y a la búsqueda de un entendimiento más profundo de ti mismo es un día en que estás invirtiendo en tu propia jornada de bienestar y evolución. Aquí hay algunas maneras de celebrar y valorar el progreso continuo:

Reconoce las pequeñas victorias: En lugar de esperar grandes logros, reconoce las pequeñas victorias que ocurren a lo largo del camino. Cada pequeño paso es una conquista que te acerca a tu objetivo mayor.

Mantén un diario de progreso: Mantén un diario donde registres las etapas que has dado, las lecciones que has aprendido y los cambios que has observado en ti mismo. Esto te permite reflexionar sobre el progreso a lo largo del tiempo.

Celebra los momentos de autocuidado: Cada vez que te reservas un momento para cuidar de ti mismo, estás dando un paso hacia tu propio bienestar. Celebra estos momentos, ya que demuestran tu compromiso con tu salud mental y emocional.

Aprecia las lecciones aprendidas: Cada desafío que enfrentas trae consigo una lección valiosa. En lugar de lamentar las dificultades, celebra las lecciones que estás aprendiendo y la sabiduría que estás acumulando.

Visualiza tu progreso: Tómate un momento para visualizar el progreso que has hecho desde el inicio de tu jornada. Esto puede darte una perspectiva más clara de cómo has evolucionado a lo largo del tiempo.

Comparte con otros: Compartir tus experiencias y conquistas con amigos, familiares o mentores puede amplificar tu sensación de realización. Ellos pueden proporcionarte apoyo y reconocimiento, recordándote lo lejos que has llegado.

Crea un ritual de celebración: Crea un ritual personal para conmemorar tu progreso. Puede ser encender una vela, escribir una carta para ti mismo o hacer algo que te haga sentir especial.

Practica la gratitud: A cada paso del progreso, practica la gratitud. Agradece por tener la oportunidad de crecer, aprender y convertirte en una versión más completa de ti mismo.

Enfócate en el presente: En lugar de preocuparte excesivamente por el futuro o fijarte en las metas distantes, concéntrate en cada día presente. Celebra lo que estás haciendo ahora para convertirte en la persona que deseas ser.

Recuerda tu jornada: Cuando surjan momentos de duda o frustración, recuerda todas las etapas que ya has dado y de los cambios positivos que ya has realizado. Esto puede renovar tu motivación y perspectiva.

Celebrar el progreso continuo es una forma de nutrir tu motivación, autoestima y sentido de realización. Cada paso que das es una contribución significativa para la construcción de una vida más auténtica y significativa.

## Mantén la curiosidad

El camino de crecimiento personal y autorreflexión es una oportunidad constante de explorar, aprender y crecer. Mantener una actitud de curiosidad y apertura es esencial para aprovechar al máximo esta senda de autodescubrimiento. Maneras de cultivar la curiosidad y comprometerse plenamente en su camino de crecimiento personal:

Cuestionarse: Haga preguntas sobre usted mismo, sus creencias, sus deseos y sus valores. Estar dispuesto a cuestionar y examinar sus propias perspectivas puede conducir a perspectivas profundos y transformadores.

Explorar nuevas áreas: Esté abierto a explorar nuevas áreas de interés y conocimiento. Experimente actividades que nunca consideró antes y esté dispuesto a salir de su zona de confort.

Aprender de la diversidad: Busque experiencias y perspectivas diferentes a las suyas. Interaccionar con personas de diferentes orígenes, leer libros variados y participar en eventos diversos puede expandir su comprensión del mundo y de sí mismo.

Aceptar la incertidumbre: La curiosidad a menudo lleva a nuevos descubrimientos, pero también puede conducir a la incertidumbre. Esté dispuesto a aceptar lo desconocido y explorar territorios no mapeados en su camino.

Observar sin juicio: Practique la observación sin juicio de sus propias experiencias y emociones. Esto le permite comprender sus reacciones de manera más objetiva y comprensiva.

Mantener un diario reflexivo: Mantenga un diario donde registre sus reflexiones, preguntas e perspectivas a lo largo del camino. Esto puede ayudarlo a rastrear su crecimiento y capturar momentos de aprendizaje.

Adaptarse a los cambios: La curiosidad implica estar dispuesto a adaptarse a los cambios. A medida que descubre más sobre usted mismo, es posible que deba ajustar sus metas, intereses y perspectivas.

Cultivar la humildad: Reconozca que siempre hay más que aprender y que nadie tiene todas las respuestas. Cultivar la humildad le permite estar abierto a nuevas ideas y enfoques.

Experimentar sin miedo: Sea valiente al experimentar cosas nuevas, incluso si hay la posibilidad de fallar. Cada experiencia, positiva o no, contribuye a su crecimiento.

Celebrar el descubrimiento: Celebre cada nuevo descubrimiento sobre usted mismo y cada momento de aprendizaje. Reconozca que el camino de autodescubrimiento es valioso por sí mismo, independientemente de las conclusiones.

Manteniendo una mente curiosa y abierta, puede transformar su senda de crecimiento personal en una experiencia enriquecedora y emocionante. La curiosidad es la clave para desentrañar los misterios de quién es usted y del potencial infinito que existe dentro de usted.

### Agradece el viaje

La práctica de la gratitud desempeña un papel fundamental en el viaje de autorreflexión y crecimiento personal. Incluso cuando enfrentas desafíos y momentos de dificultad, cultivar la gratitud puede traer una nueva perspectiva y significado a tu historia. Maneras de incorporar la gratitud en tu viaje de autodescubrimiento:

Encuentra lecciones en las dificultades: En lugar de solo concentrarte en los aspectos negativos de los desafíos que enfrentas, busca las lecciones valiosas que pueden ofrecer. Cada dificultad es una oportunidad de aprendizaje y crecimiento.

Agradece las oportunidades de crecimiento: Reconoce que cada momento de dificultad, incomodidad o incertidumbre es una oportunidad de fortalecerte y evolucionar. El viaje de autorreflexión conlleva el potencial de desarrollo personal duradero.

Celebra el progreso: Expresa gratitud por las pequeñas victorias y avances que alcanzas a lo largo del camino. Cada paso hacia tu bienestar emocional y mental merece reconocimiento y gratitud.

Aprecia el autoconocimiento: Valora la profundidad del autoconocimiento que ganas a través de la autorreflexión. Conocerse a sí mismo es un regalo valioso que puede impactar positivamente en todas las áreas de tu vida.

Agradece el viaje en sí: Recuerda que el viaje de autodescubrimiento es una experiencia única y personal. Agradece la oportunidad de explorar quién eres, cuestionar tus creencias y crecer como individuo.

Mira las conquistas con gratitud: Cuando alcances metas y hitos en tu caminata, reconoce esas conquistas con gratitud. Cada logro es un reflejo del esfuerzo y compromiso que has dedicado a ti mismo.

Practica la gratitud diariamente: Reserva un momento todos los días para reflexionar sobre las cosas por las que estás agradecido en tu experiencia de crecimiento personal. Esto puede ayudar a mantener una perspectiva positiva, incluso en los momentos más desafiantes.

Agradece a los apoyos: Reconoce y agradece a las personas que te apoyan en tu caminata, ya sea a través de palabras de aliento, escuchando tus preocupaciones o ofreciendo orientación. Juegan un papel significativo en tu crecimiento.

Valora la autenticidad: Sé agradecido por cada paso que das hacia ser más auténtico contigo mismo. La senda de autorreflexión es una búsqueda para vivir alineado con tus valores y pasiones verdaderas.

Aprecia el presente: Encuentra gratitud por el momento presente, independientemente de dónde te encuentres en tu viaje. Cada momento es una oportunidad de aprendizaje y crecimiento, incluso si no parece evidente de inmediato.

La práctica de la gratitud te permite encontrar significado y valor en cada etapa de tu viaje de crecimiento personal. Cultivar la gratitud no solo enriquece tu perspectiva, sino que también contribuye a una mentalidad positiva y resiliente, permitiéndote abrazar plenamente la experiencia de autodescubrimiento.

Al adoptar una mentalidad de crecimiento continuo y abrazar la práctica de la autorreflexión como una compañera constante, te colocas en un camino de autodescubrimiento y desarrollo personal. La jornada está llena de desafíos, aprendizajes y momentos de realización. Cada día es una oportunidad de convertirse en una versión más auténtica y plena de ti mismo, construyendo una base sólida para una vida de significado y bienestar duraderos.

Concluir la jornada de la autorreflexión no significa llegar a un destino final, sino abrazar la senda continua de crecimiento, aprendizaje y autoconocimiento. Al superar recaídas y abrazar el proceso continuo de crecimiento personal, construyes una vida más significativa y alineada con tu verdadero yo. Recuerda que la jornada de la autorreflexión es un camino para toda la vida, lleno de oportunidades para convertirse en la mejor versión de ti mismo.

13

# BUSCANDO AYUDA PROFESIONAL

*Con apoyo profesional encontramos apoyo y herramientas
para transformar desafíos en oportunidades.*

La jornada de autocuidado y crecimiento personal puede ser gratificante, pero también puede ser desafiante. En algunos momentos, puede surgir la necesidad de buscar ayuda profesional para lidiar con cuestiones más complejas o para recibir orientación especializada. En este capítulo, exploraremos el proceso de reconocer cuándo es necesario ayuda profesional, las aproximaciones terapéuticas eficaces disponibles y cómo maximizar los beneficios del tratamiento al trabajar en pareja con un terapeuta.

## Reconociendo cuándo es necesario ayuda profesional

La jornada de autocuidado y crecimiento personal es una experiencia única y personal. Sin embargo, en ciertos momentos, puede hacerse evidente que la orientación y el soporte de un profesional de salud mental son necesarios para enfrentar desafíos más complejos. Reconocer estos momentos y buscar ayuda profesional es un paso valiente y fundamental para cuidar de su salud mental. Signos que indican que es hora de buscar ayuda profesional:

### Síntomas persistentes

Si está lidiando con síntomas emocionales, mentales o comportamentales que persisten a lo largo del tiempo, es fundamental reconocer que la asistencia de un terapeuta puede ser necesaria. Los síntomas persistentes pueden variar en intensidad y naturaleza, pero todos ellos tienen el potencial de impactar significativamente su calidad de vida y funcionamiento diario. Reconocer la importancia de buscar ayuda profesional es un paso vital para cuidar de su salud mental y emocional. Son maneras de identificar y lidiar con síntomas persistentes:

Ansiedad constante: Si está enfrentando una sensación constante de preocupación, miedo o aprensión que interfiere en sus actividades diarias, es un signo de que su ansiedad puede estar fuera de control. La terapia puede ayudarlo a aprender estrategias de manejo de la ansiedad, identificar gatillos y trabajar para reducir la intensidad de esos sentimientos.

Tristeza profunda: Sentirse persistentemente triste, vacío o desesperanzado puede indicar un cuadro de depresión. La terapia puede auxiliar en el entendimiento de las raíces de esa tristeza y en la construcción de herramientas para lidiar con ella. Además de eso, un terapeuta puede ayudarlo a desarrollar formas de buscar alegría y significado incluso durante momentos difíciles.

Irritabilidad extrema: Si está constantemente irritado, explosivo o tiene un discurso corto, eso puede ser un signo de que sus emociones no están siendo manejadas de manera saludable. La terapia puede ayudarlo a entender el origen de esa irritabilidad y a desarrollar habilidades para lidiar con las emociones de manera más equilibrada.

Insomnio recurrente: El insomnio persistente, ya sea dificultad para dormirse, despertar durante la noche o despertar muy temprano, puede perjudicar gravemente su bienestar físico y emocional. La terapia puede enseñar técnicas de higiene del sueño y estrategias de relajación para mejorar la calidad del sueño.

Cambios de humor drásticos: Fluctuaciones extremas de humor, como pasar de momentos de euforia a períodos de profunda tristeza, pueden ser indicativas de trastornos del humor, como trastorno bipolar. Un terapeuta puede auxiliar en la estabilización de esos estados de ánimo y en el desarrollo de estrategias de autocontrol.

Impacto en la calidad de vida: Los síntomas persistentes no solo afectan sus emociones, sino que también pueden perjudicar su capacidad de realizar tareas cotidianas, mantener relaciones saludables y disfrutar de las cosas que solía gustarle. Si percibe que esos síntomas están interfiriendo significativamente en su calidad de vida, es una fuerte indicación de que es hora de buscar ayuda profesional.

Recuerde que no necesita enfrentar estos desafíos solo. Un terapeuta calificado puede ayudarlo a identificar los factores subyacentes a los síntomas persistentes, proporcionar herramientas para manejarlos y ofrecer un espacio seguro para que exprese sus preocupaciones. Reconocer la necesidad de ayuda profesional es un paso valiente en dirección al autocuidado y al bienestar mental.

## Dificultad para afrontar situaciones

A veces, la vida nos presenta situaciones que pueden volverse abrumadoras, desafiantes o difíciles de afrontar por cuenta propia. Si estás enfrentando momentos en los que las situaciones cotidianas se convierten en fuentes de estrés intenso o si eventos significativos de la vida están afectando tu capacidad de funcionar, buscar la orientación de un terapeuta puede ser una estrategia eficaz para desarrollar formas saludables de afrontamiento. Reconocer cuándo es hora de buscar ayuda profesional es un paso importante para proteger tu salud mental y emocional. Maneras de afrontar dificultades en situaciones:

Sobrecarga cotidiana: A veces, las demandas cotidianas pueden acumularse y volverse abrumadoras. Si te sientes constantemente estresado, ansioso o incapaz de afrontar las responsabilidades diarias, un terapeuta puede ayudarte a desarrollar estrategias para gestionar el estrés y priorizar tus necesidades.

Eventos significativos: Grandes eventos de vida, como pérdidas, separaciones, cambios de trabajo, divorcios o transiciones, pueden desencadenar emociones intensas y desafíos emocionales. Un terapeuta puede proporcionar apoyo emocional, ayudarte a procesar tus emociones y desarrollar maneras de adaptarte a los cambios.

Desarrollo de estrategias de afrontamiento: Un terapeuta cualificado puede enseñar técnicas eficaces de afrontamiento para afrontar situaciones estresantes. Esto puede incluir técnicas de relajación, habilidades de resolución de problemas, comunicación asertiva y estrategias de autorregulación emocional.

Construcción de resiliencia: La terapia también puede ayudarte a construir resiliencia, que es la capacidad de recuperarse y adaptarse ante la adversidad. Al aprender a afrontar desafíos de manera constructiva, puedes convertirte en más apto para afrontar situaciones difíciles en el futuro.

Exploración de recursos internos: Un terapeuta puede ayudarte a descubrir tus recursos internos, como fortalezas personales, habilidades de afrontamiento existentes y formas saludables de afrontar el estrés. Esto puede capacitarte a sentirte más confiado en afrontar las dificultades que surgen.

Autoconocimiento: A través de la terapia, puedes desarrollar un mayor autoconocimiento sobre tus reacciones emocionales y patrones de comportamiento en diferentes situaciones. Esto te permite tomar decisiones más informadas y conscientes sobre cómo abordar desafíos.

Lidiar con situaciones difíciles no tiene por qué ser un peso que lleves solo. La orientación de un terapeuta puede proporcionar apoyo, perspectivas y herramientas que te ayudarán a afrontar las dificultades de manera saludable y constructiva. Reconocer la necesidad de ayuda y procurar la orientación de un profesional es un paso valiente en dirección al fortalecimiento de tu bienestar emocional.

### Impacto en las relaciones

Las relaciones personales, profesionales y sociales desempeñan un papel fundamental en nuestra vida y bienestar. Cuando problemas emocionales o mentales empiezan a interferir negativamente en esas relaciones, es un signo claro de que es hora de buscar ayuda profesional para garantizar relaciones más saludables y una calidad de vida mejor. Reconocer cuando tus desafíos personales están afectando tus interacciones con los demás y procurar la intervención de un terapeuta es un paso importante para cultivar relaciones más positivas y gratificantes. Maneras de buscar ayuda terapéutica cuando los problemas emocionales afectan tus relaciones:

Conflictos frecuentes: Si estás enfrentando conflictos frecuentes y desentendimientos en tus relaciones, ya sea con parejas, familiares, amigos o colegas de trabajo, esto puede indicar que cuestiones emocionales no resueltas están contribuyendo a los problemas. La terapia puede ayudar a identificar las causas subyacentes de los conflictos y proporcionar herramientas para resolverlos de manera saludable.

Aislamiento social: Cuando problemas emocionales o mentales causan aislamiento social, llevándote a alejarte de amigos, familiares y actividades sociales, esto puede agravar la situación y perjudicar tu salud mental. Un terapeuta puede ayudar a explorar las razones detrás de ese aislamiento y a desarrollar estrategias para reconectarte con los demás.

Dificultades de comunicación: Problemas emocionales pueden impactar la manera en que te comunicas con los demás. Dificultades de expresar tus emociones, comprender las necesidades de los demás o mantener un diálogo saludable pueden crear barreras en las relaciones. La terapia puede mejorar tus habilidades de comunicación y enseñar estrategias para lidiar con desafíos de comunicación.

Sentimientos de alienación: Si te sientes alienado, desconectado o mal comprendido en tus relaciones, esto puede tener un impacto significativo en tu bienestar emocional. Un terapeuta puede ayudarte a explorar esos sentimientos y a trabajar para construir relaciones más empáticas y auténticas.

Foco en la mejora: Al buscar ayuda profesional para lidiar con problemas emocionales que afectan tus relaciones, demuestras un compromiso con el crecimiento personal y la mejora de las interacciones interpersonales. La terapia no solo te ayuda a lidiar con los desafíos actuales, sino también a desarrollar habilidades para mantener relaciones saludables a lo largo del tiempo.

Comprensión de patrones relacionales: Un terapeuta puede ayudarte a identificar patrones repetitivos de comportamiento y comunicación que pueden estar contribuyendo a problemas en las relaciones. Al entender esos patrones, puedes tomar medidas para romperlos y establecer nuevas formas de interactuar con los demás.

Buscar ayuda terapéutica cuando problemas emocionales o mentales impactan tus relaciones es una inversión valiosa en tu propia salud mental y en las conexiones significativas en tu vida. Un terapeuta puede proporcionarte apoyo, herramientas e perspectivas para mejorar la calidad de tus relaciones y promover un ambiente emocionalmente saludable para ti y para los que te rodean.

### Aislamiento social y pérdida de interés

El aislamiento social y la pérdida de interés en actividades que antes eran placenteras son síntomas que a menudo indican la presencia de problemas emocionales o mentales. Cuando te encuentras alejándote de las interacciones sociales y perdiendo la motivación para participar en actividades que solías disfrutar, es importante reconocer estos signos como posibles indicadores de que algo está afectando tu salud mental. En este contexto, la búsqueda de ayuda terapéutica puede ser una forma eficaz de explorar estos sentimientos y sus causas subyacentes, además de recuperar el bienestar y el compromiso con la vida. Formas en que un terapeuta puede ayudar cuando enfrentas aislamiento social y pérdida de interés:

Exploración de sentimientos: Un terapeuta puede proporcionar un espacio seguro y acogedor para que explores los sentimientos de aislamiento y pérdida de interés. Te ayudarán a examinar cuándo comenzaron estos sentimientos, si hay factores desencadenantes específicos y cómo están afectando diferentes áreas de tu vida.

Identificación de causas subyacentes: El aislamiento social y la pérdida de interés pueden tener varias causas subyacentes, como depresión, ansiedad, estrés crónico, traumas pasados o cambios significativos en la vida. Un terapeuta cualificado puede ayudarte a identificar estas causas, lo que permite una comprensión más profunda de lo que está contribuyendo a estos sentimientos.

Desarrollo de estrategias: Un terapeuta puede trabajar contigo para desarrollar estrategias eficaces para lidiar con el aislamiento y recuperar el interés en las actividades. Esto puede implicar la identificación de actividades que solías disfrutar y la exploración de maneras de introducirlas gradualmente en tu vida.

Foco en el autoconocimiento: La terapia es una oportunidad para explorar tu vida emocional y mental de manera más profunda. Esto puede ayudarte a comprender mejor tus necesidades, deseos y motivaciones, lo que, a su vez, puede conducir a una mayor claridad sobre lo que está causando el aislamiento y la pérdida de interés.

Desarrollo de habilidades sociales: Si el aislamiento social está relacionado con la ansiedad social o con dificultades de interacción, un terapeuta puede ayudarte a desarrollar habilidades sociales saludables. Esto incluye aprender a lidiar con la ansiedad social, mejorar la comunicación y construir relaciones significativas.

Definición de metas pequeñas: Un terapeuta puede ayudarte a definir metas pequeñas y alcanzables para reintegrarte gradualmente a las actividades sociales y a los pasatiempos que solías disfrutar. Esto puede ayudar a reducir la sensación de sobrecarga y facilitar el proceso de recuperación del interés.

Apoyo durante la transición: Si estás pasando por cambios significativos en la vida, como un cambio de carrera, una pérdida o una transición a una nueva etapa, un terapeuta puede proporcionar apoyo emocional durante esa transición y ayudarte a encontrar maneras saludables de lidiar con los desafíos asociados.

El aislamiento social y la pérdida de interés son desafíos que muchas personas enfrentan en algún momento de sus vidas. Buscar ayuda terapéutica no solo ofrece apoyo durante estos momentos difíciles, sino que también puede ayudar a identificar soluciones y estrategias para recuperar el bienestar emocional y la alegría de participar en la vida.

### Comportamientos destructivos

El involucramiento en comportamientos destructivos, como el abuso de sustancias, la automutilación u otros comportamientos autodestructivos, es una señal alarmante de que es esencial buscar ayuda inmediata. Los comportamientos de este tipo pueden tener graves consecuencias para la salud mental, emocional y física, y la orientación de un terapeuta es crucial para abordar las raíces de estos comportamientos y desarrollar estrategias saludables de afrontamiento. Formas en que un terapeuta puede ayudar cuando estás enfrentando comportamientos destructivos:

Evaluación y comprensión: Un terapeuta cualificado evaluará la extensión de los comportamientos destructivos y buscará entender las causas subyacentes. Esto puede implicar explorar eventos traumáticos pasados, desafíos emocionales no resueltos y factores de estrés que pueden estar contribuyendo a estos comportamientos.

Identificación de gatillos: Comprender los gatillos que conducen a los comportamientos destructivos es fundamental para desarrollar estrategias de afrontamiento eficaces. Un terapeuta puede ayudarte a identificar los momentos, emociones o situaciones que desencadenan estos comportamientos, lo que permite un mayor autocontrol.

Exploración de coping inapropiado: Los comportamientos destructivos (coping) a menudo surgen como formas inadecuadas de lidiar con el dolor emocional, el estrés o los traumas. Un terapeuta puede ayudarte a explorar alternativas saludables de afrontamiento y desarrollar habilidades para lidiar con los desafíos de manera más adaptativa.

Desarrollo de estrategias alternativas: Un terapeuta trabajará contigo para desarrollar estrategias alternativas de afrontamiento que sean saludables y eficaces. Esto puede implicar el aprendizaje de técnicas de relajación, comunicación asertiva, manejo del estrés y construcción de una red de apoyo.

Trabajo en las creencias limitantes: A menudo, los comportamientos destructivos están arraigados en creencias negativas sobre uno mismo, autoestima baja o pensamientos autocríticos. Un terapeuta puede ayudarte a desafiar estas creencias limitantes y desarrollar una perspectiva más saludable y positiva.

Abordaje de la autoestima y la autoimagen: Trabajar en la mejora de la autoestima y la autoimagen es fundamental para superar comportamientos autodestructivos. Un terapeuta puede ayudarte a desarrollar una relación más positiva contigo mismo y a cultivar el amor propio.

Implementación de estrategias de prevención: Además de desarrollar estrategias de afrontamiento, un terapeuta puede ayudarte a crear un plan de prevención de recaídas. Esto implica anticipar situaciones de riesgo, desarrollar estrategias para lidiar con esos momentos y establecer un sistema de apoyo que te ayude a mantenerte en el camino saludable.

Trabajo en equipo multidisciplinar: Dependiendo de la gravedad de los comportamientos destructivos, un terapeuta puede trabajar en conjunto con otros profesionales de la salud mental, como psiquiatras y trabajadores sociales, para garantizar que recibas el apoyo integral necesario.

La búsqueda de ayuda terapéutica cuando estás enfrentando comportamientos destructivos es un paso valiente en el camino de la recuperación y el bienestar. Un terapeuta calificado puede ofrecer un ambiente seguro para explorar las causas de estos comportamientos, desarrollar estrategias de afrontamiento saludables y ayudarte a construir una vida más equilibrada y positiva.

## Pensamientos suicidas

Los pensamientos de autolesión o suicidio son un signo de angustia emocional profunda y requieren atención inmediata e intervención profesional. Si está experimentando pensamientos suicidas, es esencial buscar ayuda profesional para garantizar su seguridad y bienestar. Formas de buscar ayuda y encontrar esperanza cuando se está lidiando con pensamientos suicidas:

Entendiendo los pensamientos suicidas: Los pensamientos suicidas pueden surgir como respuesta a un dolor emocional insoportable, sentimientos de desesperanza, soledad intensa u otras dificultades. No deben ser ignorados, minimizados o tratados solos.

Buscar ayuda inmediatamente: Cuando está enfrentando pensamientos suicidas, es crucial buscar ayuda inmediatamente. Póngase en contacto con un terapeuta, un profesional de la salud mental, una línea de apoyo al suicidio o un médico. No dude en compartir sus sentimientos con amigos o familiares de confianza.

Línea de apoyo al suicidio: Las líneas de apoyo al suicidio están disponibles para ofrecer apoyo emocional, escuchar sus sentimientos y ayudarlo a navegar por momentos de crisis.

Intervención profesional: Un terapeuta calificado tiene la experiencia necesaria para evaluar la gravedad de los pensamientos suicidas y desarrollar un plan de seguridad. Trabajarán con usted para entender las causas subyacentes, desarrollar estrategias de afrontamiento y brindar apoyo continuo.

Establecimiento de un plan de seguridad: Un terapeuta puede ayudarlo a desarrollar un plan de seguridad que incluya estrategias para lidiar con pensamientos suicidas, contactos de emergencia y pasos a seguir en caso de crisis. Este plan es una herramienta valiosa para mantenerlo seguro en momentos difíciles.

Apoyo emocional: Además de buscar ayuda profesional, compartir sus sentimientos con amigos o familiares de confianza también puede ser beneficioso. El apoyo emocional puede hacer que se sienta menos aislado y más comprendido.

Trabajo en equipo multidisciplinar: Dependiendo de la gravedad de los pensamientos suicidas, es posible que un terapeuta trabaje en conjunto con un psiquiatra u otros profesionales de la salud mental para garantizar un cuidado integral.

Encontrando esperanza: Aunque los pensamientos suicidas pueden parecer abrumadores, es importante recordar que la ayuda está disponible y la recuperación es posible. La terapia puede ayudarlo a entender las causas subyacentes de los pensamientos suicidas, desarrollar estrategias para lidiar con el dolor emocional y encontrar esperanza para el futuro.

No luche solo: Cuando se trata de pensamientos suicidas, no es necesario luchar solo. Buscar ayuda es un paso valiente hacia la sanación y el bienestar emocional. Recuerde que merece apoyo y cuidado, y hay personas dispuestas a ayudarlo a superar este momento difícil.

### Dificultades en el trabajo o estudios

Los problemas emocionales o mentales que afectan negativamente su desempeño en el trabajo o los estudios pueden ser desafiantes e impactar en varios aspectos de su vida. Afortunadamente, la terapia puede ser una herramienta valiosa para desarrollar habilidades de manejo del estrés, afrontamiento y bienestar emocional. Formas en que la terapia puede ayudar a superar estas dificultades:

Entendiendo el impacto en las responsabilidades profesionales y académicas: La presión en el trabajo y los estudios puede ser intensa, y los problemas emocionales o mentales pueden hacer que esas responsabilidades sean aún más difíciles de manejar. Dificultades para concentrarse, falta de motivación, relaciones tensas con colegas o profesores y la sensación de estar sobrecargado pueden ser signos de que la ayuda es necesaria.

Identificación de las causas subyacentes: Un terapeuta trabajará con usted para identificar las causas subyacentes de las dificultades que está enfrentando. Esto puede incluir cuestiones de autoestima, ansiedad, depresión, traumas pasados u otras preocupaciones emocionales que están afectando su desempeño.

Desarrollo de estrategias de manejo del estrés: La terapia puede ayudarlo a desarrollar estrategias eficaces para manejar el estrés relacionado con el trabajo o los estudios. Esto puede incluir técnicas de relajación, prácticas de atención plena, organización eficaz del tiempo y métodos para lidiar con la presión.

Mejora de las habilidades de comunicación: Si las dificultades en las interacciones con compañeros de trabajo, jefes o compañeros de estudios están causando problemas, un terapeuta puede ayudarlo a desarrollar habilidades de comunicación saludables y asertivas. Esto puede mejorar sus relaciones y promover un ambiente más positivo.

Promoción del bienestar emocional: La terapia también se centra en mejorar su bienestar emocional general. Al abordar las preocupaciones subyacentes, puede experimentar una reducción en el estrés y la ansiedad, lo que, a su vez, puede impactar positivamente su capacidad de concentrarse y realizar sus tareas.

Desarrollo de estrategias de afrontamiento: Un terapeuta puede ayudarlo a desarrollar estrategias saludables de afrontamiento para lidiar con desafíos específicos en el ambiente de trabajo o académico. Esto puede incluir la resolución de conflictos, maneras de lidiar con la presión y métodos para mantener el equilibrio entre trabajo, estudio y vida personal.

Reconocimiento de límites saludables: La terapia puede ayudarlo a establecer límites saludables entre trabajo, estudios y tiempo personal. Aprender a priorizar el autocuidado y a separar el trabajo de los momentos de descanso puede ser fundamental para mejorar su bienestar general.

Trabajando hacia el éxito: La terapia no solo ayuda a superar las dificultades actuales, sino que también construye una base sólida para el éxito continuo en el trabajo y los estudios. Al aprender a lidiar con desafíos emocionales y mentales, estará mejor preparado para enfrentar futuros obstáculos.

No dude en buscar ayuda: Si los problemas emocionales o mentales están afectando negativamente su desempeño en el trabajo o los estudios, no dude en buscar ayuda. Un terapeuta calificado puede ofrecer orientación, apoyo y herramientas prácticas para ayudarlo a superar las dificultades y alcanzar sus objetivos profesionales y académicos.

La autoevaluación honesta es un aspecto vital para reconocer cuando la asistencia profesional es necesaria. Pregúntese cómo se ha sentido últimamente, cómo sus pensamientos han afectado su bienestar, cómo sus emociones han influido en sus acciones y cómo se está relacionado con los demás. La autoconciencia le permite identificar patrones, tendencias y cambios significativos en su salud mental.

Además, preste atención a los comentarios de amigos cercanos y familiares. A veces, aquellos que están a nuestro alrededor pueden percibir cambios sutiles o comportamientos preocupantes que no estamos viendo claramente.

Reconocer cuando es necesario buscar ayuda profesional es un acto de autoconciencia y autocuidado. Es esencial recordar que buscar ayuda no es un signo de debilidad, sino una demostración de fuerza y coraje. Cuando usted percibe que su salud mental y emocional están siendo desafiadas, dar este paso puede ser la diferencia entre enfrentar esos desafíos de forma saludable y eficaz o permitir que se agraven.

## Abordajes terapéuticos eficaces

Al reconocer la necesidad de ayuda profesional, es importante entender las diferentes aproximaciones terapéuticas disponibles para elegir la que mejor se adapta a sus necesidades y preferencias. Cada aproximación terapéutica tiene sus propias técnicas y aproximaciones para abordar problemas emocionales y mentales. Aproximaciones terapéuticas más comunes:

### Terapia Cognitivo-Conductual (TCC)

La terapia cognitivo-conductual es una aproximación terapéutica ampliamente utilizada, reconocida por su eficacia en el tratamiento de una variedad de desafíos emocionales y mentales. Se concentra en trabajar con los patrones de pensamiento y comportamiento que pueden contribuir a problemas como ansiedad, depresión, fobias y trastornos alimentarios. La TCC se basa en principios fundamentales que buscan promover cambios prácticos y tangibles en la vida del individuo.

Identificación de patrones de pensamiento distorsionados: Uno de los pilares de la TCC es la identificación de patrones de pensamiento distorsionados, conocidos como "distorsiones cognitivas". Estos son modos de pensar que pueden llevar a interpretaciones negativas y exageradas de la realidad. El terapeuta lo ayuda a reconocer estos patrones y a cuestionar su validez, permitiendo una reevaluación más realista de las situaciones.

Desarrollo de estrategias de reestructuración cognitiva: Una vez identificadas las distorsiones cognitivas, el terapeuta trabaja con usted para desarrollar estrategias de reestructuración cognitiva. Esto implica reemplazar patrones de pensamiento negativos por pensamientos más realistas y positivos. Este cambio en la forma de pensar ayuda a reducir síntomas como ansiedad y depresión, promoviendo una perspectiva más equilibrada.

Exposición gradual y desensibilización: La TCC también emplea técnicas de exposición gradual y desensibilización para tratar fobias y ansiedades específicas. Estas técnicas implican la exposición controlada y gradual a los estímulos que provocan ansiedad, permitiendo que usted desarrolle mayor tolerancia y control sobre las reacciones emocionales.

Entrenamiento en habilidades de afrontamiento: Además de trabajar con patrones de pensamiento, la TCC también se centra en el desarrollo de habilidades de afrontamiento eficaces. Esto implica aprender estrategias prácticas para lidiar con situaciones estresantes o desencadenadoras de ansiedad. Al practicar estas habilidades, usted se vuelve más confiado en su capacidad de enfrentar desafíos y lidiar con emociones difíciles.

Foco en el presente y soluciones orientadas: La TCC es una aproximación orientada al presente y a la resolución de problemas. Aunque experiencias pasadas pueden ser exploradas, el foco principal está en desarrollar estrategias para lidiar con los desafíos actuales. El terapeuta trabaja con usted para definir metas alcanzables y crear un plan de acción concreto para alcanzarlas.

Colaboración activa entre terapeuta y cliente: La TCC involucra una colaboración activa entre el terapeuta y el cliente. El terapeuta actúa como un guía y socio en el viaje de autoconocimiento y cambio. Juntos, ustedes identifican metas, monitorean el progreso y ajustan las estrategias según sea necesario.

La TCC es una aproximación altamente estructurada y dirigida a resultados. Sus principios prácticos y herramientas específicas la convierten en una elección popular para muchos individuos que desean superar desafíos emocionales y comportamentales. El terapeuta trabajará con usted para desarrollar las habilidades necesarias para enfrentar los problemas de manera eficaz, promoviendo una mayor calidad de vida y bienestar mental.

## Terapia psicodinámica

La terapia psicodinámica es un enfoque terapéutico que se centra en explorar las influencias del pasado, experiencias de vida y el inconsciente en el comportamiento y los sentimientos actuales. Este enfoque se basa en la premisa de que las experiencias vividas a lo largo de la vida, especialmente en la infancia, tienen un impacto duradero en las emociones, pensamientos y comportamientos de un individuo. La terapia psicodinámica busca traer a la superficie estas influencias ocultas para promover la autoconciencia y la resolución de conflictos internos.

Exploración del inconsciente: Una de las características distintivas de la terapia psicodinámica es la exploración del inconsciente. Se cree que muchos aspectos de nuestra mente, incluyendo deseos, traumas y memorias reprimidas, están presentes en el nivel inconsciente. El terapeuta trabaja con usted para traer a la superficie estos elementos ocultos, permitiendo una comprensión más profunda de las motivaciones y patrones de comportamiento.

Patrones de relación y conflictos internos: La terapia psicodinámica también se centra en examinar patrones de relación, tanto pasados como presentes. Relaciones significativas, como aquellas con los padres o cuidadores en la infancia, pueden tener un impacto duradero en las interacciones sociales y las relaciones adultas. El terapeuta ayuda a identificar patrones de relación repetitivos y a explorar cómo estos patrones pueden estar relacionados con conflictos internos no resueltos.

Resolución de traumas y conflictos no resueltos: Eventos traumáticos o conflictos no resueltos del pasado pueden influir negativamente en la salud mental y emocional de un individuo. En la terapia psicodinámica, el terapeuta ofrece un espacio seguro para explorar estos eventos y sentimientos asociados a ellos. La resolución de traumas y conflictos no resueltos puede conducir a un alivio significativo de los síntomas emocionales y conductuales.

Autoconocimiento y cambio personal: La terapia psicodinámica valora el proceso de autoconocimiento como un medio de promover el cambio personal. Al entender los motivos subyacentes a los comportamientos y emociones, puede desarrollar una mayor conciencia sobre sí mismo y sus reacciones. Esta conciencia puede abrir camino para la adopción de nuevas perspectivas y comportamientos más saludables.

Duración e intensidad de la terapia: La terapia psicodinámica es a menudo de mayor duración que algunas otras aproximaciones terapéuticas. Esto se debe a que implica explorar capas más profundas de la psique y construir una relación terapéutica sólida a lo largo del tiempo. Las sesiones pueden ser más intensivas, permitiendo una exploración profunda de cuestiones complejas.

La terapia psicodinámica es un enfoque que apunta no solo a tratar síntomas, sino también a profundizar la comprensión del yo y las influencias que han moldeado su vida. Al explorar el pasado y los procesos internos, puede encontrar claridad, resolución y un sentido renovado de autoconocimiento y autoaceptación.

## Terapia de Aceptación y Compromiso (ACT)

La terapia de aceptación y compromiso es un enfoque terapéutico
que se caracteriza por su énfasis en la aceptación de pensamientos y emociones difíciles, mientras se orientan las acciones hacia valores personales
y significativos. Este enfoque reconoce que luchar contra los pensamientos negativos o intentar controlar las emociones incómodas a menudo
resulta en más sufrimiento. En cambio, la ACT alienta la aceptación de
esos pensamientos y sentimientos como una parte natural de la experiencia humana.

Aceptación y mindfulness: La base de la ACT es la práctica de la
aceptación y mindfulness. Esto involucra aprender a observar pensamientos y emociones sin juicio, permitiendo que vengan y vayan sin reaccionar
intensamente. En lugar de intentar suprimir o evitar los pensamientos
negativos, se aprende a relacionarse con ellos de una manera más compasiva y no reactiva.

Compromiso con valores: Además de la aceptación, la ACT enfatiza
la importancia de comprometerse con acciones que estén alineadas con
los valores personales. Esto significa identificar cuáles son los valores cen-
trales y definir metas y acciones que estén de acuerdo con esos valores. El
compromiso con acciones basadas en valores es una manera de crear una
vida significativa y significativa, incluso en el rostro de desafíos emocionales.

Defusión cognitiva: Otro componente central de la ACT es la defusión cognitiva, que involucra desvincularse de los pensamientos y obser-
varlos como eventos mentales, en lugar de hechos concretos. Esto permite
alejarse de las historias y patrones de pensamiento negativos que pueden
contribuir al sufrimiento. La defusión cognitiva ayuda a crear una relación más saludable con los pensamientos, permitiendo que tengan menos
poder sobre las emociones y las acciones.

El yo observador: La ACT también introduce la noción de "yo observador", que es la parte de ti que puede observar tus pensamientos, emociones y sensaciones físicas desde una perspectiva imparcial. Esa parte del

yo no está involucrada en la lucha contra los pensamientos, sino que solo observa. Esa separación entre el observador y el pensamiento ayuda a cultivar una relación más flexible y compasiva con tu experiencia interna.

Viviendo en el momento presente: La práctica del mindfulness en la ACT también involucra vivir plenamente en el momento presente, en lugar de preocuparse por el pasado o el futuro. Esto ayuda a reducir la rumia y la ansiedad, permitiendo que te involucres más plenamente en las actividades cotidianas.

La terapia de aceptación y compromiso es un enfoque innovador que tiene como objetivo aumentar la flexibilidad psicológica y promover una vida rica y significativa, incluso en medio de pensamientos y emociones difíciles. Al aceptar tu experiencia y comprometerte con acciones que te importan, puedes construir una base sólida para enfrentar los desafíos de la vida de manera más saludable y constructiva.

### Terapia Interpersonal (TIP)

La terapia interpersonal es un enfoque terapéutico centrado en las relaciones interpersonales y en la mejora de las habilidades de comunicación e interacción social. Reconoce la profunda influencia que las relaciones tienen en nuestra salud mental y emocional, y busca ayudar a las personas a comprender y resolver los desafíos que pueden surgir en las interacciones con otras personas. La TIP es especialmente útil para lidiar con conflictos en relaciones, mejorar la calidad de las interacciones sociales y desarrollar relaciones saludables y satisfactorias.

Objetivos de la terapia interpersonal: La terapia interpersonal tiene como objetivo abordar problemas específicos relacionados con las relaciones y la comunicación, con foco en cuatro áreas principales:

Duelo: La TIP se puede usar para ayudar a individuos que están lidiando con la pérdida de seres queridos. Puede ayudar a comprender las emociones asociadas al duelo y ayudar a adaptarse a esta nueva realidad.

Cambios de rol y transiciones de vida: Los cambios de roles o transiciones importantes en la vida, como el matrimonio, el divorcio, la jubilación o los cambios de trabajo, pueden generar estrés y desafíos interpersonales. La TIP ayuda a navegar estas transiciones de manera saludable.

Conflictos interpersonales: Los problemas de comunicación, malentendidos y conflictos en las relaciones pueden impactar significativamente el bienestar emocional. La TIP ofrece herramientas para resolver estos conflictos de manera constructiva.

Aislamiento social: Los sentimientos de aislamiento y soledad pueden tener un impacto negativo en la salud mental. La TIP ayuda a desarrollar habilidades sociales y estrategias para mejorar las conexiones interpersonales.

Proceso terapéutico: Durante las sesiones de Terapia Interpersonal, el terapeuta trabaja en estrecha colaboración con el individuo para identificar patrones de relación, comunicación y conflicto. El terapeuta ayuda al cliente a explorar cómo estos patrones pueden estar contribuyendo al estrés emocional o a la dificultad para relacionarse de manera saludable.

Habilidades de comunicación: La terapia se centra en mejorar las habilidades de comunicación del individuo, ayudándolo a expresar sus emociones y necesidades de manera clara y asertiva. Esto puede implicar el desarrollo de estrategias para lidiar con malentendidos, desacuerdos y situaciones difíciles de manera constructiva.

Resolución de conflictos: La TIP enseña estrategias eficaces de resolución de conflictos, que implican escuchar activamente, comprender las perspectivas de los demás y trabajar juntos para encontrar soluciones que beneficien a todos los involucrados.

Construcción de relaciones saludables: Además de resolver problemas específicos, la Terapia Interpersonal también tiene como objetivo ayudar a las personas a construir relaciones saludables y gratificantes. Esto implica desarrollar empatía, comprensión y respeto mutuo, así como crear lazos emocionales fuertes.

La terapia interpersonal es un enfoque eficaz para aquellos que desean mejorar sus habilidades de comunicación, resolver conflictos y crear relaciones más satisfactorias. Al comprender cómo sus interacciones sociales afectan su salud mental, puede adquirir las herramientas necesarias para construir conexiones significativas y positivas con los demás.

## Terapia familiar

La terapia familiar es un enfoque terapéutico que implica a los miembros de la familia en sesiones terapéuticas con el objetivo de mejorar la comunicación, resolver conflictos y promover relaciones saludables. Reconoce que las dinámicas familiares tienen un impacto profundo en la salud mental de cada individuo y busca trabajar en conjunto con todos los miembros de la familia para crear un ambiente más armonioso y funcional.

Objetivos de la terapia familiar: La terapia familiar tiene una serie de objetivos importantes, incluyendo:

Comunicación mejorada: La terapia se centra en mejorar la comunicación entre los miembros de la familia. Esto implica aprender a escuchar activamente, expresar emociones de manera saludable y respetar las perspectivas de los demás.

Resolución de conflictos: La terapia familiar proporciona un espacio seguro para abordar y resolver conflictos que puedan surgir dentro de la familia. Los terapeutas ayudan a los miembros a comprender las raíces de los conflictos y a trabajar juntos para encontrar soluciones constructivas.

Promoción de relaciones saludables: La terapia busca promover relaciones saludables y apoyo mutuo entre los miembros de la familia. Esto implica desarrollar empatía, comprensión y respeto mutuo.

Adaptación a cambios: Cambios en la dinámica familiar, como el nacimiento de un hijo, el matrimonio, el divorcio o la muerte de un ser querido, pueden ser desafiantes. La terapia familiar ayuda a la familia a adaptarse a estos cambios de manera saludable.

Reconocimiento de patrones familiares: La terapia ayuda a los miembros de la familia a reconocer patrones de comportamiento e interacción que pueden estar contribuyendo a conflictos o disfunción. Esto les permite identificar maneras de romper patrones negativos.

Proceso terapéutico: Durante las sesiones de terapia familiar, los miembros de la familia son alentados a compartir sus pensamientos, sentimientos y perspectivas. El terapeuta facilita la comunicación entre los miembros y ayuda a identificar áreas de conflicto y puntos de tensión. El enfoque es en colaboración y respeto, creando un ambiente donde todos se sientan escuchados y valorados. Abordajes terapéuticos en la terapia familiar: Existen varias aproximaciones terapéuticas que pueden ser usadas en la terapia familiar, incluyendo:

Terapia sistémica: Esta aproximación se concentra en las interacciones y dinámicas familiares como un sistema complejo. Explora cómo las acciones de un miembro de la familia afectan a los demás y cómo los cambios en un miembro pueden influir en todo el sistema.

Terapia estructural: Esta aproximación busca reorganizar la estructura familiar para promover relaciones saludables y funcionales. Ayuda a definir roles y límites claros dentro de la familia.

Terapia narrativa: Esta aproximación explora las historias individuales y colectivas de la familia, ayudando a reescribir narrativas negativas y promover una visión más positiva y capacitante.

La terapia familiar es una herramienta poderosa para resolver conflictos, mejorar la comunicación y promover relaciones saludables dentro de la familia. Ofrece un espacio seguro para explorar cuestiones complejas y trabajar juntos para construir un ambiente de apoyo y comprensión mutua.

## Terapia de grupo

La terapia de grupo es un enfoque terapéutico que implica la participación de varias personas que están enfrentando desafíos emocionales y mentales similares. Bajo la orientación de un terapeuta entrenado, los participantes se reúnen regularmente para compartir experiencias, discutir sus problemas y apoyarse mutuamente en el proceso de autocuración y crecimiento personal. Este enfoque ofrece una serie de beneficios únicos que pueden ser especialmente eficaces para abordar cuestiones específicas.

Beneficios de la terapia de grupo: La terapia de grupo proporciona una serie de beneficios valiosos:

Compartición de experiencias: Participar en un grupo terapéutico ofrece la oportunidad de compartir sus propias experiencias y escuchar las historias de los demás. Esto ayuda a normalizar sentimientos y desafíos, ya que muchas veces las personas se dan cuenta de que no están solas en sus luchas.

Apoyo de pares: El grupo ofrece un ambiente de apoyo, donde los miembros pueden relacionarse y apoyarse mutuamente. El apoyo de personas que están pasando por situaciones similares puede ser extremadamente reconfortante y fortalecedor.

Diversidad de perspectivas: La terapia de grupo reúne personas con diferentes orígenes, experiencias y perspectivas. Esto enriquece la discusión y permite que los miembros vean sus problemas de nuevas maneras, ofreciendo perspectivas únicas y soluciones potenciales.

Aprendizaje social: Al observar cómo los demás lidian con sus problemas, usted puede aprender nuevas estrategias de afrontamiento, habilidades de comunicación y formas saludables de lidiar con desafíos.

Desarrollo de habilidades sociales: Para aquellos que luchan con ansiedad social, la terapia de grupo proporciona un ambiente seguro para practicar y desarrollar habilidades sociales.

Ahorro de costos y tiempo: La terapia de grupo es generalmente más accesible que la terapia individual, lo que la convierte en una opción financieramente viable para muchas personas. Además, también ahorra tiempo, ya que varias personas pueden ser atendidas al mismo tiempo.

Eficacia de la terapia de grupo: La terapia de grupo ha sido probada como eficaz para una variedad de cuestiones, incluyendo depresión, ansiedad, trastornos alimentarios, abuso de sustancias, estrés postraumático y mucho más. Sin embargo, la eficacia depende de la dinámica del grupo, de la orientación del terapeuta y de la dedicación de los miembros a compartir y participar activamente.

Confidencialidad y respeto: La terapia de grupo se lleva a cabo en un ambiente confidencial y seguro, donde los miembros están incentivados a respetar la privacidad unos de los otros y a mantener lo que se comparte en las sesiones. Esto crea un espacio de confianza y permite que los miembros se abran sin miedo a ser juzgados.

Eligiendo la terapia de grupo: Al elegir participar en la terapia de grupo, es importante buscar un terapeuta entrenado y experimentado que pueda facilitar las sesiones de manera eficaz. Además, es fundamental encontrar un grupo que aborde las cuestiones específicas que usted está enfrentando y que esté compuesto por personas con las que usted se sienta cómodo.

La terapia de grupo ofrece una oportunidad única para el crecimiento personal, el apoyo mutuo y el aprendizaje social. Al compartir experiencias y aprender de los demás, los participantes pueden desarrollar habilidades para enfrentar desafíos emocionales y mentales de manera saludable y eficaz.

## Terapia holística

La terapia holística es un enfoque terapéutico que reconoce la interconexión entre el cuerpo, la mente, las emociones y el espíritu como un todo integrado. En contraste con los enfoques terapéuticos tradicionales que se centran principalmente en la mente, la terapia holística busca equilibrar todos los aspectos del ser humano para promover el bienestar general. Este enfoque incorpora prácticas creativas y expresivas, como terapia artística, musicoterapia y terapia de danza, para facilitar la autoexpresión, la autoconciencia y la exploración emocional.

Principios de la terapia holística: La terapia holística se basa en varios principios fundamentales:

Visión integrada: Reconoce que el cuerpo, la mente, las emociones y el espíritu están interconectados e influyen mutuamente. Cualquier desequilibrio en un área puede afectar al todo.

Abordaje personalizado: Cada individuo es único, y la terapia holística se adapta a las necesidades y preferencias de cada persona. No hay una única aproximación que funcione para todos.

Enfoque en la causa raíz: En lugar de tratar solo los síntomas superficiales, la terapia holística busca identificar y tratar las causas subyacentes de los problemas emocionales y mentales.

Autocuración y autodescubrimiento: Cree que cada persona posee una capacidad innata de autocuración y que la terapia es un medio de facilitar ese proceso, promoviendo el autodescubrimiento y el autoconocimiento.

Énfasis en la prevención: Además de tratar problemas existentes, la terapia holística enfatiza la prevención, promoviendo un estilo de vida saludable y prácticas que sustentan el bienestar a largo plazo.

Terapia artística: La terapia artística es una forma de terapia holística que utiliza varias formas de expresión artística, como pintura, dibujo, escultura y collage, para ayudar a los individuos a expresarse y explorar sus emociones y pensamientos internos. Al involucrarse en procesos creativos, los participantes pueden acceder a sentimientos que pueden ser difíciles de expresar verbalmente. La terapia artística ofrece un medio seguro para liberar emociones, resolver conflictos internos y promover la autoconciencia.

Musicoterapia: La musicoterapia es otra práctica holística que utiliza música, sonidos y ritmos como herramientas terapéuticas. La música tiene el poder de evocar emociones profundas y puede usarse para ayudar a expresar sentimientos, aliviar el estrés, mejorar el estado de ánimo y promover la conexión con el yo interior. La musicoterapia puede implicar tocar instrumentos, cantar, componer canciones o simplemente escuchar canciones seleccionadas por el terapeuta.

Terapia de danza: La terapia de danza involucra el movimiento expresivo como una forma de terapia. Bailar permite que los individuos expresen sus emociones, liberen tensiones físicas y emocionales, y desarrollen una mayor conciencia corporal. La terapia de danza puede ser particularmente eficaz para personas que tienen dificultad para comunicarse verbalmente o que buscan una manera más dinámica de explorar sus emociones.

Beneficios de la terapia holística: La terapia holística ofrece una serie de beneficios:

Autoexpresión: Las prácticas creativas permiten que los individuos se expresen de maneras no verbales, a menudo accediendo a emociones profundas.

Autoconocimiento: Al explorar la creatividad, los participantes pueden obtener información sobre sus propios pensamientos, sentimientos y patrones de comportamiento.

Liberación emocional: La terapia holística ofrece una salida segura para liberar emociones reprimidas o intensas.

Bienestar general: Al abordar todas las dimensiones del ser, la terapia holística promueve un sentido general de bienestar y equilibrio.

Crecimiento personal: Al facilitar la autocuración, la terapia holística apoya el crecimiento personal y la transformación.

La terapia holística es un enfoque poderoso para aquellos que desean explorar su creatividad, promover la autoconciencia y trabajar hacia un estado de equilibrio y bienestar más profundo.

Al elegir un enfoque terapéutico, es importante considerar sus necesidades individuales, preferencias y objetivos. Sea cual sea el enfoque que elija, la terapia ofrece un espacio seguro para explorar sus sentimientos, desarrollar habilidades de afrontamiento y trabajar hacia su bienestar mental y emocional.

## Trabajando en colaboración con un terapeuta

Buscar ayuda profesional es un paso valiente y positivo en el camino hacia su bienestar. Al colaborar con un terapeuta, puede maximizar los beneficios del tratamiento y lograr progresos significativos. Estas son algunas maneras de trabajar en colaboración con un terapeuta:

### Establezca una relación de confianza

La relación entre el paciente y el terapeuta es uno de los aspectos más importantes de la terapia. Una relación de confianza, respeto y empatía es fundamental para el éxito del tratamiento. Los siguientes son puntos esenciales a considerar al establecer esta relación:

Elegir el terapeuta adecuado: La elección del terapeuta adecuado es un paso crucial para garantizar una experiencia terapéutica positiva y eficaz. La relación terapéutica es una colaboración que puede tener un impacto significativo en su viaje de autocuidado y crecimiento personal. Los aspectos importantes a considerar al elegir el terapeuta adecuado son:

Compatibilidad: Es crucial elegir un terapeuta con el que se sienta cómodo. La empatía y la sensación de conexión son fundamentales para crear un ambiente terapéutico seguro.

Especialización: Considere las áreas de especialización del terapeuta. Dependiendo de sus necesidades, puede ser beneficioso elegir un terapeuta con experiencia en el tratamiento de problemas específicos, como ansiedad, depresión, trauma, relaciones, entre otros.

Estilo terapéutico: Diferentes terapeutas tienen diferentes enfoques y estilos terapéuticos. Algunos son más directos, mientras que otros prefieren un enfoque más reflexivo. Investigue sobre los estilos y enfoques para encontrar uno que resuene con usted.

La construcción de la relación: La relación terapéutica es uno de los pilares más importantes del éxito de la terapia. Es un vínculo especial basado en confianza, empatía y colaboración entre usted y el terapeuta. La construcción de esta relación sólida es esencial para crear un ambiente seguro donde pueda explorar sus sentimientos, desafíos y metas. Los siguientes son aspectos clave en la construcción de la relación terapéutica:

Comunicación abierta: Desde el principio, es importante establecer una comunicación abierta y honesta con el terapeuta. Esto implica compartir sus sentimientos, pensamientos y expectativas con respecto a la terapia.

Confianza gradual: La confianza se construye con el tiempo. A medida que usted y el terapeuta desarrollan una relación más sólida, es más probable que se sienta cómodo compartiendo cuestiones más profundas.

Respeto mutuo: Tanto el paciente como el terapeuta deben ser respetuosos entre sí. Esto implica escuchar atentamente, demostrar empatía y honrar las perspectivas individuales.

Límites claros: Establezca límites claros sobre lo que está cómodo compartiendo y discutiendo durante las sesiones. Esto ayuda a crear un espacio seguro y predecible.

La importancia de la empatía: La empatía es una cualidad fundamental que desempeña un papel crucial en la relación terapéutica. Tener un terapeuta empático puede marcar la diferencia en el proceso de autocuidado y crecimiento personal. La empatía es la capacidad de comprender y conectarse emocionalmente con los sentimientos y experiencias del paciente. La importancia de la empatía en la terapia:

Demostración de empatía: Un terapeuta empático demuestra comprensión y consideración genuinas por las emociones y experiencias del paciente. La empatía crea un ambiente donde el paciente se siente escuchado y comprendido.

Validación de las emociones: La empatía también implica validar las emociones del paciente, incluso si pueden parecer difíciles o incómodas. Esto ayuda al paciente a sentirse aceptado y comprendido.

La evolución de la relación terapéutica: La relación terapéutica no es estática, sino un proceso dinámico que evoluciona con el tiempo. A medida que trabaja con su terapeuta para enfrentar desafíos emocionales y buscar crecimiento personal, la relación terapéutica también pasa por cambios y desarrollos. Los siguientes son aspectos importantes de la evolución de la relación:

Realimentación constante: Durante el proceso terapéutico, es útil proporcionar retroalimentación al terapeuta sobre cómo se siente con respecto al tratamiento y la relación. Esto ayuda a ajustar el enfoque, si es necesario.

Cambios y desafíos: A medida que la terapia avanza, es posible que enfrente desafíos emocionales. Una relación de confianza sólida le permite explorar estos desafíos de manera segura.

Una relación terapéutica saludable y positiva es una colaboración entre el paciente y el terapeuta. Cuando hay confianza, respeto y empatía mutua, el proceso terapéutico puede convertirse en un viaje poderoso hacia el autoconocimiento, el crecimiento personal y el bienestar emocional. Si en algún momento siente que la relación terapéutica no está funcionando, es importante discutirlo con el terapeuta o considerar buscar otro profesional que mejor satisfaga sus necesidades.

### Definir metas claras

Definir metas claras es una etapa fundamental en el proceso terapéutico. Al discutir y establecer sus metas y expectativas con su terapeuta, no solo dirige el tratamiento, sino que también crea un camino tangible para alcanzar el crecimiento personal y la mejora del bienestar. Estas son algunas maneras de definir metas claras en la terapia:

La importancia de las metas: Establecer metas en la terapia ofrece una dirección clara para el proceso. Esto ayuda tanto a usted como al terapeuta a comprender lo que desea alcanzar y lo que es significativo para usted. Las metas proporcionan un foco para las sesiones terapéuticas y guían las discusiones y actividades que ocurren durante el tratamiento.

Tipos de metas: Las metas terapéuticas pueden variar ampliamente, dependiendo de sus necesidades y objetivos. Pueden estar orientadas a la reducción de síntomas específicos, la mejora de las relaciones, el desarrollo de habilidades de afrontamiento, la conquista de la confianza en sí mismo o la exploración de áreas de autoconocimiento. Lo importante es que las metas sean personales y relevantes para usted.

Metas realistas y medibles: Es importante definir metas realistas y medibles. Esto significa que las metas deben ser alcanzables dentro del período de tratamiento y deben formularse de manera que sea posible evaluar su progreso. Las metas medibles pueden cuantificarse, como "reducir la frecuencia de ataques de ansiedad en un 50 % en tres meses".

Discusión con el terapeuta: Al definir metas, es esencial discutirlas con su terapeuta. Ellos pueden ayudarlo a refinar sus metas, haciéndolas más específicas y alcanzables. Además, el terapeuta puede ofrecer perspectivas sobre cómo sus metas se relacionan con los desafíos que usted está enfrentando y puede colaborar en la creación de un plan de tratamiento que mejor se adapte a sus necesidades.

Evaluación y ajuste: A medida que el tratamiento avanza, es importante evaluar regularmente el progreso en relación con las metas establecidas. El terapeuta y usted pueden revisar juntos cuánto ha avanzado en el camino hacia sus metas y discutir cualquier ajuste necesario en el plan de tratamiento. Esta evaluación continua garantiza que el tratamiento esté alineado con sus necesidades en evolución.

Celebración de las conquistas: Al alcanzar sus metas a lo largo del tratamiento, celebre sus conquistas, incluso si son pequeñas. La jornada terapéutica puede ser desafiante, y reconocer el progreso que ha hecho ayuda a mantener su motivación y confianza en sí mismo. La celebración también refuerza la importancia de definir metas claras y trabajar para alcanzarlas.

En resumen, definir metas claras en la terapia es un enfoque estratégico que puede aumentar la eficacia del tratamiento. Al compartir sus metas y expectativas con su terapeuta, crea una asociación colaborativa para promover el crecimiento personal, el bienestar emocional y el logro de objetivos significativos.

## Comunicación abierta

La comunicación abierta juega un papel fundamental en el proceso terapéutico. Al ser abierto y honesto sobre sus pensamientos, sentimientos y experiencias, crea un ambiente de confianza y colaboración con su terapeuta. Esto facilita la comprensión mutua, la exploración de desafíos y el desarrollo de estrategias de afrontamiento saludables. Estas son algunas formas de comunicarse abiertamente en la terapia:

La importancia de la comunicación: La terapia es un espacio seguro para expresar sus pensamientos y sentimientos sin juicio. Al comunicarse abiertamente, permite que su terapeuta comprenda completamente sus experiencias, lo que, a su vez, les ayuda a ofrecer orientación más eficaz. Comunicarse abiertamente también ayuda a explorar a fondo sus emociones, identificar patrones de pensamiento y comportamiento y trabajar hacia un cambio positivo.

Compartiendo experiencias y desafíos: Sea honesto sobre sus experiencias y desafíos. No dude en discutir sus sentimientos, incluso si parecen difíciles de expresar. Esto permite que el terapeuta tenga una visión clara de su situación y ofrezca información relevante. Cuando comparte sus experiencias de manera abierta, está dando al terapeuta la información necesaria para ayudarlo de la mejor manera posible.

Explorando emociones y pensamientos: La comunicación abierta es particularmente valiosa al explorar emociones y pensamientos profundos. Al discutir sus sentimientos más complejos, puede entender mejor sus causas y los patrones que pueden estar afectando su vida. Esto abre espacio para la autoconciencia y la comprensión de cómo sus emociones influyen en sus acciones y decisiones.

Desarrollando estrategias de afrontamiento: Al comunicarse abiertamente sobre sus preocupaciones y desafíos, permite que el terapeuta colabore con usted en la creación de estrategias de afrontamiento saludables. Estas estrategias pueden incluir técnicas de gestión del estrés, formas de lidiar con la ansiedad, desarrollo de habilidades de comunicación y mucho más. Con base en la información que comparte, el terapeuta puede personalizar los enfoques terapéuticos para satisfacer sus necesidades.

Superando barreras en la comunicación: Es normal enfrentar barreras al comunicarse abiertamente. Puede haber sentimientos de vergüenza, miedo a ser juzgado o dificultad para expresar emociones. Es importante recordar que el terapeuta está ahí para apoyarlo y entender sus dificultades. A medida que se siente más cómodo, la comunicación tiende a fluir de manera más natural.

La construcción de la relación terapéutica: La comunicación abierta también contribuye a la construcción de una relación terapéutica sólida. Cuanto más comparta, más el terapeuta comprenderá sus necesidades y preocupaciones, permitiéndoles ajustar el tratamiento según sea necesario. Esta relación de confianza facilita la exploración profunda y el desarrollo de cambios positivos.

En resumen, la comunicación abierta es un pilar esencial de la terapia. Al compartir sus pensamientos, sentimientos y experiencias, aprovecha al máximo el proceso terapéutico, colaborando con su terapeuta para promover la comprensión, el crecimiento personal y el desarrollo de habilidades para lidiar con los desafíos de la vida.

### Participación activa

La participación activa en las sesiones terapéuticas es fundamental para obtener los mejores resultados de la terapia. Esto implica compromiso, implicación y acción continua para aplicar lo que se aprende durante las sesiones. La importancia de la participación activa en la terapia:

Compromiso con el proceso: El compromiso con el proceso terapéutico es el primer paso para una participación activa. Esto significa estar dispuesto a dedicar tiempo y energía a la terapia, asistiendo a las sesiones regularmente y priorizando tu crecimiento personal. Cuanto más te comprometas con el proceso, más beneficios podrás cosechar.

Implicación en las sesiones: Participar activamente en las sesiones significa implicarse de manera significativa durante las interacciones con el terapeuta. Esto implica compartir tus experiencias, emociones y pensamientos de forma abierta y honesta. No tengas miedo de hacer preguntas, expresar dudas o buscar aclaraciones. Cuanto más te involucres, más relevantes y personalizadas podrán ser las orientaciones del terapeuta.

Completar tareas entre sesiones: Los terapeutas a menudo proporcionan tareas y ejercicios para que los realices entre las sesiones. Esto ayuda a aplicar lo que has aprendido en la terapia en tu día a día. Completar estas tareas es una manera eficaz de interiorizar nuevas habilidades y prácticas, permitiéndote observar progresos concretos a lo largo del tiempo.

Practicar estrategias aprendidas: La terapia a menudo implica aprender estrategias y habilidades para lidiar con desafíos emocionales y mentales. La participación activa incluye practicar estas estrategias en la vida real. Ya sea que se trate de técnicas de relajación, habilidades de comunicación o ejercicios de gestión del estrés, la aplicación práctica de estas estrategias ayuda a solidificar el aprendizaje.

Exploración profunda y autodescubrimiento: Participar activamente en la terapia permite la exploración profunda y el autodescubrimiento. Al implicarte en las discusiones y reflexiones, puedes identificar patrones de pensamiento, emociones subyacentes y causas de comportamientos específicos. Esto ofrece una visión más clara de ti mismo y abre camino al cambio positivo.

Construcción de resiliencia y autonomía: Participar activamente en la terapia también ayuda a construir resiliencia emocional y autonomía. Al aplicar las estrategias aprendidas y enfrentar desafíos de frente, desarrollas habilidades para lidiar con situaciones difíciles de manera constructiva. Esto puede resultar en una mayor confianza en tus habilidades de afrontamiento.

La importancia del progreso gradual: Es importante recordar que el progreso en la terapia puede ser gradual. La participación activa implica continuar incluso cuando los resultados no son inmediatamente aparentes. El terapeuta está ahí para ofrecer apoyo, orientación y aliento a lo largo del camino.

En resumen, la participación activa en la terapia es un elemento crucial para el éxito del tratamiento. Al comprometerte, implicarte en las sesiones, completar tareas y practicar estrategias aprendidas, creas un camino sólido para el crecimiento personal, el cambio positivo y el desarrollo de habilidades duraderas para enfrentar los desafíos de la vida.

### Hacer preguntas y compartir dudas

Hacer preguntas y compartir dudas durante el proceso terapéutico es una parte esencial de la construcción de una relación de confianza con su terapeuta y de su propio crecimiento personal. La importancia de preguntar y compartir dudas en la terapia:

Promover la comprensión: Preguntar a su terapeuta es una manera de obtener una comprensión más profunda de los conceptos discutidos durante las sesiones. Si algún concepto o estrategia no está claro para usted, preguntar puede ayudar a aclarar las informaciones, garantizando que usted esté alineado con lo que se está abordando.

Desarrollar una relación de confianza: Compartir dudas y preocupaciones con su terapeuta contribuye a la construcción de una relación de confianza mutua. Esto muestra al terapeuta que usted está comprometido con el proceso y que valora su perspectiva. Este intercambio abierto también permite que el terapeuta entienda mejor sus necesidades individuales.

Explorar emociones y patrones de pensamiento: Al compartir dudas y malestares, usted puede explorar emociones y patrones de pensamiento subyacentes. Esto ofrece una oportunidad para que el terapeuta ayude a identificar patrones que pueden estar contribuyendo a sus desafíos emocionales y conductuales, posibilitando su abordaje de manera eficaz.

Mejorar la adaptación de la terapia: La terapia es un proceso colaborativo, y su terapeuta está ahí para ayudarle de la mejor manera posible. Compartir sus dudas ayuda al terapeuta a ajustar la aproximación terapéutica de acuerdo con sus necesidades individuales. Esto puede implicar explicar conceptos de manera diferente o adaptar estrategias para mejor atenderle.

Eliminar malentendidos: Malentendidos pueden surgir durante las sesiones terapéuticas. Si algo no parece correcto o si usted interpretó algo de manera diferente, hacer preguntas y compartir dudas puede ayudar a aclarar cualquier confusión. Esto evita que malentendidos no resueltos afecten su experiencia terapéutica.

Fortalecer la autonomía: Al cuestionar y compartir dudas, usted está fortaleciendo su autonomía en el proceso terapéutico. Esto demuestra que usted está activamente comprometido en su propia jornada de crecimiento y que está dispuesto a explorar y entender las informaciones presentadas.

Desarrollar habilidades de comunicación: Compartir dudas y hacer preguntas es una oportunidad para desarrollar habilidades de comunicación saludables. Esto puede reflejarse en otras áreas de su vida, mejorando su capacidad de expresar pensamientos y emociones de manera eficaz.

No dude en ser honesto: Recuerde que el terapeuta está ahí para apoyarle, y no hay preguntas erróneas o preocupaciones insignificantes. La terapia es un espacio seguro para explorar todas las dimensiones de su ser, y su participación activa en ese proceso contribuye significativamente al éxito de la terapia y a su propio bienestar emocional y mental.

## Aplicar lo que aprendes

La terapia no se limita a las sesiones que tienes con tu terapeuta. Para que el proceso terapéutico sea verdaderamente eficaz y genere cambios duraderos, es fundamental aplicar las estrategias y habilidades aprendidas en tu vida diaria. La importancia de aplicar lo que aprendes en la terapia:

Transformando el conocimiento en acción: Durante las sesiones terapéuticas, adquieres conocimientos, estrategias y herramientas para lidiar con desafíos emocionales y conductuales. Sin embargo, estas informaciones solo tendrán un impacto real si se aplican en tu vida cotidiana. Transformar el conocimiento en acción es lo que realmente promueve el cambio y el crecimiento.

Desarrollando hábitos saludables: Al aplicar las estrategias aprendidas, estás, de hecho, desarrollando hábitos saludables que contribuyen a tu bienestar emocional y mental. Al practicar consistentemente estos hábitos, estás moldeando tu mente y tus emociones de manera positiva, lo que puede conducir a resultados positivos a largo plazo.

Integración en la vida cotidiana: La terapia es más que un evento aislado. Se trata de integrar las lecciones aprendidas y las herramientas adquiridas en tu rutina diaria. Esto puede incluir la aplicación de técnicas de manejo del estrés, comunicación más eficaz, resolución de conflictos o cualquier otra habilidad relevante para tus desafíos específicos.

La consistencia es la clave: La consistencia en la aplicación de las estrategias es fundamental. Los cambios no ocurren de la noche a la mañana, sino con esfuerzo continuo y práctica consistente. Cuanto más practiques las habilidades aprendidas, más naturalmente se convertirán en parte de tu enfoque general para lidiar con la vida.

Superando obstáculos: Aplicar lo que aprendes en la terapia también implica enfrentar obstáculos que pueden surgir. A veces, puede ser desafiante implementar cambios en tu vida, especialmente cuando te enfrentas a situaciones estresantes o antiguas dinámicas. El terapeuta puede ayudar a desarrollar estrategias para superar estos obstáculos y continuar progresando.

Reflexión y aprendizaje continuo: La aplicación de lo que aprendes también implica reflexión y aprendizaje continuo. A medida que experimentas las estrategias en la práctica, puedes percibir lo que funciona mejor para ti y dónde pueden ser necesarios ajustes. Esa reflexión y adaptación continuas son esenciales para un crecimiento constante.

Sigue tu propio ritmo: Cada persona tiene su propio ritmo de progreso. No te compares con los demás ni te sientas presionado a hacer cambios rápidos. Lo importante es que te estés esforzando consistentemente para aplicar lo que has aprendido, incluso si es un paso a la vez.

Celebra tus logros: Al aplicar las estrategias y ver los resultados positivos en tu vida, celebra esos logros, por pequeños que sean. Esto fortalece tu motivación para continuar aplicando lo que has aprendido y refuerza la idea de que estás progresando hacia tu bienestar emocional y mental.

### Sé paciente

El viaje terapéutico es un camino de autodescubrimiento, crecimiento y transformación. Así como cualquier proceso de cambio, requiere tiempo, esfuerzo y paciencia. La paciencia durante el proceso terapéutico:

Comprendiendo la naturaleza del proceso: La terapia no es una solución rápida, sino un proceso gradual y continuo. A menudo, lleva tiempo explorar cuestiones profundas, desentrañar patrones de pensamiento y comportamiento arraigados, e implementar cambios significativos. Comprender que el crecimiento lleva tiempo es esencial para mantener expectativas realistas.

Respetando tu propio ritmo: Cada persona tiene su propio ritmo de progreso. Algunas cuestiones pueden resolverse más rápidamente, mientras que otras pueden requerir más tiempo y exploración. Es fundamental respetar tu propio ritmo y no compararte con los demás. Cada paso hacia el crecimiento es válido, independientemente de cuán pequeño pueda parecer.

Los cambios graduales son duraderos: A veces, los cambios rápidos pueden parecer tentadores, pero los cambios graduales tienden a ser más duraderos y significativos. Trabajar consistentemente a lo largo del tiempo para comprender y abordar desafíos emocionales y mentales crea bases sólidas para un bienestar sostenible. La paciencia permite que construyas una transformación genuina.

La exploración profunda requiere tiempo: A medida que te adentras en tus experiencias, creencias y patrones, puedes descubrir capas más profundas de ti mismo. Este proceso de exploración requiere tiempo para entender la complejidad de tus emociones, pensamientos y comportamientos. Ser paciente contigo mismo mientras navegas por esta jornada es crucial.

Celebra pequeñas victorias: A lo largo del proceso terapéutico, habrá momentos de avances y conquistas, por menores que sean. Es importante celebrar estas pequeñas victorias, ya que representan progreso hacia tus objetivos. Reconocer y valorar cada paso positivo ayuda a mantener tu motivación y confianza.

Construyendo tolerancia al malestar: La paciencia también está relacionada con la capacidad de tolerar el malestar emocional que puede surgir durante el proceso terapéutico. A veces, enfrentar ciertos aspectos de ti mismo o confrontar situaciones pasadas puede ser desafiante y doloroso. Ser paciente contigo mismo en esos momentos difíciles es fundamental para crecer y superar obstáculos.

Viendo el progreso: Aunque puede ser difícil percibir cambios inmediatos, a lo largo del tiempo, es posible ver el progreso que has hecho. Mantener un diario o un registro de tus reflexiones y aprendizajes a lo largo de las sesiones terapéuticas puede ayudar a acompañar tu crecimiento a lo largo del tiempo. Esto puede ser una fuente de motivación e inspiración.

Cultivando la resiliencia: La paciencia está ligada a la resiliencia, la capacidad de persistir a pesar de los desafíos. Cultivar la paciencia en el proceso terapéutico ayuda a desarrollar una resiliencia emocional y mental que será valiosa en muchos aspectos de la vida.

Aprecia la jornada: Recordar apreciar la jornada es fundamental. El proceso terapéutico es una oportunidad de autoexploración, crecimiento y autoconocimiento. Al abrazar la jornada con paciencia, estás invirtiendo en ti mismo y en tu propio bienestar emocional y mental.

### Monitorea tu progreso

La terapia es un proceso dinámico y continuo que implica autoexploración, aprendizaje y crecimiento personal. Monitorear tu progreso a lo largo de este proceso es esencial para evaluar el impacto de la terapia en tu vida y ajustar los enfoques según sea necesario. Estas son algunas maneras de monitorear y celebrar tu progreso en la terapia:

La importancia del monitoreo de progreso: Monitorear el progreso en la terapia ayuda a mantener un seguimiento claro de los cambios que estás experimentando. Esto no solo ofrece una visión objetiva de cómo estás progresando, sino que también permite que tú y tu terapeuta evalúen la eficacia de los enfoques terapéuticos y hagan ajustes según sea necesario.

Estableciendo hitos y metas: Al iniciar la terapia, es útil establecer hitos y metas claras. Estas metas pueden ser grandes logros que deseas alcanzar o pequeños pasos que contribuyen a tu crecimiento. Definir hitos ayuda a orientar el tratamiento y proporciona un sentido de logro a medida que los alcanzas.

Evaluación regular con el terapeuta: Agendar evaluaciones regulares con tu terapeuta es una manera eficaz de monitorear tu progreso. Durante estas evaluaciones, tú y tu terapeuta pueden discutir los cambios que has notado, los desafíos que has enfrentado y cómo las estrategias discutidas en las sesiones se están aplicando en la vida cotidiana. Esto permite que ajustes tu plan de tratamiento según sea necesario.

Mantenimiento de un diario de progreso: Mantener un diario de progreso puede ser una herramienta valiosa. Anota tus reflexiones después de cada sesión terapéutica, tus perspectivas, las estrategias que has experimentado y los sentimientos que has experimentado. Esto no solo ayuda a seguir tu progreso, sino que también permite que observes los patrones y los cambios a lo largo del tiempo.

Celebración de pequeñas victorias: Celebrar las victorias, incluso las pequeñas, es una parte crucial del proceso terapéutico. A veces, el progreso puede parecer sutil, pero cada paso hacia el crecimiento es digno de reconocimiento. La celebración de las victorias aumenta tu motivación, mejora tu autoestima y refuerza el valor del trabajo que estás realizando.

Ajustando metas y estrategias: A medida que monitoreas tu progreso, puedes darte cuenta de que algunas metas necesitan ser ajustadas o que ciertas estrategias no están funcionando como se esperaba. Esto es normal y forma parte del proceso de aprendizaje. Comunicar estas descubiertas a tu terapeuta te permitirá trabajar juntos para adaptar tu plan de tratamiento.

Reconociendo el cambio interno: No todo el progreso es visible externamente. Muchas veces, los cambios internos, como un cambio en la perspectiva, una mayor comprensión emocional o una mayor capacidad para enfrentar los desafíos, son igualmente valiosos. Sé atento a estos cambios sutiles y reconoce el impacto positivo que están teniendo en tu vida.

Aprendizaje continuo: El monitoreo del progreso es un recordatorio constante de que la jornada terapéutica es una oportunidad de aprendizaje continuo. A medida que te dedicas a entenderte a ti mismo y a desarrollar habilidades para enfrentar los desafíos, cada nueva perspectiva y descubrimiento contribuye a tu crecimiento personal.

Aprecia la jornada de crecimiento: Recordando que apreciar cada etapa de la jornada de crecimiento, estás nutriendo tu resiliencia, autoconocimiento y bienestar emocional. Al monitorear tu progreso y celebrar tus victorias, estás invirtiendo en ti mismo y en tu desarrollo continuo.

## Mantén la consistencia

La consistencia juega un papel fundamental en la eficacia de la terapia. Mantener un compromiso regular con las sesiones terapéuticas y seguir el plan de tratamiento establecido con el terapeuta son elementos esenciales para alcanzar resultados positivos y duraderos. La importancia de la consistencia en la terapia:

Estableciendo una rutina terapéutica: Al comprometerse con sesiones terapéuticas regulares, usted está creando una rutina que promueve el autocuidado y la exploración emocional. Tener un horario fijo para las sesiones ayuda a integrar la terapia en su vida cotidiana y garantiza que usted reserve tiempo para concentrarse en su bienestar mental.

Profundizar en la autoexploración: La coherencia le permite profundizar su autoexploración y trabajar en cuestiones más profundas a lo largo del tiempo. A medida que usted construye una relación de confianza con el terapeuta y se familiariza con el proceso terapéutico, es más probable que usted se sienta cómodo para compartir pensamientos y sentimientos más complejos.

Construyendo una asociación terapéutica: La consistencia en la frecuencia de las sesiones ayuda a construir una asociación sólida entre usted y el terapeuta. Esta asociación se basa en la confianza mutua, la comunicación abierta y la comprensión mutua. Cuanto más se involucre consistentemente en la terapia, más eficaz será el proceso de trabajo hacia su crecimiento personal.

Consistencia y refuerzo de habilidades: La terapia a menudo implica el aprendizaje y la práctica de nuevas habilidades para enfrentar desafíos emocionales y mentales. La consistencia en seguir el plan de tratamiento permite que usted practique esas habilidades de manera sistemática y regular. Con el tiempo, esas habilidades se vuelven más naturales e integradas en su vida cotidiana.

Prevención de retrocesos: Mantener la consistencia en la terapia ayuda a prevenir retrocesos. El trabajo terapéutico es un proceso gradual, y interrumpir o saltarse sesiones puede dificultar el progreso que ya ha logrado. La continuidad en las sesiones ayuda a mantener el impulso y a construir un crecimiento consistente.

Compromiso con el autocuidado: Al mantener la consistencia en la terapia, usted está haciendo un compromiso valioso con su propio autocuidado. Priorizar sus sesiones terapéuticas demuestra la importancia que usted atribuye a su bienestar mental y emocional. Esto envía un mensaje poderoso de que usted está dispuesto a invertir en sí mismo.

Apoyo continuo: La consistencia en la terapia ofrece un apoyo continuo mientras usted enfrenta desafíos y busca cambios positivos. A medida que usted comparte sus experiencias y reflexiona sobre sus progresos, el terapeuta puede proporcionar orientación, perspectivas y estrategias para ayudarlo a navegar por situaciones difíciles.

Cultivando resiliencia: La práctica consistente de enfrentar desafíos emocionales durante las sesiones terapéuticas ayuda a cultivar resiliencia. La resiliencia es la capacidad de lidiar con adversidades de forma saludable y adaptativa. Al involucrarse consistentemente en la terapia, usted está fortaleciendo su capacidad de enfrentar los altibajos de la vida.

Invirtiendo en su bienestar: Tenga en cuenta que la consistencia en la terapia es una inversión valiosa en su propio bienestar. Al crear una rutina terapéutica, usted se está comprometiendo con un proceso de crecimiento personal continuo y duradero. Cada sesión es una oportunidad para aprender, crecer y fortalecer su salud mental.

### Sé abierto a los cambios

El viaje terapéutico es una oportunidad de crecimiento y transformación personal. A lo largo de este proceso, es esencial estar abierto a los cambios y estar dispuesto a adaptar las aproximaciones terapéuticas y metas para mejor atender a tus necesidades en constante evolución. La importancia de la flexibilidad y adaptación en la terapia:

Evolución personal y cambio: El ser humano es un ser en constante evolución, con experiencias, pensamientos y emociones que pueden cambiar a lo largo del tiempo. La terapia proporciona un espacio para explorar y comprender estos cambios personales. Es normal que tus perspectivas, prioridades y desafíos se transformen a medida que creces.

Refinando las aproximaciones terapéuticas: A medida que ganas autoconocimiento y comprensión de tus necesidades, puedes descubrir qué aproximaciones terapéuticas son más eficaces para ti y cuáles pueden necesitar ajustes. El terapeuta está ahí para colaborar contigo en la evaluación continua de lo que está funcionando mejor y hacer los ajustes necesarios.

Metas en evolución: Las metas terapéuticas pueden evolucionar a medida que progresas. Lo que puede empezar como una meta inicial puede transformarse en algo más profundo y abarcador a medida que te adentras más profundamente en tus cuestiones. Es importante comunicar al terapeuta cómo tus metas están evolucionando para que el tratamiento permanezca alineado con tus aspiraciones.

Flexibilidad para cambios de circunstancias: Circunstancias externas, como eventos de vida, también pueden afectar tus necesidades terapéuticas. Por ejemplo, un cambio significativo en la vida, como una transición de empleo o una relación importante, puede influir en las áreas que deseas explorar en la terapia. Ser flexible permite que ajustes el foco terapéutico de acuerdo con estos cambios.

Adaptación a los descubrimientos internos: La terapia a menudo lleva al descubrimiento de perspectivas y patrones internos que pueden demandar ajustes en tu plan terapéutico. A medida que exploras más a fondo tus emociones, pensamientos y relaciones, puede ser necesario adaptar las estrategias para lidiar con nuevos desafíos que surgen.

Crecimiento a través del cambio: Estar abierto a cambios en la terapia no solo refleja tu crecimiento personal, sino que también promueve ese crecimiento. La disposición de abrazar cambios terapéuticos puede ayudarte a desarrollar habilidades de adaptación, resiliencia y autoconciencia, que son valiosas no solo en el contexto terapéutico, sino en todos los aspectos de la vida.

Comunicación abierta con el terapeuta: La flexibilidad en la terapia depende de una comunicación abierta con el terapeuta. Al compartir tus reflexiones, necesidades y preocupaciones, le das al terapeuta la oportunidad de ajustar el tratamiento de acuerdo con tus cambios. La comunicación constante y honesta es esencial para garantizar que estés recibiendo el máximo beneficio de la terapia.

Apreciación del proceso de cambio: Concientízate de que el cambio es una parte natural del proceso terapéutico y del crecimiento personal. En lugar de resistirte al cambio, intenta abrazarlo como una oportunidad para aprender, crecer y transformarse. A través de este enfoque, puedes aprovechar al máximo tu viaje terapéutico y cosechar los beneficios de adaptarte a tus necesidades en constante evolución.

Buscar ayuda profesional es un paso valioso hacia la mejora del bienestar mental y emocional. Sé consciente de que no estás solo en esta jornada y que tener el apoyo de un terapeuta calificado puede proporcionarte perspectivas, herramientas y recursos para enfrentar desafíos, superar obstáculos y cultivar una vida más saludable y satisfactoria.

14

# CONSTRUIR UN FUTURO BRILLANTE

Cada nuevo día es una oportunidad para comenzar<br>
de nuevo y crear una vida llena de felicidad.

El camino de la autocuración y el crecimiento personal es un camino lleno de desafíos, descubrimientos y crecimiento. A medida que trabajas para superar obstáculos y enfrentar tus propios límites, también es esencial dirigir tu mirada hacia el futuro. En este capítulo, exploraremos cómo visualizar un futuro positivo y compartir tu historia con aquellos que enfrentan desafíos similares.

## Visualizando un futuro positivo: Estableciendo metas a largo plazo

El viaje de autocuidado y crecimiento personal es una caminata continua, llena de oportunidades para construir un futuro positivo y significativo. Visualizar ese futuro es un paso crucial para dirigir tus energías y esfuerzos hacia metas a largo plazo que reflejen tus valores y aspiraciones más profundas.

Al pensar en el futuro, es importante considerar tus metas en diversas áreas de la vida, como carrera, relaciones, salud y bienestar emocional. Establecer metas específicas y medibles puede proporcionar una estructura clara para tu viaje. Estas metas no solo inspiran tus acciones en el presente, sino que también proporcionan un sentido de dirección y propósito.

### Identificando tus metas a largo plazo

Definir metas a largo plazo es una parte esencial de construir un futuro positivo y significativo. Estas metas proporcionan un guion para tu viaje y ayudan a dirigir tus esfuerzos hacia lo que es más importante para ti. Hay maneras de identificar y desarrollar tus metas a largo plazo:

Reflexiona sobre diferentes áreas de la vida: Comienza considerando todas las áreas importantes de tu vida, como carrera, relaciones, salud, desarrollo personal y espiritualidad. Cada una de estas áreas contribuye a tu felicidad y bienestar general. Al reflexionar sobre cada una de ellas, puedes identificar qué aspectos son más significativos para ti y merecen tu atención.

Pregúntate dónde quieres estar: Visualízate de aquí a cinco, diez o veinte años. Pregúntate a ti mismo: ¿Qué deseas haber logrado hasta entonces? ¿Cómo te ves viviendo tu vida? Considera todos los aspectos, desde logros profesionales hasta relaciones saludables, buena salud y bienestar emocional.

Define objetivos claros y específicos: Tus metas deben ser claras, específicas y medibles. En lugar de decir "quiero ser más feliz", define algo más tangible, como "quiero dedicar más tiempo a actividades que me traigan alegría, como pintar y caminar en la naturaleza".

Prioriza tus metas: No todas las áreas de la vida tendrán metas de igual importancia. Algunas pueden ser más urgentes, mientras que otras pueden ser aspiraciones a largo plazo. Clasifica tus metas en orden de prioridad para que puedas concentrarte en las áreas más cruciales primero.

Esté abierto a revisiones: A medida que evolucionas y creces, tus metas también pueden evolucionar. Esté abierto a ajustar tus metas a medida que tu vida cambia y nuevas oportunidades surgen. Esto no significa que te estés rindiendo; solo te estás adaptando a los cambios de la vida.

Sueña en grande, pero sé realista: Soñar en grande es alentador, pero asegúrate de que tus metas sean realistas y alcanzables. Si tus metas son demasiado ambiciosas, puede ser difícil mantener la motivación cuando el progreso es lento. Al mismo tiempo, no tengas miedo de soñar más allá de lo que crees que es posible.

Evalúa tus motivaciones: Al definir metas, reflexiona sobre por qué estas metas son importantes para ti. Asegúrate de que estén alineadas con tus valores y deseos genuinos, en lugar de ser influenciadas por las expectativas de los demás. Recuerda que tus metas a largo plazo son personales y únicas para ti. Son una representación de lo que valoras y deseas alcanzar en tu viaje de vida. Al identificar estas metas con cuidado, estarás creando un mapa para tu futuro brillante e inspirador.

### Haciendo metas tangibles y realistas

La transformación de metas a largo plazo en realizaciones concretas y alcanzables requiere una planificación cuidadosa y un enfoque estratégico. Al hacer que sus metas sean tangibles y realistas, aumenta sus posibilidades de éxito y evita la sensación de sobrecarga. Aquí hay algunas pautas para ayudar en este proceso:

Divida en etapas más pequeñas: Una meta grande puede parecer desalentadora y difícil de alcanzar. En su lugar, divídela en etapas más pequeñas y manejables. Cada etapa representa un paso hacia la realización de la meta final. Esto hace que el proceso sea más accesible y le permite realizar un seguimiento de su progreso de manera más efectiva.

Establezca hitos intermedios: A lo largo del camino para alcanzar su meta a largo plazo, establezca hitos intermedios. Estos hitos representan puntos de control que indican su progreso. También brindan oportunidades para celebrar éxitos parciales y mantener la motivación.

Priorice las etapas importantes: No todas las etapas tienen la misma importancia. Identifique las etapas que tienen un impacto significativo en el progreso hacia su meta. Centrarse en las etapas importantes ayuda a optimizar sus esfuerzos y recursos.

Establezca plazos realistas: Asigne plazos realistas a cada etapa y hito intermedio. Los plazos bien definidos incentivan la acción y lo mantienen en el camino correcto. Sin embargo, asegúrese de que los plazos sean alcanzables, considerando sus responsabilidades diarias y otras obligaciones.

Ajuste según sea necesario: A medida que trabaje para alcanzar sus objetivos, puede ser necesario ajustar las etapas, los plazos o incluso la propia meta. La flexibilidad es importante, ya que le permite adaptarse a los cambios y desafíos que puedan surgir.

Sea realista con el tiempo y los recursos: Considere cuánto tiempo y recursos tiene disponibles para dedicar a la realización de sus metas. Asegúrese de que sus metas se ajusten a su vida actual, teniendo en cuenta sus obligaciones personales y profesionales.

Celebre los pequeños progresos: A medida que alcance cada etapa o hito intermedio, celebre los pequeños progresos. Esto no solo aumenta su motivación, sino que también refuerza su creencia de que está en el camino correcto para alcanzar su meta a largo plazo.

Hacer que sus metas sean tangibles y realistas es un enfoque estratégico que hace que la búsqueda de su futuro brillante sea más alcanzable y motivadora. Al dividir su viaje en pasos más pequeños y rastreables, estará construyendo un camino sólido para el éxito.

## Creando un plan de acción

Desarrollar un plan de acción detallado es esencial para transformar sus metas a largo plazo en realidad. Un plan bien elaborado proporciona la estructura necesaria para dirigir sus esfuerzos de manera efectiva y realizar un seguimiento de su progreso. Paso a paso para crear un plan de acción sólido:

Defina su meta a largo plazo: Comience identificando claramente la meta a largo plazo que desea alcanzar. Asegúrese de que la meta sea específica, medible, alcanzable, relevante y con plazo (SMART).

Identifique las etapas necesarias: Divida su meta a largo plazo en etapas más pequeñas y manejables. Cada etapa representa un paso concreto en el camino hacia la realización de la meta final.

Enumere los pasos específicos: Para cada etapa, enumere los pasos específicos que necesita tomar. Estos pasos deben ser acciones concretas y realizables que lo acerquen a su objetivo.

Establezca plazos realistas: Asigne plazos a cada etapa y paso. Asegúrese de que los plazos sean realistas y factibles. Los plazos bien definidos incentivan la acción y lo ayudan a mantener el enfoque.

Priorice las etapas: Identifique qué etapas son más cruciales para el progreso hacia su meta. Esto lo ayuda a centrar sus esfuerzos en las áreas más impactantes.

Realice un seguimiento de su progreso: Cree una manera de realizar un seguimiento del progreso de cada etapa y paso. Esto se puede hacer a través de un diario, una aplicación de organización o una hoja de cálculo. Mantener un registro de su progreso lo ayuda a mantener la motivación.

Ajuste y adapte según sea necesario: Al seguir su plan de acción, puede encontrar desafíos inesperados u oportunidades para ajustes. Esté dispuesto a adaptar su plan según sea necesario para hacer frente a cambios de circunstancias.

Celebre los éxitos parciales: A medida que complete etapas y pasos, celebre sus éxitos parciales. Reconozca sus logros, incluso si son pequeños, y use estos momentos para mantener su motivación.

Mantenga la flexibilidad: Aunque un plan de acción proporciona una estructura, recuerde que la flexibilidad es fundamental. A veces, las cosas no salen como se planearon, y estar dispuesto a ajustar y adaptar su plan es una habilidad valiosa.

Al crear un plan de acción claro y detallado, estarás dando pasos concretos hacia la consecución de tus metas a largo plazo. Ten en cuenta que el proceso de planificación en sí es una parte importante del viaje de crecimiento personal y autodesarrollo.

## Visualización creativa y afirmaciones positivas

La visualización creativa y las afirmaciones positivas son prácticas poderosas que pueden impulsar su progreso hacia sus metas a largo plazo y fortalecer su mentalidad positiva. Estas técnicas pueden ayudar a moldear su perspectiva y aumentar su confianza en la consecución de los objetivos que ha definido.

Visualización creativa: La visualización creativa implica la creación mental vívida de imágenes de su futuro exitoso. Al imaginar estas escenas, está activando su mente para alinearse con sus aspiraciones, lo que puede impactar positivamente sus acciones y decisiones diarias. Pasos para practicar la visualización creativa:

Elija un momento tranquilo: Encuentre un lugar tranquilo donde pueda concentrarse sin distracciones.

Cierre los ojos: Cierre los ojos para dirigir su atención a su imaginación interna.

Imagine detalles vívidos: Imagínese alcanzando sus metas a largo plazo. Visualice los escenarios, las emociones y los detalles del éxito con la mayor claridad posible.

Involucre los sentidos: Intente involucrar todos sus sentidos en la visualización. ¿Cómo se sentiría, cómo sonaría, cómo olería y cómo sería la experiencia?

Practica regularmente: Reserve un tiempo diariamente para practicar la visualización creativa. Cuanto más practique, más eficaz se volverá.

Afirmaciones positivas: Las afirmaciones positivas son declaraciones que se repite para sí mismo para reforzar su confianza y creencia en sus capacidades. Al usar afirmaciones positivas, está moldeando su mentalidad y reemplazando pensamientos negativos por pensamientos constructivos. Formas de crear y usar afirmaciones positivas:

Sea específico: Cree afirmaciones que se relacionen directamente con sus metas y áreas que desea fortalecer.

Sea presente y positivo: Formule sus afirmaciones en el presente y en un lenguaje positivo. Por ejemplo, en lugar de decir "Seré exitoso", diga "Soy exitoso".

Usé afirmaciones de autoafirmación: Reforcé su confianza en sí mismo usando afirmaciones que enfaticen sus cualidades y fortalezas personales.

Repita regularmente: Repita sus afirmaciones diariamente, de preferencia varias veces al día. Puede decir en voz alta o mentalmente.

Crea en sus afirmaciones: Mientras repite las afirmaciones, crea sinceramente en lo que está diciendo. Esa convicción aumenta la eficacia de las afirmaciones.

Personalice sus afirmaciones: Ajuste sus afirmaciones según sea necesario a medida que progresa y alcanza nuevos hitos.

Tanto la visualización creativa como las afirmaciones positivas son herramientas poderosas para cultivar una mentalidad positiva, reforzar la creencia en sí mismo y mantener el foco en sus metas a largo plazo. Al incorporar estas prácticas en su rutina, estará fortaleciendo su determinación y aumentando sus posibilidades de éxito.

Sus metas no necesitan ser grandiosas o ambiciosas para ser significativas. Pequeños pasos consistentes también pueden llevar a resultados significativos con el tiempo. Al definir metas realistas y alcanzables, estará cultivando un sentido de propósito y dirección en su vida. Sepa que lo importante es el progreso continuo, no la perfección instantánea. Mantenga su visión de un futuro positivo y trabaje diligentemente para alcanzarlo, recordándose de celebrar cada hito a lo largo del camino.

## Compartiendo tu historia: Cómo tu viaje puede inspirar y ayudar a los demás

La experiencia del autocuidado y el crecimiento personal es un viaje que no tienes que recorrer solo. Compartir tu historia puede ser una forma poderosa de inspirar y ayudar a los demás en sus propias jornadas. Tus experiencias, desafíos superados y logros pueden servir como fuente de orientación y aliento para aquellos que enfrentan desafíos similares. Al compartir tu historia, considera los siguientes puntos:

### Sé auténtico

Al compartir tu viaje de autocuidado y crecimiento personal, la autenticidad es una herramienta poderosa que puede crear vínculos profundos y significativos con los demás. Ser auténtico implica ser verdadero contigo mismo y con los demás, compartiendo tanto las partes desafiantes como los logros de tu viaje. Estas son formas de cultivar la autenticidad al compartir tu historia:

Honra tus experiencias: Reconoce y acepta tus experiencias, sean desafiantes o inspiradoras. No tengas miedo de compartir los momentos en los que luchaste, dudaste de ti mismo o enfrentaste adversidades. Al hacerlo, estás mostrando que eres humano y que el viaje de crecimiento implica altibajos.

Comparte las luchas y los triunfos: Sé honesto sobre las luchas que has enfrentado a lo largo de tu viaje. Esto no solo destaca tu autenticidad, sino que también ofrece a los demás la oportunidad de relacionarse con sus propias dificultades. Al compartir las victorias que has logrado, inspiras a los demás a creer en su propio potencial de superación.

Construye puentes de empatía: La autenticidad crea un puente de empatía entre tú y quienes escuchan tu historia. Al compartir tus experiencias genuinas, permites que los demás se identifiquen con tus sentimientos y situaciones. Esto crea un sentido de conexión y pertenencia, mostrando que nadie está solo en sus luchas.

Inspira vulnerabilidad: Al ser auténtico, también animas a la vulnerabilidad en otros. Cuando las personas ven que estás dispuesto a compartir tus propias luchas, pueden sentirse más cómodas para abrirse sobre sus propias experiencias. Esto crea un ambiente de apoyo y comprensión mutua.

Crea un espacio de aceptación: Tu autenticidad ayuda a crear un espacio de aceptación y no juicio. Al mostrar tus propias imperfecciones y vulnerabilidad, envías el mensaje de que todos tienen desafíos y que esas experiencias no definen el valor de una persona.

Sé consciente de que ser auténtico no significa necesariamente compartir cada detalle íntimo de tu vida. Tienes el control sobre lo que quieres compartir y hasta qué punto. La clave es mantenerte verdadero contigo mismo y con los demás, creando un espacio de conexión e inspiración que puede marcar una diferencia real en la vida de quien escucha tu historia.

### Enfocarse en el crecimiento

Cuando compartas tu experiencia de autocuidado y crecimiento personal, es esencial enfatizar los momentos de aprendizaje y crecimiento que experimentaste a lo largo del camino. Al destacar cómo enfrentaste obstáculos y desafíos, ofreces información valiosa sobre cómo transformar adversidades en oportunidades de desarrollo personal. Aquí hay algunas maneras de enfocarse en el crecimiento:

Comparte historias de superación de obstáculos: Al compartir tus luchas y cómo las superaste, demuestras que enfrentar desafíos es parte de la historia humana. Comparte historias específicas en las que tuviste que encontrar soluciones creativas, persistir ante la adversidad o salir de tu zona de confort para alcanzar tus objetivos.

Destaca la resiliencia: Habla sobre cómo construiste resiliencia a lo largo de tu viaje. Explica cómo cada desafío fue una oportunidad para aprender a lidiar con las dificultades de manera más eficaz y saludable.

Al mostrar cómo te adaptaste y creciste ante las adversidades, inspiras a otros a desarrollar su propia resiliencia.

Reflexiona sobre las lecciones aprendidas: Comparte las valiosas lecciones que aprendiste a lo largo de tu camino. Estas lecciones pueden incluir perspectivas sobre ti mismo, sobre el mundo que te rodea y sobre la importancia del autocuidado y el crecimiento personal. Al transmitir estas lecciones, ayudas a otros a reflexionar sobre sus propias experiencias y a encontrar significado en sus viajes.

Inspira un cambio de perspectiva: Al destacar tu crecimiento personal, inspiras un cambio de perspectiva en quien escucha tu historia. Las personas pueden empezar a ver los desafíos como oportunidades para evolucionar y expandir su visión del mundo. Al compartir cómo transformaste situaciones difíciles en oportunidades de aprendizaje, motivas a otros a hacer lo mismo.

Muestra que el progreso es posible: Tu enfoque en el crecimiento demuestra que, incluso ante circunstancias difíciles, es posible progresar y evolucionar. Esto da esperanza a quienes enfrentan sus propias luchas, mostrando que, independientemente de las circunstancias actuales, el desarrollo personal es alcanzable.

Compartir historias de crecimiento personal no solo inspira, sino que también normaliza la idea de que todos enfrentamos desafíos y todos tenemos el potencial de crecer con ellos. Al enfocarte en el crecimiento, creas un marco positivo e inspirador para tu viaje, animando a otros a abrazar sus propias oportunidades de aprendizaje y evolución.

### Celebrar las victorias

Compartir tus logros, independientemente de su tamaño, es una parte fundamental de compartir tu experiencia de autocuidado y crecimiento personal. Celebrar tus victorias no solo reconoce el progreso que has hecho, sino que también envía un mensaje poderoso de que es posible superar obstáculos y alcanzar objetivos importantes. Aquí hay algunas maneras de celebrar tus victorias e inspirar confianza en otros:

Reconoce el progreso: Al compartir tus victorias, no subestimes la importancia de lo que has logrado. Cada paso hacia tu objetivo es un progreso valioso. Sé claro sobre las etapas que tomaste para alcanzar esa conquista y cómo contribuyeron a tu crecimiento personal.

Destaca las lecciones aprendidas: Cuando compartas tus victorias, explica las lecciones que aprendiste a lo largo del camino. Esto no solo enriquece tu narrativa, sino que también ofrece información valiosa para quien está escuchando. Tus experiencias pueden proporcionar orientación e inspiración para aquellos que están enfrentando desafíos similares.

Inspira confianza: Al compartir tus victorias, animas a otros a creer en su propia capacidad de superar dificultades y alcanzar sus objetivos. Tus logros muestran que el esfuerzo, la dedicación y la resiliencia pueden conducir a resultados positivos. Esto puede ayudar a construir la confianza en sí mismo de quien está luchando.

Comparte las emociones involucradas: Al compartir tus victorias, comparte también las emociones que experimentaste al alcanzar ese hito. Esto hace que tu historia sea más personal y envolvente, permitiendo que otros se conecten con tus experiencias de manera más profunda. Expresar tus emociones también humaniza tu viaje y lo hace más accesible.

Normalización del éxito: Al compartir tus victorias, normalizas el éxito como parte de un viaje de crecimiento. Esto ayuda a contrarrestar la idea de que el progreso personal es lineal y libre de obstáculos. Al mostrar que también enfrentaste desafíos, inspiras a los demás a perseguir sus propias victorias con paciencia y determinación.

Incentiva la celebración de pequeñas conquistas: Compartir victorias no tiene que estar relacionado solo con grandes hitos. También anima a celebrar pequeñas conquistas a lo largo del camino. Esto refuerza la importancia de reconocer y valorar cada paso en el proceso de crecimiento personal.

Al compartir tus victorias, no solo celebras tu propio progreso, sino que también fortaleces la comunidad a tu alrededor. Tus victorias inspiran y capacitan a otros a abrazar sus propias jornadas personales con esperanza, determinación y confianza en su propio potencial.

## Ofrecer apoyo

Al compartir su experiencia de autocuidado y crecimiento personal, una de las maneras más impactantes de ayudar a los demás es ofreciendo apoyo genuino y orientación basada en sus experiencias. Sea un oyente atento y empático para las luchas y desafíos que los demás puedan estar enfrentando. Aquí hay algunas maneras de ofrecer apoyo de manera efectiva:

Sea un oyente empático: Cuando alguien comparta sus propias luchas y desafíos inspirados por su historia, practique la empatía. Escuche atentamente, muestre comprensión y valide las emociones de la persona. Esto ayuda a crear un espacio seguro donde las personas se sientan cómodas compartiendo.

Comparta consejos basados en experiencias: Ofrecer consejos prácticos y perspicaces puede ser una forma poderosa de ayudar a los demás. Use sus propias experiencias como base para proporcionar orientación. Comparta cómo enfrentó situaciones similares, las estrategias que funcionaron para usted y los recursos que fueron útiles en su camino.

Demostrar paciencia y comprensión: Sepa que cada persona está en su propia jornada única. Demuestre paciencia y comprensión mientras ofrece apoyo. Evite los juicios y esté dispuesto a escuchar las perspectivas individuales de cada persona.

Fomente un enfoque no directivo: Cuando ofrezca apoyo, evite dar consejos excesivamente directos. En cambio, anime la reflexión y el autodescubrimiento, haciendo preguntas que permitan a las personas explorar sus propias soluciones y tomar decisiones informadas.

Compartir recursos útiles: Parte del apoyo implica proporcionar recursos valiosos que pueden ayudar a los demás en su jornada. Esto puede incluir libros, artículos, sitios web, grupos de apoyo o profesionales que ofrezcan asistencia especializada.

Recuerde la importancia del espacio personal: Mientras ofrece apoyo, respete el espacio personal y los límites de la persona. No todos estarán listos para aceptar consejos u orientaciones, y eso es completamente comprensible. Esté disponible para apoyar, pero permita que las personas decidan cuándo y cómo buscar ayuda.

Mostrar la jornada continua: Comparta cómo la experiencia de autocuidado y crecimiento personal es continua y llena de altibajos. Esto ayuda a normalizar los desafíos que los demás pueden estar enfrentando y los anima a perseverar en sus propios esfuerzos.

Ofrecer apoyo es una manera poderosa de crear conexiones significativas y ayudar a los demás a enfrentar sus propios desafíos. Al compartir consejos y perspectivas basados en su experiencia, puede hacer una diferencia positiva en la vida de aquellos que están en busca de orientación e inspiración.

### Respeta tus límites

Al compartir tu experiencia de autocuidado y crecimiento personal, es fundamental recordar que tienes total control sobre lo que compartes y hasta qué punto deseas abrirte. Respetar tus propios límites es crucial para garantizar que compartas de manera saludable y consciente. Orientaciones sobre cómo respetar tus límites al compartir tu historia:

Autoconocimiento y reflexión: Antes de compartir tu historia, reserva un tiempo para conocerte a ti mismo y reflexionar sobre lo que te sientes cómodo compartiendo. Identifica qué partes de tu viaje estás dispuesto a divulgar y qué temas pueden ser más sensibles o personales.

Honra tus sentimientos: Sé consciente de que tus sentimientos y emociones son válidos. Si te sientes incómodo o ansioso al compartir ciertos detalles, es importante honrar esos sentimientos. No te sientas presionado a compartir algo que no se alinea con tu bienestar emocional.

Define tus límites con anticipación: Antes de compartir tu historia, define claramente cuáles son tus límites. Decide hasta qué punto estás dispuesto a ir al hablar sobre ciertos eventos o experiencias. Esto te ayudará a comunicar tus límites de manera asertiva en caso de que surjan preguntas o curiosidades.

Sé selectivo con tus palabras: Al compartir, elige tus palabras con cuidado. Puedes optar por ser más general en ciertos aspectos de tu historia, manteniendo detalles más íntimos para ti mismo. Encontrar un equilibrio entre la autenticidad y la privacidad es fundamental.

Reconoce tus objetivos: Pregúntate a ti mismo por qué estás compartiendo tu historia. Esto puede ser para inspirar a los demás, ofrecer apoyo, aumentar la conciencia o para tu propia cura. Mantén tus objetivos en mente al decidir qué compartir.

Prepárate para preguntas y reacciones: Al compartir tu historia, prepárate para preguntas, reacciones y comentarios de los demás. Algunas personas pueden hacer preguntas curiosas o expresar interés, mientras que otras pueden reaccionar de maneras inesperadas. Estés listo para definir límites si alguna pregunta sobrepasa tus límites personales.

Recuerda el derecho a cambiar de opinión: Si empiezas a compartir algo y te das cuenta de que no te sientes cómodo, entiende que tienes derecho a cambiar de opinión en cualquier momento. Es perfectamente aceptable decidir no compartir más ciertos detalles si eso no se siente bien.

Compartir tu viaje es una manera de crear un impacto positivo en las vidas de los demás, ofreciendo esperanza, inspiración y apoyo. Al compartir tus experiencias, no solo contribuyes a la jornada de los demás, sino que también refuerzas tu propio crecimiento y reconocimiento de las transformaciones que has conquistado.

Sé que la experiencia de autocuidado y crecimiento personal no tiene un punto final definitivo. Es una trayectoria continua de autoexploración, autodescubrimiento y evolución. Cada paso que das hacia tu futuro brillante es un testimonio del poder de transformación dentro de ti.

Continuar cuidándote a ti mismo y buscar un futuro positivo es un acto de amor propio que vale la pena.

# CONCLUSIÓN

En "Combatiendo la Depresión" exploramos el camino de la superación y la búsqueda de la felicidad interior. A lo largo de los capítulos, te has presentado a una variedad de estrategias, técnicas y enfoques que pueden ayudarte a enfrentar los desafíos de la depresión y trazar un camino hacia la cura y el bienestar emocional.

A medida que llegamos al final de este libro, quiero expresar mi profundo respeto y admiración por ti. Enfrentar la depresión exige coraje, perseverancia y la búsqueda constante de soluciones que mejoren tu calidad de vida. Sé que no estás solo en este viaje y que hay muchos recursos, apoyo y estrategias disponibles para ayudarte a encontrar el camino hacia la cura y el bienestar emocional.

El camino hacia la felicidad interior es continuo y valioso. No es solo un destino, sino también una trayectoria de crecimiento, autodescubrimiento y transformación. Continúa explorando, aprendiendo y evolucionando, ya que cada paso que des te acercará a una vida más significativa y gratificante.

Ahora, más que nunca, es el momento de aplicar lo que has aprendido. Comienza despacio, incorporando las técnicas y estrategias que resuenan contigo en tu rutina diaria. Sé amable contigo mismo, ya que el camino para superar la depresión no es lineal. Habrá altibajos, pero cada paso que des hacia la mejora es un triunfo en sí mismo.

Este libro es solo el comienzo. Mantente abierto a nuevas experiencias, aprendizajes y desafíos. Sé que tienes dentro de ti la capacidad de superar obstáculos y crear un futuro brillante. Recuerda siempre que eres resiliente y digno de amor, felicidad y bienestar.

Te dejo con un deseo sincero de paz, alegría y realización en tu viaje. Que encuentres la fuerza para enfrentar los desafíos, la sabiduría para buscar ayuda cuando sea necesario y el coraje para abrazar cada nuevo comienzo con optimismo y esperanza.

Con gratitud,

Leonardo Tavares

# ACERCA DEL AUTOR

Leonardo Tavares es un hombre que lleva consigo no solo el equipaje de la vida, sino también la sabiduría adquirida al enfrentar las tempestades que ella trajo. Viudo y padre dedicado de una encantadora niña, comprendió que el viaje de la existencia está repleto de altibajos, una sinfonía de momentos que moldean nuestra esencia.

Con una vivacidad que trasciende su juventud, Leonardo enfrentó desafíos terribles, navegó por fases difíciles y enfrentó días sombríos. Aunque el dolor fue un compañero en su camino, transformó esas experiencias en peldaños que lo impulsaron a alcanzar un nivel de serenidad y resiliencia.

El autor de obras de autoayuda notables, como los libros "Ansiedad S.A.", "Combatiendo la Depresión", "Curación de la Dependencia Emocional", "Derrotando el Burnout", "Enfrentando el Fracaso", "Encontrando el Amor de tu Vida", "Sobreviviendo al Duelo", "Superando la Ruptura" y "¿Cuál es Mi Propósito?", encontró en la escritura el vehículo para compartir sus lecciones de vida y transmitir la fuerza que descubrió dentro de sí. A través de su escritura clara y precisa, Leonardo ayuda a sus lectores a encontrar fuerza, coraje y esperanza en momentos de profunda tristeza.

Ayuda a otras personas compartiendo sus obras.

# BIBLIOGRAFÍA


Abramson, L. Y., Metalsky, G. I., & Alloy, L. B. (1989). Hopelessness and depression: A cognitive model. Psychological Review, 96(2), 358-372.

American Psychiatric Association. (2022). Diagnostic and statistical manual of mental disorders (DSM-5-TR) (5th ed., rev.). Washington, DC: American Psychiatric Association.

Beck, A. T., Rush, A. J., Shaw, B. F., & Emery, G. (1979). Cognitive therapy of depression. New York, NY: Guilford Press.

Berman, M. E., & Brown, G. K. (2010). The neurocircuitry of major depressive disorder. Neuropsychopharmacology, 35(1), 169-192.

Brewin, C. R., Andrews, B., & Valentine, J. D. (2000). Meta-analysis of risk factors for posttraumatic stress disorder in adults. Journal of Consulting and Clinical Psychology, 68(5), 748-766.

Burcusa, S. J., & Hammen, C. L. (2004). The role of stress and interpersonal factors in the onset and course of depression. Annual Review of Clinical Psychology, 1(1), 243-268.

Carney, R. M., Freedland, K. E., Rich, M. W., & Jaffe, A. S. (2004). Depression as a risk factor for coronary heart disease: A meta-analysis of prospective observational studies. Journal of the American Medical Association, 291(21), 2372-2379.

Cuijpers, P., van Straten, A., Andersson, G., & van Oppen, P. (2008). Psychological treatment of adult depression: A meta-analysis of comparative outcome studies. Journal of Consulting and Clinical Psychology, 76(6), 909-922.

Derubeis, R. J., Gelfand, L. A., Tang, T. Z., & Simons, A. D. (2008). Cognitive therapy versus medication for depression: Treatment outcomes and neural mechanisms. Annual Review of Clinical Psychology, 4(1), 431-459.

Fava, M. (2003). Major depression. New England Journal of Medicine, 349(10), 946-956.

Garber, J., & Hollon, S. D. (2010). The role of stress in the etiology and maintenance of depression. Annual Review of Clinical Psychology, 6(1), 289-312.

Gotlib, I. H., & Hammen, C. L. (2009). Depression in women: A cognitive perspective. Annual Review of Clinical Psychology, 5(1), 137-169.

Hammen, C. L., & Rudolph, K. D. (2006). Risk factors for depression in children and adolescents: A developmental psychopathology perspective. In D. Cicchetti & D. J. Cohen (Eds.), Developmental psychopathology: Vol. 2. Risk, disorder, and adaptation (2nd ed., pp. 549-593). Hoboken, NJ: Wiley.

Kessler, R. C., Berglund, P., Demler, O., Jin, R., Merikangas, K. R., & Walters, E. E. (2005). Lifetime prevalence and age-of-onset distributions of DSM-IV disorders in the National Comorbidity Survey Replication (NCS-R). Archives of General Psychiatry, 62(6), 593-602.

National Institute of Mental Health. (2022). Depression. Bethesda, MD: National Institutes of Health.

World Health Organization. (2021). Depression. Geneva, Switzerland: World Health Organization.

LEONARDO TAVARES

# Combatiendo la depresión

9 7 9 8 8 6 8 9 7 3 4 5 1